高等院校应用型国际经济与贸易专业精品教材

国际商法

张彬彬　王永联◎主　编
崔日明◎主　审

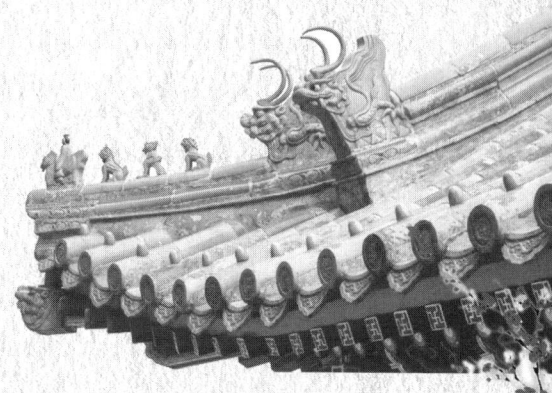

电子工业出版社
Publishing House of Electronics Industry
北京·BEIJING

未经许可，不得以任何方式复制或抄袭本书之部分或全部内容。
版权所有，侵权必究。

图书在版编目（CIP）数据

国际商法 / 张彬彬，王永联主编 . —北京：电子工业出版社，2021.9
ISBN 978-7-121-41780-1

Ⅰ．①国⋯ Ⅱ.①张⋯ ②王⋯ Ⅲ.①国际商法－高等学校－教材 Ⅳ.①D996.1

中国版本图书馆 CIP 数据核字（2021）第 166184 号

责任编辑：刘淑敏　　　　特约编辑：田学清
印　　刷：大厂聚鑫印刷有限责任公司
装　　订：大厂聚鑫印刷有限责任公司
出版发行：电子工业出版社
　　　　　北京市海淀区万寿路 173 信箱　　邮编：100036
开　　本：787×1092　1/16　印张：15.5　字数：358.1 千字
版　　次：2021 年 9 月第 1 版
印　　次：2021 年 9 月第 1 次印刷
定　　价：54.00 元

凡所购买电子工业出版社图书有缺损问题，请向购买书店调换。若书店售缺，请与本社发行部联系，联系及邮购电话：(010) 88254888，88258888。
质量投诉请发邮件至 zlts@phei.com.cn，盗版侵权举报请发邮件到 dbqq@phei.com.cn。
本书咨询联系方式：(010) 88254199，sjb@phei.com.cn。

前言

当今世界，没有一个国家能够完全独立于世界经济之外。无论是从产业部门还是从收入水平、就业和经济增长等不同层面来看，每个国家的经济都因与其他国家之间的贸易、投资而联系在一起。可以说，各国之间的贸易关系是各国经济间最为牢固的纽带。随着经济的飞速发展和全球化程度的不断提高，我国的经济改革也进入了深水区，很多新型的交易方式，如国际技术转让、国际投资、国际合作生产、国际融资、国际工程承包、国际租赁等蓬勃发展，国际经济贸易总量不断增多，伴随经济纠纷的频频出现，调整、规范各种国际经济交往的法律和条约也日臻完善，内容更加丰富。国际商法，就是调整所有商务贸易主体在从事商务贸易活动中所形成的各种贸易关系、货币交换关系的法律规范的总和。换言之，国际商法是调整国际商事关系的法律规范的总称。

众所周知，商法的产生和发展离不开商品经济。古罗马法中就出现了调整商品经济关系的法律，这些法律是古罗马私法的重要组成部分，成为后来整个西方世界私法制度的基石。作为国际商事关系不断发展中调整这种社会关系的国际商法也在不断发展。近年来，国际商事关系向国际性、协调性、安全性和便利性方向发展。

国际商事关系是一个发展的、历史的范畴，相应地，作为调整这种社会关系的法律规范也是一个不断发展的范畴。只有用历史的、辩证的观点分析国际商法的演变，才能正确认识国际商法在现代社会中的地位。

本书由哈尔滨学院的张彬彬、王永联主编，隋东旭参编，崔日明主审并负责整本书的统稿工作。其中，张彬彬编写第1～7章；王永联编写第8～9章；隋东旭编写第10～11章。

本书涉及国际商法相关专业知识，内容全面，易懂好学。其中，"学习目标"指引学员了解或掌握重点知识；"开篇案例"使知识由浅入深，加强学员的实务应用；"本章小结"为学员提供简明的指引方向，便于学员重点学习；同时，每章后面附有"复习思考题"，便于学员巩固学习成果。认真研究、掌握好国际商事交往中的相关法律和惯例，并将其熟练地运用到对外经济贸易的实践中，才能使自己在复杂的国际商事交往中立于不败之地。

本书在策划和编写过程中，得到了电子工业出版社的姜淑晶、刘淑敏两位老师的大力支持和帮助，在此向她们深表谢意！

在本书的编写过程中，借鉴了国内外许多专家、学者的学术观点和文献，参阅了大量书籍、期刊和网络资料，在此谨对各位作者表示感谢。由于编者水平有限，以及电子商务数据分析的发展快速，书中难免有不当之处，望广大读者批评指正。

目录

第一章　国际商法导论 1
　　第一节　国际商法的内涵 2
　　第二节　世界各种法律体系及
　　　　　　其特征 8
　　第三节　法律冲突与法律适用 ... 15
　　本章小结 20
　　复习思考题 20

第二章　国际商法的主体 21
　　第一节　国际商法的主体概述 22
　　第二节　个人独资企业法 26
　　第三节　合伙企业法 33
　　本章小结 40
　　复习思考题 41

第三章　公司法 42
　　第一节　公司法概述 44
　　第二节　公司的设立及资本 50
　　第三节　公司的组织机构及
　　　　　　形式 61
　　本章小结 69
　　复习思考题 69

第四章　国际商事合同法 70
　　第一节　国际商事合同法概述 72
　　第二节　国际商事合同的订立 78
　　第三节　国际商事合同的履行 82
　　第四节　国际商事合同的变更、
　　　　　　转让和消灭 88
　　本章小结 94
　　复习思考题 95

第五章　国际货物买卖法 96
　　第一节　国际货物买卖法概述 97
　　第二节　国际货物买卖合同的
　　　　　　成立 103
　　第三节　卖方和买方的义务 108
　　第四节　违反合同的救济方法 ... 113
　　本章小结 118
　　复习思考题 119

第六章　国际货物运输法和保险法 ... 120
　　第一节　国际货物运输法 121
　　第二节　国际货物保险法 131
　　本章小结 140
　　复习思考题 141

第七章　国际产品责任法 142
　　第一节　产品责任法概述 143
　　第二节　产品责任法的理论 149
　　第三节　各国的产品责任立法 ... 157
　　本章小结 162
　　复习思考题 163

第八章　国际知识产权法 164
　　第一节　版权及秘密技术保护
　　　　　　法律制度 165
　　第二节　专利法律制度 171
　　第三节　商标法律制度 176
　　第四节　保护知识产权的国际公约
　　　　　　与有关的国际惯例 182
　　本章小结 186
　　复习思考题 187

第九章 国际金融法 188
第一节 国际借贷法律制度 189
第二节 国际证券融资法律制度 196
第三节 国际融资担保法律制度 202
本章小结 207
复习思考题 208

第十章 国际商事管制法 209
第一节 关税制度和非关税措施 210
第二节 关于限制性商业做法的法律 215
本章小结 220
复习思考题 221

第十一章 国际商事仲裁 222
第一节 仲裁及国际商事仲裁概述 223
第二节 仲裁协议概述 227
第三节 国际商事仲裁裁决的承认与执行概述 233
本章小结 240
复习思考题 241

参考文献 242

第一章

国际商法导论

> **学习目标**
> - 理解国际商法的概念
> - 了解国际商法的历史发展
> - 理解国际商法的内容
> - 熟悉世界各种法律体系及其特征
> - 熟悉法律冲突的解决方法
> - 掌握国际商事合同的法律适用

> **开篇案例**

国际商事合同准据法的确定

香港 A 公司为了其在内地合作经营所需设备的购买和安装，与香港 B 公司在香港签订了供应和安装设备的合同，规定由香港 B 公司供应并负责安装香港 A 公司所需设备。合同签订之后，香港 A 公司用港币预付了合同的部分价款，香港 B 公司则在设备安装所在地的内地某市的工商管理部门办理了安装登记证，同时提供进口设备并进行安装。后来，因香港 B 公司安装的部分设备与合同规定的设备不符，并且还有部分设备未进行安装，香港 A 公司便拒绝支付所欠价款。于是，香港 B 公司在设备安装所在地某市人民法院对香港 A 公司提起诉讼，要求其支付所欠合同价款并赔偿利息损失。在开庭审理时，被告以双方当事人均为香港地区的公司并在香港签订合同为由，要求依香港法律确认合同无效，原告则主张应依内地法律确认合同有效，以令被告按合同规定支付欠款。

根据我国原《中华人民共和国民法通则》（简称《民法通则》）与原《中华人民共和国合同法》（简称《合同法》）关于法律适用的规定，如果合同当事人没有选择适用的法律，则以与合同有最密切联系的国家或地区的法律为合同准据法。具体到本案，香港和内地都与合同有明显的联系，那么应确定香港法律还是内地法律为合同的准据法？

辩证思考：

法院驳回被告所提适用香港法律的请求，认为内地法律是与合同有最密切联系的地区的法律，确定以其为合同的准据法，因而依内地的法律确认合同有效。在此基础上，法院在原告和被告之间做了调解，终以被告同意支付所欠合同价款了结此案。本案从表面上看，香港与合同的联系更多一些，因为双方当事人都是香港地区的公司并在香港签订了合同，以及合同价款以港币计价和支付，而内地仅是该合同的履行地。但判断联系的密切程度不能仅考虑联系因素的数量，即不能仅仅因为与合同有联系的因素集中在某一国家或地区就断言该国或地区与合同有最密切联系，而还应考虑联系因素的性质或重要性。在本案中，合同的特征履行（设备安装）所在地就比其他联系因素（合同订立地等）重要得多，而该所在地就是内地，所以本案应确定内地法律为与合同有最密切联系的法律，因而以其为合同的准据法予以适用。当然，如果合同明显与另一国家或地区有更密切的联系，则应以该另一国家或地区的法律为处理合同争议的依据。但在本案中，香港并未比内地明显有与合同更密切的联系，因此无疑应确定内地法律为合同的准据法。

第一节　国际商法的内涵

国际商法是调整国际商事关系的法律规范的总称。其基本规则反映了国际商事交易的基本规律，是大多数国家认可的基本准则，当事人在国际商事活动中必须遵循这些准则。因此，了解相关法律知识和具备相当的法律意识，对于进行国际商事交易十分必要。

一、国际商法概述

（一）国际商法的概念

作为调整具有国际因素的商事关系的法律规范，国际商法中的"国际因素"要求商事关系的主体、客体或内容至少有一项具有国际性。商事交易的主体，如果一方、双方或多方具有不同国籍，或其住所、营业所位于不同的国家，则主体具有国际因素；主体不具有国际因素，但商事关系所指向的标的位于另一国家或产生、变更或消灭商事关系的法律事实发生在另一国家，也可认为商事关系具有国际因素。如在国际货物买卖中，根据1980年《联合国国际货物销售合同公约》（简称《国际货物销售合同公约》）的规定，国际货物买卖合同的国际性采用当事人的"营业地在不同的国家"的标准，此外，对当事人没有营业地的，将当事人的"惯常居住地在不同的国家"作为辅助标准。在国际技术转让中，根据联合国《国际技术转让行动守则（草案）》的规定，国际技术转让是指技术供方与需方之间跨越国境的技术贸易，或者居住在不同国家的当事人之间的技术转让。

在国际服务贸易中，根据世界贸易组织（WTO）《服务贸易总协定》的规定，服务贸易有四种形式。一是跨境提供。"跨境"是指"服务"本身或"服务内容"跨越国境，而服务提供者和服务接受者没有跨越国境，如国际电讯服务、金融服务。二是境外消费。其特点是服务提供者并不移动或跨越国境，但服务接受者移动和跨越国境，如境外旅游、境外留学。三是商业存在。其特点是服务提供者要跨越国境，到服务接受者所在国提供服务，而服务接受者不需要移动，如某国银行在他国设立分支机构，为他国消费者提供服务。四是自然人移动。自然人移动是指一成员方的自然人进入另一成员方境内提供服务。其特点是服务提供者跨越国境，以自然人的身份在境外提供服务，而服务接受者不需要移动，如自然人境外劳务输出。由此可见，国际服务贸易的"国际性"既包括服务本身的跨境移动，也包括服务提供者和服务接受者的跨境移动。

（二）国际商事活动的特点

国际商法调整的国际商事关系，是基于国际商事活动而形成的经济关系。国际商事活动是国际商事关系产生的前提，具有如下特点。一是目的的营利性。进行商事活动的目的是谋取超出资本的利益。二是主体的商人性。商事活动的主体必须至少一方是商人。三是营业性。商人所进行的营利性经济活动是不间断的、反复的、有计划的。

从具体的商事关系来看，目前已有的国际文件及国家立法对"商事"做了比较广义的解释。例如，根据对全球有重大影响的联合国《国际商事仲裁示范法》的解释，"商事"活动包括买卖、代理、租赁、建造工厂、咨询、工程、许可证交易、投资、银行业、保险、项目开发、合营和其他形式的工商业合作、货运或旅客运输等一切经济活动。

（三）国际商法规范的内容

我国加入联合国《承认及执行外国仲裁裁决公约》（又称《纽约公约》）时所做的商事保留声明中提到的"商事"的概念，包括货物买卖、财产租赁、工程承包、加工承揽、技术转让、合资经营、合作经营、勘探开发自然资源、保险、信贷、劳务、代理、咨询服务和海上、民用航空、铁路、公路的客货运输，以及产品责任、环境污染、海上事故等。由此可见，国际商法规范中的商事关系是非常广泛的，只要是在这些领域中形成的国际商事关系，就应由国际商法调整。一般而言，国际商法规范的内容包括以下几个方面。

第一，国际商事组织法。国际商事组织法是关于商事主体资格认定和商事主体内部交易关系的法律规范。由于国际商事活动主要是由各国商事组织进行的，因此，规范国际商事主体的国际商事组织法在整个国际商法中占有重要地位。国际商事组织法主要包括个人独资企业法、合伙企业法及公司法。但因在国际法领域没有关于商事组织的统一规则，需要参照各国国内法，所以研究国际商事组织法时应注意各国法律的不同规定。此外，各国已越来越多地参与国际商事活动，特别是 19 世纪后，国家涉足国际商事领域成为国家宏观经济调控的重要方式，加之大多数国家已不再坚持"所有国家行为都享有豁免"的绝对豁免主义，使国家商事行为成为国际商事行为，也使国际商事组织法成为国际商法的主体。

第二，国际商事行为法。一般认为，传统国际商法所涉及的范围较窄，主要包括公司法、合同法、买卖法、海商法、保险法、票据法等内容。随着社会和经济的不断发展，新的商事行为层出不穷，现代国际商法的调整范围也比传统国际商法宽泛得多，在传统国际商法的基础上，还包括技术贸易、服务贸易等众多的国际商事领域。

第三，解决国际商事纠纷的法律规范。国际商事纠纷的解决方式有多种，包括当事人双方解决（主要是协商），以及在第三方参与下解决（主要有调解、仲裁和诉讼，属于法律调整范围的是仲裁和诉讼）。解决国际商事纠纷的法律规范是指国际商法中的程序法，包括国际商事仲裁和诉讼。

二、国际商法的历史发展及渊源

（一）国际商法的历史发展

商法是随着商品经济的产生和发展而产生和发展起来的。有学者考证，早在公元前 1800 多年的《汉穆拉比法典》中就有商事交易方面的法律规定。但我们通常认为在古代罗马法中出现调整商事关系的法律为国际商法的萌芽阶段，尽管当时还没有专门的商事法。在《市民法》颁布之后，公元前 242 年，罗马元老院颁布《万民法》，相当于我们现在所说的"涉外民事法"，具有国际性；欧洲中世纪的"商人法"（Law Merchant）阶段是商法发展的第二阶段（商人习惯法阶段）。这种"商人法"最初出现在意大利，后来随世界贸易中心的转移而转移至大西洋沿岸，从而波及法国、西班牙、荷兰、德国及英国。其主要内容包括合同、两合公司、海上运输与保险、汇票、破产程序等，其典型特征是国际性（它不局限于在一国使用）和自治性（它是商人间的习惯约束规则，它的解释和运用不是由一般法院的专职法官来执行的，而是由商人自己组成的法庭来执行的）。17 世纪以后，随着欧洲中央集权国家的强大，欧洲各国便以立法的形式调整各种商事关系，从而使商法成为本国的国内法而失去其原有的国际性特征。法国在路易十四时期颁布了《商事条例》（1673 年）和《海商条例》（1681 年）；德国当时的成文商事法有《普鲁士海商法》（1727年）、《普鲁士票据法》（1751 年）、《普鲁士保险法》（1776 年）等。此外，其他欧洲国家也制定了"商事法"，当然，这些国家最初的"商事法"也是通过认可商人习惯法的形式形成的，甚至有些国家的法律中有关商业的规则沿袭了德、法两国的"商事法"。

19 世纪以后，随着欧洲资产阶级革命的成功，社会关系发生了根本变革。为保护资本主义商品经济关系、推动商事活动，欧洲大陆国家相继开始了大规模的法典制定活动。1807 年，法国在其《陆上商事条例》和《海事条例》的基础上率先制定了统一的《法国商法典》，开创了大陆法系国家民商分立立法体例的先河。随后，《法国商法典》所创立的民商分立立法体例为欧洲许多国家所吸收。1861 年，德国仿效法国，于《德国民法典》之外制定了《德国普通商法典》（也称德国旧商法）；1897 年，又在修订旧商法典的基础上颁布了《德国商法典》，这部新商法典对后来许多大陆法系国家的商法也颇具影响。日本则在 1899 年制定了独立的商法典。应当指出的是，法、德、日等国虽采取民商分立原则，但是对于商事活动而言，民法典和商法典是一般法与特别法的关系，商法典中没有规定的事项仍须适用民法典所确定的一般原则。此外，随着商事活动的发展，大陆法系国家也制定了不少单行的商事法规，作为对商法典的补充。这些大多具有近代资本主义法律特征的有关商事国内立法的阶段为国际商法历史发展的第三阶段（民商法阶段）。

在英美法系国家，商法的历史发展有其不同于大陆法系国家商法的特色。英美法系国家在传统上采取判例法制度，19 世纪以后才开始制定一些单行的商事法规，以补判例法之缺。因此，这些国家的商法体系是以商事判例加单行商事法规为特色的，在英美法系国家，没有大陆法意义上的商法典。

总的来说，20 世纪以前，商法基本上局限于国内法，由此产生的法律分歧和冲突阻碍了国际商事活动的进一步发展。因此，自 19 世纪末 20 世纪初起，一些政府间或民间的国际组织便致力于商法的国际化和统一，而且取得了很大的成果。一些重要的国际商事公约和国际商事惯例相继问世，如《保护工业产权的巴黎公约》（简称《巴黎公约》）、《关于解决国家与他国国民间投资争端公约》、《国际货物销售合同公约》、《国际贸易术语解释通则》等，商法的国际化和统一趋势逐渐加强。我们把 19 世纪末 20 世纪初至今的阶段称为国际商法发展的第四个阶段（国际商法统一化阶段）。但是，由于世界各国经济发展的不平衡，以及历史、文化等方面的差异，国际商法的统一化进程仍会遇到不少阻碍。

（二）国际商法的渊源

法律渊源是指法的各种具体表现形式，也称法律形式。就国际商法而言，其渊源主要有三个，即国际商事条约、国际商事惯例及各国国内商事法。

1. 国际商事条约

国际商事条约是作为国际商事主体的国家和国际组织缔结的调整国际商事活动的条约或公约，是国际商法的重要渊源。目前，这方面的国际条约数量不少，总体上可分为三大类。第一类是调整国际商事活动的实体规范，如 1978 年的《联合国海上货物运输公约》（又称《汉堡规则》）、1980 年的《国际货物销售合同公约》、1980 年的《联合国国际货物多式联运公约》等，此类实体法规范在国际商事条约中占了大多数；第二类是程序法规范，如 1905 年的《国际民事诉讼程序公约》、1958 年的《纽约公约》、1976 年的《联合国国际贸易法委员会仲裁规则》等；第三类是调整国际商事活动的冲突法公约，如 1978 年的《代理法律适用公约》等。

2. 国际商事惯例

国际商事惯例是统一的国际商法的另一个重要渊源，但与国际商事条约不同的是，它不是由国家或国际组织缔结的,而是在国际商事活动长期实践的基础上逐渐形成和发展起来的。在其形成和发展的初期尚未正式成文,后来随着实践经验的积累和为了更利于实践,一些国际性民间组织便把其中已经定型的行为规范和行为准则分门别类、编纂成文,供当事人选择、使用。例如,国际商会编纂的《国际贸易术语解释通则》《跟单信用证统一惯例》《托收统一规则》;国际海事委员会编纂的《约克—安特卫普规则》(《共同海损理算规则》)等。尽管这些国际商事惯例严格来说并不是法律,不具有法律的普遍约束力,但各国一般都允许双方当事人在国际商事活动中有选择、使用国际商事惯例的自由。一旦当事人在合同中采用了某项惯例,该惯例对双方当事人就具有约束力。

3. 各国国内商事法

尽管目前国际上有大量的国际商事条约和国际商事惯例,但这些条约和惯例并不能涵盖国际商事交易所有领域中的一切问题。而且对于某一问题,即使现有条约或惯例中已有规定,该条约或惯例也未必会被所有国家和地区一致参加或承认。因此,在不少场合中,国际商事纠纷还得借助法律冲突规则的指引,适用有关国家的国内商事法来处理。因此,各国国内商事法仍然是国际商法的重要补充。这种国内商事法,在大陆法系国家和英美法系国家有不同的表现形式。

三、国际商法的内容及与相邻学科的关系

(一)国际商法的内容

国际商法所包括的内容非常广泛,但受本书篇幅和课程授课课时的限制,这里只介绍国际商事交易中重要的法律制度。作为一个独立的法律部门,国际商法有自己特有的体系结构。对于国际商法体系应包括哪些内容,国内学者并无一致的看法。要深入研究、正确阐述国际商法的体系,首先要理解国际商法体系的含义,其次要找到决定国际商法体系的依据。理解和确定国际商法的体系,应当从形式和内容入手。

在形式上,应考虑以下三方面。一是国际商法就目前而言涉及哪些国际商事关系领域,如国际货物买卖、国际货物运输、产品责任等;二是在这些领域内国际商事法律规范做了哪些方面的规定,这些规定是以国际法渊源还是以国内法渊源表现出来的,以及这些渊源之间的关系机制;三是国际商法体系中各部分内容的结构,即不同领域的法律规范之间的相互关系,以及这些内容编排的依据。总之,从形式上讲,国际商法体系的确定既要考虑国际商法所调整、涉及的商事关系领域,又要考虑国际商法渊源本身的结构和特点,还要确定体系各组成部分之间的关系。

在内容上,国际商法体系的确定取决于跨国界的商事关系的发展。国际商事关系发展到今天,所涉及的已经不再是简单的产品交换等内容。根据联合国国际贸易法委员会在起草《国际商事仲裁示范法》时就"商事"一词所做的注释,具有商事性质的关系包括但不限于下列交易:任何提供或交换商品或劳务的交易;销售协议;商事代表或代理;保付代

理；租赁；咨询；设计；许可；投资；融资；银行业；保险；开采协议或特许权；合营企业或其他形式的工业或商业合作；客货的航空、海洋、铁路或公路运输。

从形式和内容两方面的结合及国际商法目前的发展阶段看，国际商法体系的主要组成部分大致如下：商事主体法（包括商事组织、商事代理、商业登记等）；商事行为法（包括国际货物买卖法、国际货物运输法、国际货物运输保险法、海商法、国际技术贸易法、产品责任法、票据与国际结算法、国际资金融通法）；国际商事争议解决规则（包括国际民事诉讼、国际商事仲裁）。每一组成部分在表现形式上都是由国际法渊源和国内法渊源有机结合而成的。

（二）国际商法与相邻学科的关系

国际商法属于国际法的范畴，它与相邻学科，如国际经济法、国际贸易法和国际私法，既有联系，又有区别。这些学科都属于国际法，因而在调整的对象、法律关系的主体、法律渊源等方面具有一些共性，又各具特点。

1. 国际商法与国际经济法

国际经济法是调整国际经济交往和经济关系的各种法律规范的总称。其调整的对象为包括国际贸易、国际投资、国际金融、国际税收、国际经济组织等法律关系在内的国际经济关系。因此，国际经济法调整的范围要广于国际商法，国际商法调整的对象只是国际经济法调整的对象中的一部分，可以说，国际商法是国际经济法的一部分。

2. 国际商法与国际贸易法

国际贸易法是调整跨越国界的贸易关系，以及与贸易有关的各种关系的法律规范的总称。其主体包括所有参加国际贸易的国家政府、国际组织、法人和自然人；其调整的范围以贸易关系为主，包括国际货物买卖、国际货物运输与保险、国际结算与支付、国际技术贸易、各国关于贸易管制的法律法规等；其法律渊源包括调整贸易关系及与贸易有关的各种关系的国际法规范与国内法规范。

对外贸易管制

对外贸易管制是国家为了特定的经济和政治目的，通过制定国内立法和缔结国际条约的方式限制外国商品进口，并在一定程度上限制本国产品出口的行为。对外贸易管制通常表现为国家对外贸易管理机关与进出口商人之间的一种纵向管理关系。国家对外国商品实施进口限制多出于保护本国生产和国内生产厂家的利益、改善本国的国际收支状况等经济目的，而对本国产品实施出口管制则多出于外交政策和国家安全等方面的目的。一国有关对外贸易管制的国内立法主要是具有公法性质的法规，如海关税法、外汇管理法、进出口许可法等。对外贸易管制的主要内容是对外国商品的进口管制和对本国产品的出口管制。进口管制的主要措施包括关税和其他非关税措施,以及针对外国商品倾销所实施的反倾销措施。出口管制的主要措施包括出口许可证制度及多边出口管制等。

在与相邻各学科的关系中,国际商法与国际贸易法的关系较为密切。国际贸易,包括国际货物贸易、国际技术贸易和国际服务贸易,都是国际商事交易的一部分。因此,国际商法调整的范围较国际贸易法调整的范围要广,它不局限于贸易法调整的范围,还包括其他一些国际商事交易,如国际投资,所以国际商法应包含国际贸易法。

3. 国际商法与国际私法

关于国际私法,学术界有三种不同的主张。第一种主张认为,国际私法主要是调整涉外民事法律关系的冲突规范的总和。该观点广泛流行于欧美资本主义国家及日本等国家和地区。第二种主张认为,国际私法不仅包括调整涉外民事法律关系的冲突规范,还包括国际统一实体规范。该派观点来自苏联和东欧国家的一些学者。第三种主张认为,国际私法不仅包括冲突规范、统一实体规范,还包括国内法中专门调整涉外民事法律关系的实体规范。其观点主要来自德国、捷克和保加利亚的某些学者。

涉外民事法律关系

涉外民事法律关系也称国际私法关系,是指凡主体、客体、权利和义务这些因素中,有一个或一个以上的因素涉及外国的民事法律关系。其主体为外国因素,是指民事法律关系当事人的一方或双方为外国国家、法人或自然人;客体为外国因素,是指作为民事法律关系的标的物位于外国;权利和义务为外国因素,是指产生该项权利和义务的法律事实发生于外国。涉外民事法律关系产生的前提是与外国的经济和文化交往,以及给予外国人某些权利。

第二节 世界各种法律体系及其特征

世界各种法律体系及其特征,即法系,是指比较法学家按照法的历史传统和形式上的某些特征,对世界各国法律体系所做的分类。各国国内商事法是国际商法的重要补充,许多国家的商事纠纷需要援引有关国家的国内商事法来处理。因此,我们在学习和研究国际商法时,有必要了解西方两大主要法系即大陆法系和英美法系的基本特征,这将有助于我们更好地理解有关国家的国内商事法。

一、大陆法系

（一）大陆法系的特征

大陆法系（Continental Law）形成于西欧，以法国和德国为代表。除了这两个国家，许多欧洲大陆的国家，如瑞士、意大利、比利时、卢森堡、荷兰、西班牙、葡萄牙等，均属于大陆法系。此外，整个拉丁美洲、非洲的部分法语国家亦属于大陆法系，日本也引入了大陆法。值得一提的是，在英美法系国家中，某些国家的个别地区，如美国的路易斯安那州和加拿大的魁北克省，也属于大陆法系的范围。

大陆法系国家是成文法国家，法律是大陆法系的主要渊源。大陆法系国家的法律包括宪法、法典，以及法典以外的法律和条例等。判例在大陆法系国家中，原则上不作为法的正式渊源。一个判决只对被判处的案件有效，对日后法院判决同类案件并无约束力，这是大陆法和英美法在法的渊源上的一个主要区别。但是，我们也应看到，进入20世纪以后，尽管大陆法系国家是成文法国家，判例的作用也是不能忽视的。

大陆法系的第一大特点是法律的成文化，强调成文法的作用。在大陆法系中，法律主要是指成文法，即由立法机构制定、公布实施的法。成文法的效力高于其他法律渊源的效力，有成文法规定的，首先应适用成文法的有关规定，只有在成文法对有关问题没有做出规定时，才能适用其他法律渊源。大陆法系的第二大特点是，把全部法律分为公法和私法两大部分。这种分类法来源于罗马法，"公法是与罗马国家状况有关的法律，私法是与个人利益有关的法律"。随着现代法律的发展，大陆法系国家又把公法细分为宪法、行政法、刑法、诉讼法和国际公法等，把私法细分为民法、商法、婚姻法、家庭法等。大陆法系的第三大特点是，大陆法系各国都注重法典的编纂，虽然在体例上不尽相同。在这些国家中，都有刑法典、民法典、商法典或民商法典等。法国在取得资产阶级革命胜利后，先后颁布了民法典、民事诉讼法典、商法典、刑法典、刑事诉讼法典。

成文法

成文法又称制定法，是指国家机关依照一定的程序制定和颁布的、表现为条文形式的规范性法律文件。习惯是指经有权的国家机关以一定方式认可，赋予其规范效力的习惯或惯例。我国大部分现行法律为制定法。制定法既包括国家立法机关制定的法律，也包括国家中央行政机关，以及地方国家权力机关和行政机关在职权范围内制定、发布的规范性法律文件。

大陆法系在结构上强调系统化、条理化、法典化和逻辑性。它所采取的方法是运用几个大的法律范畴把各种法律规则分门别类地归纳在一起。这种结构上的特点，在法学和立法上都有所反映。

（二）大陆法系的法律渊源

1. 法律

法律是大陆法系的主要渊源，它具体包括宪法、法典、法律和条例，等等。这些法律的制定机关不同，其效力等级也有所差异。其中，宪法具有最高的权威和效力，其他法律不得与宪法相冲突或抵触。

2. 习惯

习惯作为法律渊源，已得到各大陆法系国家的普遍承认，但习惯必须具有法律意义，且不得与成文法相抵触。习惯至今仍发挥一定的作用，某些法律往往需要借助于习惯才能为人们所理解，立法者在法律中所使用的某些概念也需要参照习惯才能使人们理解其含义。

3. 判例

由于大陆法系国家强调成文法的作用，所以原则上不承认判例具有与法律同等的效力和可作为一个独立的法律渊源。一个判决只对当事人和本案有效，而不能约束日后法院对同类案件的审理和判决。但是，进入20世纪后，大陆法系国家开始重视判例的作用，一些国家开始做出一些例外规定，以使法官受某种判例的约束。如联邦德国规定，联邦宪法法院的判决在"联邦公报"上发表后即具有约束力，并承认由"经常的判例"所形成的规则属于习惯法规则，法官应予以实施。在瑞士、西班牙等国也有相关的规定。

4. 学理

一般而言，学理不是法的渊源。但在大陆法系的发展过程中，学理曾起过重要的作用，对法律体系的形成有重大的影响，如12～17世纪罗马法复兴时期先后产生的"注释学派"、"后注释学派"及"自然法学派"，其理论对大陆法系的形成有不可忽视的作用。学理对法律的形成的影响主要表现在三个方面：为立法者提供法学理论、词汇和概念；解释法律，分析和评论判例；通过法学家的论著和培训法律人才，影响法律的实施进程。

二、英美法系

英美法系（Anglo-American Law）形成于英国，人们习惯上将1066年诺曼底人征服英格兰作为其开端，之后扩展到美国及其他过去曾受过英国殖民统治的国家和地区，主要包括加拿大、澳大利亚、新西兰、爱尔兰、马来西亚、新加坡、巴基斯坦。这一法系以英国和美国为代表（故称英美法系），在法的结构和渊源上都具有不同于大陆法系的特征，现分别介绍如下。

（一）英美法系的特征

英美法系国家的法律的共同特征如下。

在法律渊源上，都将判例作为法律的主要渊源。英国的判例法是由高等法院（上诉法院、高级法院、上议院）的法官以判决的形式发展起来的法律规则。这些法律规则对高级法院自身及下级法院以后审理同类案件具有约束力。美国法则受其联邦体制的影响，有联邦法和州法的区别。在州法方面，州法院的下级法院受其州法院及上级法院判例的约束；在联邦法方面，州法院须受联邦法院特别是美国最高法院判例的约束。联邦法院在审理涉及联邦法的案件时，受上级联邦法院判例的约束，而在审理涉及州法的案件时，则要受相应的州法院的判例的约束；但联邦和州的最高法院则不受其自己在以前的判例中所确立的法律原则的约束，它们可以推翻先前判例所确立的法律原则，代之以新的判例及新的法律原则。如前所述，判例法曾是英美法系的主要渊源，但19世纪末20世纪初以来，成文法在英美法系国家的作用不断上升，成文法也成了英美法系的重要渊源。例如，英国关于商事方面的成文法有票据法、合伙法、货物买卖法、海上保险法、有限合伙法、破产法、公司法、公平贸易法等。美国的情况与英国有所不同。一方面，早在独立战争期间，由于殖民地人民对英国的敌对情绪，美国曾一度出现禁止适用英国判例法而引入大陆成文法典的活动，这使美国历来比英国更重视成文法；另一方面，由于美国是联邦制国家，国会和州议会均有立法权，这使美国既有联邦成文法又有州成文法。其中，美国联邦宪法在整个美国法中占有十分重要的地位。在商法领域，特别值得一提的成文法是《美国统一商法典》，该法典于1952年公布，其后几经修改。目前在美国50个州中，除了保持大陆法传统的路易斯安那州，其他各州均已通过本州的立法程序采用了《美国统一商法典》，使其成为本州的法律。另一个值得注意的成文法是美国的反托拉斯法，它实际上不是单一的法律，而是包括了《谢尔曼法》《克莱顿法》《联邦贸易委员会法》等多部法律，它对于规范公司，尤其是大公司的行为有重要影响。

在法律结构上，英国法和美国法都将法律分为普通法和衡平法。普通法来源于习惯法，是在英国封建社会初期盎格鲁·撒克逊习惯法的基础上逐步形成的，吸收了13世纪以前各地法院的判决和13世纪以后皇家法院的判决。普通法是不成文法，以法官判决为基础，体现在判例汇编之中。衡平法是为补充和匡正不完善的普通法而形成的。发展到14世纪，普通法已不能适应现实的需要，其救济手段单一，仅限于损害赔偿和返还财产；普通法法院的法官因拘泥于以往的判例而缺乏灵活性，导致裁判国际商事不公正，而且诉讼程序充满形式主义。当时的国王便授权枢密院大法官建立衡平法法院（Court of Chancery），并依照"良知"和"公平正义"的原则来审理案件，"衡平"（Equity）即"公平""正义"。这样，大法官通过其审判活动所形成的法律规则，便成为与普通法平行的一种新的法律体系——衡平法。普通法与衡平法虽然同属判例法，但两者在救济方法、诉讼程序、法院的组织系统、法律术语等方面均有较大的差异。普通法与衡平法各自保持独立、平行的地位，但当衡平法与普通法发生冲突时，以衡平法优先。

视野拓展

先例约束力原则

先例约束力原则是指法院在判决中所使用的判决理由必须得到遵循，即对做出判例的法院本身和对下级法院日后处理同类案件均具有约束力。

成文法是英美法系的另一重要渊源。随着社会的不断发展，成文法越来越重要，而且这一趋势在商法领域十分明显。按照英国的传统理论，判例法是基础，成文法只是对判例法的补充或修正，但即使议会制定的成文法，也必须经过法院判决加以解释和适用才能发挥作用，但这一理论在进入20世纪以来已经有了很大的改变。而在美国，法律制度的发展是成文法与判例法相互作用的结果。一方面，立法机关可以通过成文法改变判例法中某些已经过时的法律规则，使法律适应社会、经济、政治发展的要求；另一方面，成文法又必须经过法院判例的解释和适用才能起作用。

（二）两大法系的发展趋势

大陆法系和英美法系在法的结构和法的渊源上均具有不同的特征，但从发展的趋势来看，两者之间的差别正在逐渐缩小。正如前文所述，在大陆法系国家中，判例的作用日益受到重视，而在英美法系国家中，成文法更是早已成为法的重要渊源，这无疑表明了两大法系有彼此靠近的趋势。其实这种趋势不仅体现在形式上，也体现在法的具体内容上。尽管大陆法系和英美法系代表了两个不同的法系，但它们并不是毫不相干、互不影响的关系。相反，随着国际贸易和国际投资的发展，随着现代市场经济日益呈现出全球化、一体化的趋势，两大法系在很多方面的分歧正在逐步缩小。当然，我们也应该看到，两大法系由于历史和传统的不同所形成的巨大分歧尽管在不断缩小，但短期内并不会完全消除。两大法系并未统一，也并未汇合成单一的西方法系。在英美法系国家中，成文法的作用虽在不断提高，但目前判例法仍是法的重要渊源；在大陆法系国家中，判例虽日益受到重视，但其作用显然无法与成文法相提并论。在法的具体内容上，两大法系亦有诸多分歧。因此，在未来较长时间内，西方法系仍可分为大陆法系和英美法系。

三、中国涉外商事法律制度概述

（一）中国涉外商事法律制度的形成和发展

涉外商事法律制度，是一国用以调整涉外商事交易中所发生的各种涉外商事关系的法律规范的总称。中华人民共和国成立以后，我国涉外商事法律制度的建立经历了一个曲折而复杂的历史过程。随着对外开放政策的实施和外向型经济的发展，我国涉外商事交易活动空前活跃，调整涉外商事关系的各种法律法规应运而生。1979年，我国颁布了中华人民共和国成立后第一部利用外资的法律——《中华人民共和国中外合资经营企业法》，之后，又相继颁布了一系列有关进出口贸易、技术引进、金融保险、经济仲裁等方面的法律法规。此外，我国还积极参加双边和多边国际条约，其中包括《国际货物销售合同公约》《解决国家与他国国民投资争端公约》《巴黎公约》《纽约公约》等一批重要的国际条约，这使得我国涉外商事法律制度与国际商事法律制度的衔接日益紧密，对推动我国涉外商事交易的发展有重要作用。我国加入世界贸易组织后，逐渐完善我国涉外商事法律制度，为涉外商事交易的发展提供更好的法律环境。

（二）中国涉外商事法律制度的基本原则

我国涉外商事法律制度的基本原则，是我国涉外商事立法、司法应当遵守的基本准则，也是我国自然人、法人及其他实体参与涉外商事交易所应当遵守的基本准则，具体内容如下。

1. 尊重国家主权、维护国家利益

尊重国家主权、维护国家利益，是我国一切对外交往活动必须遵循的基本原则，这一原则也适用于涉外商事活动。当事人在从事涉外商事交易时，应当维护本国的经济利益，而不能以损害国家利益、民族利益为代价来满足自己的私利。

2. 坚持平等互利

坚持平等互利要求国与国之间在法律地位平等的基础上进行互惠互利的经济往来与合作；坚持平等互利也要求自然人、法人及其他实体在从事涉外商事交易时，要体现彼此权利义务的对等，要在充分尊重彼此意愿和切实保障各方合法利益的基础上开展业务活动。

3. 信守国际条约

国际社会缔结的各种双边、多边商事条约和公约是调整缔约国之间商事关系的基本法律规范，是缔约国的有关法人和自然人从事涉外商事交易所必须遵循的基本原则。我国涉外商事法律制度坚持信守国际条约的原则，凡我国缔结或参加的国际条约同我国法律有不同规定的，适用国际条约的规定，但我国已声明保留的条款除外。

缔约国

主权国家间就某项事件达成共识并签订相关条约，条约制定国以及自愿加入或遵守并同意签约的其他主权国家，都属于此条约的缔约国。缔约国是以条约为基础和共同纲领的。简单来说，就是签署共同条约并受该条约约束的国家就是该条约的缔约国。

---

4. 尊重国际惯例

国际惯例是在国际商事交往实践中衍生出来的、被普遍接受的规范，其在国际商事关系中的作用已被各国普遍承认。但我国的某些涉外商事立法与国际惯例存在差异，从而成为引起中外当事人商事纠纷的一个原因。尊重国际惯例要求我们进一步完善我国的涉外商事立法，使之尽可能地与国际惯例接轨，尊重国际惯例也要求我们在处理我国涉外商事立法没有明确规定的问题时，尽量按国际惯例来处理，以减少执法中的摩擦和冲突。

（三）中国涉外商事法律制度的渊源

完整地来看，我国涉外商事法律制度的渊源，既包括国际渊源，又包括国内渊源。

1. 国际渊源

我国缔结或参加的国际商事条约是我国涉外商事法律制度的重要渊源。如前所述，我国已参加了《国际货物销售合同公约》《解决国家与他国国民投资争端公约》《巴黎公约》《纽约公约》等一批重要的多边国际商事条约。此外，我国还与许多国家和地区签订了贸易协定、保护投资协定、避免双重征税协定等双边国际商事协定。这些多边或双边的国际商事条约、协定是我国当事人在参与涉外商事活动时所必须遵循的行为规范（我国已声明保留的条款除外），是我国涉外商事法律制度的一个不可忽视的渊源。

2. 国内渊源

因受经济发展水平等多种因素的制约，我国目前还无法做到完全同等对待对涉外商事活动和国内商事活动，我国制定的有关涉外商事方面的法律法规就成为我国涉外商事法律制度的主要渊源，其内容主要涉及下列几个方面。

有关对外贸易方面，主要有《中华人民共和国对外贸易法》《中华人民共和国进口货物许可证制度暂行条例》《中华人民共和国进出口商品检验法》等。值得注意的是，自 1999 年 10 月 1 日起，我国原先的一部有关进出口贸易的重要法律——《中华人民共和国涉外经济合同法》被废止，取而代之的是一部新的、统一的《合同法》，但《合同法》也已废止，某些关于涉外合同的特别条款参见《中华人民共和国民法典》（简称《民法典》）第三编——合同。

有关利用外资方面，主要有《中华人民共和国中外合资经营企业法》《中华人民共和国中外合资经营企业法实施条例》《中华人民共和国中外合作经营企业法》《中华人民共和国外资企业法》《中华人民共和国外贸企业法实施条例》《国务院关于鼓励外商投资的规定》等。

有关知识产权保护方面，主要有《中华人民共和国商标法》（简称《商标法》）、《中华人民共和国专利法》（简称《专利法》）、《中华人民共和国著作权法》（简称《著作权法》）、《计算机软件保护条例》、《中华人民共和国技术引进合同管理条例》等。

有关涉外税收方面，主要有《中华人民共和国外商投资企业和外国企业所得税法》《中华人民共和国进出口关税条例》《国家税务总局外商投资企业出口退税问题的通知》等。

有关海商方面，主要有《中华人民共和国海商法》（简称《海商法》）、《中华人民共和国海上交通安全法》等。

有关金融方面，主要有《中华人民共和国中国人民银行法》《中华人民共和国商业银行法》《中华人民共和国外资金融机构管理条例》《中华人民共和国外汇管理条例》《境内机构对外担保管理办法》等。

有关商事仲裁方面，主要有《中华人民共和国仲裁法》（简称《仲裁法》）、《中华人民共和国民事诉讼法》（简称《民事诉讼法》）、《中国国际经济贸易仲裁委员会仲裁规则》、《中国海事仲裁委员会仲裁规则》等。

第三节 法律冲突与法律适用

在国际商法领域的法律冲突,即对于同一商事关系因所涉各国立法不同且都可能对它进行管辖而产生的法律适用上的冲突。由于国际商事交易含有国际因素,无法像国内交易一样完全适用本国法,所以会涉及如何解决合同争议所适用的法律这一问题。

一、法律冲突的概念及产生原因

(一) 法律冲突的概念

由于任何国际商事关系都涉及两个或两个以上国家的法律,而不同国家因其政治、经济制度及法律传统各不相同,其商法规定千差万别,所以在处理同一问题时,依一国的法律,可能认为一个有效的民事法律关系已经成立,而依另一国的法律,它还不能成立,这即通常所讲的法律冲突。

(二) 法律冲突产生的原因

一般认为,在处理国际商事关系时之所以会产生法律冲突,主要有以下三个方面的原因。

1. 内国赋予外国人及外国企业民事权利

这是法律冲突产生的前提条件。由于许多国家国内法允许外国人及外国企业享有民事权利、参与本国商事活动,从而产生商事领域中外国人及外国企业作为主体的涉外商事法律关系,这种在现实生活中大量出现的含有涉外因素的商事法律关系会导致法律冲突的产生。

2. 所涉各国商法上的规定不同

这是法律冲突产生的可能条件。由于各国政治、经济制度不同,道德观念、宗教信仰以及传统的生活方式存在差异,其实体法的规定往往迥然不同。如前所述,对于同一涉外商事法律关系,同一当事人,适用不同国家的法律会导致截然不同的结果。

3. 内国在一定条件下承认外国法的域外效力

这是法律冲突产生的现实条件。任何一种法律冲突最终都表现为一国法律的域外效力与另一国法律的域内效力之间的冲突。国际经济交往在各国的经济生活中都占有极为重要的地位,为了发展平等互利的经济关系,彼此之间都希望依自己的法律设定的某些权利义务关系能够得到对方的承认与保护,即内国承认外国法的域外效力。如果内国不承认外国法的域外效力,只适用本国法律则不会产生法律冲突。

 视野拓展

域外效力

域外效力是指本国法律在外国被外国司法机关适用所发生的效力。值得注意的是，法的域外效力并不是指一国法律适用于所有具有本国国籍的人，不论其在国内还是国外，这是法的属人原则而不是域外效力。

二、法律冲突的解决

在处理国际商事关系时，如前所述，因所涉各国的立法不同，在许多问题上都会发生法律冲突，从而需要做出法律的选择。例如，在法律适用涉及合同的成立与效力的问题时，会提出究竟应适用合同缔结地法，还是适用合同履行地法、当事人的本国法、住所地法或其他可以适用的法律问题。对此，主要通过冲突规范来指定各种不同性质的国际商事关系应适用的法律。从各国的立法及实践看，在解决法律冲突方面代表性的方法如下。

（一）只适用本国法

只适用本国法，即当冲突法指出某一法律关系应适用本国法时，不考虑外国法的适用问题。因这种方法会阻碍一国对外经济的发展，一般经济不发达、与外界联系较少的国家才会暂时使用。但有些特殊的法律关系国际上倾向于只适用本国法，如投资合同一般只适用东道国的法律。

（二）在一定范围内适用外国法

在一定范围内适用外国法，即当冲突法指出某一法律关系应适用外国法时，法院地国在不损害本国利益、不违反本国法律基本原则的条件下，可以考虑适用外国法。根据各国立法及有关国际惯例，相当数量的国际商事关系往往非适用外国法不可。如各国冲突法在解决合同之债中当事人权利能力和行为能力的法律冲突时，都采用属人法原则，即当事人的本国法或住所地法。

（三）适用统一实体法规范

因冲突规范仅仅指出有关的国际商事关系适用哪一个国家的法律，而没有明确地直接规定当事人的权利与义务，所以它只起到"间接调整"的作用。只有当其与所援引的某一特定的实体规范结合起来时，才能发挥法律调整当事人权利与义务的作用。如被指定的国家没有有关立法，或被指定的国家有有关立法，但不符合案件的具体情况，或者其适用会带来与法院国国家或社会重大利益、法律制度或道德准则严重抵触的后果，就会给审判工作造成麻烦。为了克服冲突规范的这种弊端，许多国家通过国际条约制定一些统一的实体规范，将彼此在法律上的分歧统一起来，直接规定当事人的权利与义务，从而避免或消除

法律冲突。然而，由于各国的经济利益不同，很难在某些方面达成一致意见，即很难通过条约制定各国都适用的统一实体法规范。

三、国际商事合同的法律适用

法律适用是指以法律适用的语言义为基础，能充分表达法律适用作为法学术语的理论本质和特征的语言提炼。法律适用的概念可以提炼如下：法律适用，是指法律适用主体按照法定的程序，将一般性法律应用于个别性的涉法事实的判断。

在国际商事合同中，当当事人就合同履行产生了纠纷，而双方协商不能解决时，需要由仲裁机关或法院加以解决，为此当事人的权利和义务就建立在适用于该案件的法律基础上。国际商事合同的法律适用是指在国际商事合同中，当各方当事人发生合同争议时，仲裁机构或法院以何国的实体法为处理争议所依据的法律。对于合同的法律适用，在法学理论中一直有分割论和整体论、主观论和客观论的争论。分割论即允许将合同的各个部分或各个问题，如当事人的缔约能力、合同的形式、合同的成立和效力等置于不同法律支配之下；整体论则指允许当事人选择某种法律解决上述所有问题。主观论即根据契约自由原则允许采用当事人自主选择的法律；客观论即不排除依客观因素解决合同的法律适用问题。由于目前在合同的法律适用上常采用分割的方法，而且一般认为合同的法律适用是指合同成立和合同效力的法律适用，因而国际商事合同的法律适用也主要指关于此类合同成立和合同效力的法律适用，对此普遍认为应采用当事人意思自治原则，并辅以最密切联系原则。

（一）意思自治原则

意思自治原则是指国际商事合同的当事人有权在协商一致的基础上选择某一国家或地区的法律来支配其间的权利义务关系，一旦当事人之间产生争议，受案法院或仲裁机构应当以当事人选择的法律为合同准据法，以确定其间的权利义务。因合同是当事人意思自治的体现，所以合同当事人在法律规定的范围内，可自行确定相互的权利和义务，也可自行选择处理合同争议所适用的法律，这不但符合契约自由原则，还有利于当事人预知行为的后果和维护合同关系的确定性和稳定性。此外，由于在合同缔结或发生争议时，允许当事人选择法律，也有利于争议的迅速解决。但允许当事人自由选择法律不是绝对的、无条件的，各国国内立法和有关国际条约在采纳意思自治原则的同时，又分别对该原则规定有若干不同程度、不同内容的限制。这些限制主要表现在以下几个方面。

1. 对合同当事人选择法律方式的限制

当事人选择法律的方式主要有明示和默示两种。前者是指当事人通过语言文字明确表达出来的选择法律的意图；后者是指通过合同的具体情况表现出来的可以表明当事人选择法律的意图。明示选择，因其意思表达明确、清楚，所以为采用当事人意思自治原则的国家所普遍接受；默示选择，因其不易确定，所以各国对其持有不同的态度。少数国家，如土耳其、尼日利亚、秘鲁等不承认默示选择；多数国家和有关的国际公约则承认默示选择，如英国、德国、法国、奥地利、瑞士等国及1986年的《国际货物买卖合同法律适用公约》等。当事人默示选择的法律须经过法院或仲裁机构的推定才能确认。一般而言，用作推定依据的主要有如下几种：合同中关于诉讼或仲裁地点的条款、合同使用的文字、合同中的特殊术语、合同的格式、合同或其争议的性质、合同的有效性等。

2. 对合同当事人选择法律的时间限制

关于当事人选择法律的时间，一般认为既可以在订立合同的当时，也可以在订立合同之后。新近的国际公约和国内立法都表明，大多数国家不但反对对合同当事人选择法律的时间加以限制，而且允许当事人在合同订立后选择法律或变更原先选择的法律。但各国通常的限制是，当事人选择法律或变更原先选择的法律不应损害合同形式上的效力，或对第三者的权利造成影响。

3. 对当事人选择法律内容的限制

大多数国家的立法和司法实践都主张当事人的自主选择只能在任意法范围内进行，对于强制性规则或关于公共秩序的法律均不允许当事人通过选择法律而排除其适用。另外，一些国家还规定，当事人协议选择合同所适用的法律时，必须是"善意"和"合法"的，并且必须有"合理的根据"。也就是说，不是有意虚构有关的联结因素以规避有关国家的强制性法律，不是反复无常的，不得以损害第三方的利益为目的，以及所选法律不得与合同毫无联系等。不仅如此，还有一些特殊的合同关系倾向于只适用本国法，如投资合同一般只适用东道国的法律。

4. 对当事人选择法律性质的限制

当事人所选择的法律应是一国的实体法，而不包括该国的冲突法。这为多数国家的立法和有关的国际公约所确认。

5. 当事人未选择法律时的处理

在允许当事人自主选择适用于合同的法律时，如果当事人没有选择法律或当事人未能就应适用的法律达成协议，或当事人选择法律的协议无效，则对合同所适用的法律的确定大体上有三种不同的处理方法。一是如日本及欧洲一些国家明确规定这时应适用什么地方的法律；二是主张按最密切联系原则由仲裁机构或法院确定应适用什么地方的法律；三是由仲裁机构或法院根据具体的情况，推定当事人当时如果考虑这个问题可能选择什么地方的法律。目前占主导地位的是第二种处理方法。正因如此，最密切联系原则才被认为是合同法律适用的补充原则。

（二）最密切联系原则

如当事人未约定解决合同争议所适用的法律，即意味着当事人放弃了选择合同所适用的法律的自主权，应当由受理合同争议的仲裁机构或法院来确定解决合同争议所适用的法律。但为了防止仲裁员与法官随意自由裁量，有必要要求其按照最密切联系原则确定合同所适用的法律。运用最密切联系原则的关键是确定"最密切联系地"。在理论上，有学者主张应依据"数量标准"确定最密切联系地，即在与合同有关的诸种因素中，如果有较多的因素集中于某地，那么该地为合同的最密切联系地。另有学者主张应依据"质量标准"确定最密切联系地，即在各种联系因素中，对于解决特定问题有着最重要意义的因素的所属地为最密切联系地。虽然依据"质量标准"确定最密切联系地较为符合最密切联系原则的本意，但对这个标准的具体把握仍然是一个复杂的问题，对此许多国家采用"特征性履行原则"确定合同的最密切联系地。其在应用中通常分为两步：第一步是确定一项合同的特征履行行为，即能够反映出合同本质特征的一方当事人的履行行为，如货物买卖合同中卖方的交货行为就是该种合同的特征履行行为，因为其使货物买卖合同区别于货物运输合同、货物运输保险合同。第二步是确定该特征履行行为地。据此，合同所适用的法律应是承担特征履行义务的一方当事人的住所地法或惯常居所地法；如果该当事人有营业所，则应是其营业所所在地法。

特征性履行原则
特征性履行原则是指当事人未选择适用于合同的法律时，应依照各类合同的性质，以履行行为最能体现合同的特征而确定适用于合同的法律的一项原则。

国际商法是调整国际商事关系的法律规范的总称，其内容主要包括国际商事组织法、国际商事行为法和解决国际商事纠纷的法律；其渊源有国际商事条约、国际商事惯例和各国商法及英美法系的判例。尽管国际商法的体系庞杂，但是，无论是各国商法还是商事统一法，均应遵循一些基本原则，如商事主体严格法定原则、公平交易原则、交易简便、迅捷原则和维护交易安全原则。目前，对世界各国法律制度和国际商法影响重大的是大陆法系和英美法系。两者的区别主要体现在法律的主要渊源不同、司法机关的作用不同、法律推理方式不同、法律结构不同、法律的重心不同，以及法律分类不同。各国赋予外国人及外国企业的民事权利不同、同一涉外商事关系所涉各国商法上的规定不同，以及内国在一定条件下承认外国法的域外效力，这都可能导致在处理某一国际商事关系时产生法律冲突。特别是在处理国际商事合同纠纷时，普遍认为应采用当事人意思自治原则，并辅以最密切联系原则。

法律推理
法律推理是指对法律命题的一般逻辑推理。常见的法律推理有演绎推理、归纳推理和类比。演绎推理是以一般的原则为标准推断出某一具体情况的解决方式。归纳推理是

> 从两个或更多的同类特殊命题中获取一般性命题的推理。类比是根据两种情况在某些特征上的相似，做出它们在其他特征上也可能相似的结论。

本章小结

1. 国际商法是调整国际商事关系的法律规范的总称。
2. 国际服务贸易的"国际性"既包括服务本身的跨境移动，也包括服务提供者和接受者的跨境移动。
3. 国际商法调整的国际商事关系，是基于商事活动而形成的国际经济关系。
4. 国际商事组织法是关于商事主体资格的认定和商事主体内部交易关系的法律规范。
5. 世界各种法律体系及其特征，即法系，是指比较法学家按照法的历史传统和形式上的某些特征，对世界各国法律体系所做的分类。
6. 大陆法系国家是成文法国家，法律是大陆法系的主要渊源。
7. 大陆法在结构上强调系统化、条理化、法典化和逻辑性。
8. 英美法系的法律渊源主要有两大方面：判例法和成文法。
9. 尊重国家主权、维护国家利益，是我国一切对外交往活动必须遵循的基本原则，这一原则也适用于涉外商事活动。
10. 国际惯例是国际商事交往实践中衍生出来的、被普遍接受的规范，其在国际商事关系中的作用已被各国普遍承认。

复习思考题

1. 服务贸易有哪几种形式？
2. 商事活动有哪些特点？
3. 大陆法系有哪些特点？
4. 在美国，"先例约束力原则"同样适用，但具体表现出不同于英国的特点有哪些？
5. 请介绍一下法律冲突的概念。
6. 请介绍一下法律适用的概念。

第二章

国际商法的主体

学习目标

- 了解国际商法的主体
- 了解个人独资企业相较于个体商户的优缺点
- 掌握合伙企业的基本概念及其设立条件
- 熟知国家及其财产司法豁免权的含义
- 熟知个人独资企业与个体工商户的共同点与区别
- 熟知个人独资企业的解散和清算

开篇案例

案例1

公民甲、乙、丙订立协议约定：三人各出资1万元购买汽车从事货物运输，共同管理，按出资比例分配利润和承担亏损。三人依约出资买下一辆卡车，由甲驾驶，乙、丙负责装卸货物，长期为××公司运输货物。某日，甲、乙、丙三人饮酒、吃饭后继续运送货物。途中因甲操作失当发生车祸，致使卡车毁坏，所运价值6万元的货物也全部损坏。××公司向三人索赔时，乙、丙称此车祸是甲不慎驾驶所致，发生的损失应由甲全部承担；甲辩称该车是由三人共同购置的，车祸引起损失应由三人共同承担，故不同意承担全部赔偿责任。××公司遂向人民法院起诉，要求甲、乙、丙三人共同承担赔偿责任。

辩证思考：

（1）甲、乙、丙三人是合伙关系。因为他们订立协议、共同出资、共同经营、共同分配盈余和承担亏损,符合原《民法通则》规定的合伙要求(最好回答合伙关系的概念),所以他们是合伙关系。

(2)××公司遭受的损失应由甲、乙、丙三人负连带赔偿责任。根据原《民法通则》的规定,合伙债务由合伙人根据出资比例或协议的约定,以各自的财产清偿赔偿责任,同时合伙人对合伙债务除法律另有规定外,应承担连带责任。另外,虽然该损失由甲不慎驾驶所致,但是对于经营活动中所欠债务,假如甲有过错,也应在甲、乙、丙三人对××公司承担责任以后,再按照合伙人过错的大小互相追偿。

案例2

案情:2005年1月,甲、乙、丙共同设立了一家合伙企业,合伙合同约定:甲以人民币30万元、乙以房屋作价人民币40万元、丙以劳务作价人民币20万元出资;各合伙人平均分配利润、平均承担亏损。企业成立后,为扩大经营,同年6月向银行贷款人民币30万元,期限为1年。同年8月,甲提出退伙,鉴于当时企业盈利,乙、丙表示同意。甲遂于当月办理了退伙手续。同年9月,丁入伙。但后因企业经营恶化,出现严重亏损,2006年5月,乙、丙、丁决定解散合伙企业,并将合伙企业财产予以分配,但未对银行贷款进行清偿。2006年6月,银行贷款到期后,银行要求合伙企业清偿,发现该合伙企业已解散,遂向甲要求偿还全部贷款。甲称自己已经退伙,不应负责清偿。银行即要求乙偿还全部贷款,乙表示只按照合伙合同约定的比例清偿相应数额。银行又要求丙偿还全部贷款,丙表示自己以劳务出资,不应负责偿还。银行再向丁要求偿还全部贷款,丁表示该贷款是自己入伙前发生的,不负责清偿。

辩证思考:

(1)甲、乙、丙、丁的主张均不能成立。甲虽然退出了合伙企业,但对其退伙前已发生的合伙企业债务,仍应与其他合伙人一起承担连带责任;乙无权拒绝银行的偿债请求,根据我国《中华人民共和国合伙企业法》(简称《合伙企业法》)的规定,合伙人对合伙企业债务承担无限连带责任,债权人可以要求任何一个合伙人偿还企业的全部债务;丙不能将出资形式的差异作为免除债务清偿责任的抗辩理由;丁作为新合伙人,对入伙前发生的合伙企业债务同样应承担连带责任。

(2)合伙企业所欠银行贷款应由甲、乙、丙、丁4人根据合伙合同约定平均分担,即分别清偿7.5万元。如果其中一人首先偿还了全部银行贷款,则在清偿后,其有权就其多承担的份额向其他合伙人进行追偿。

第一节 国际商法的主体概述

国际商法的主体是指在国际商事交易中能行使权利和承担义务的法律人格,既包括特殊的国际商事主体——国家，也包括一般的国际商事主体——国际商事组织。国际商法是国际视野下法学与商科知识交叉的复合型学科，是专门研究国际间商事交易活动过程中产生的权利义务关系的法学学科。国际商法涉及公司法、合伙法、合同法、金融法、票据法、国际贸易法、外商投资法、商事仲裁法等法学科目的基本原理与基本知识的运用。国际商法作为调整国际商事关系的法律规范的总称，涉及不同法系下以营利为目的的国际商事主体参与的商事交易关系。

一、国家

国家不仅可以成为公法性质的国际法律关系的主体，而且可以以特殊的商事法律关系主体的身份直接参与国际商事活动，与另一国家的商事组织订立各种商事合同。但是，作为国际商事活动的主体，国家与商事组织有不同之处。

（一）国家作为国际商法的主体的特殊性

1. 名义上的特殊性

国家作为国际商法的主体参与国际商事交往时，通常由国家委派其行政机关或政府官员作为代表以国家名义进行。受委派的行政机关或官员必须按照国家的意志行事，这种活动所产生的结果直接由国家承受。

2. 责任上的特殊性

国家作为国际商法的主体参与国际商事交易时，应当以国库财产承担责任，因而国家所承担的责任实际上是一种无限责任。

3. 地位上的特殊性

一方面，国家进行国际商事活动时必须作为国际商事关系的一方当事人，与对方当事人之间平等地进行交往，既享有权利，又必须承担相应的义务。另一方面，国家在任何情况下都始终是一个主权者，这种主权者的地位，并不因其参与国际商事交易而丧失。所以，国家作为国际商法的主体，仍然享有国家主权决定的某些特权，如豁免权，这是国际商事组织作为国际商法的主体所不具有的。

（二）国家及其财产司法豁免权

根据公认的国际法原则，国家不分大小强弱，一律享有平等的主权，任何一个国家，在未经另一国同意的情况下，不得对另一国进行司法管辖。这一原则在国际商事活动中表现为国家及其财产享有司法豁免权。

1. 国家及其财产司法豁免权的含义和内容

国家及其财产司法豁免权是指在国际商事交往中，一个国家及其财产享有不受其他国家法院管辖的权利。按照一般的国际惯例，国家及其财产司法豁免权主要包括以下内容。

司法管辖豁免是指除非一个国家明示同意，其他国家法院不得受理以该国为被告或以该国财产为标的的诉讼。诉讼程序豁免是指在一个国家放弃司法管辖豁免，主动向其他国家的法院起诉或自愿在其他国家的法院应诉的情况下，其他国家的法院未经该国同意，不得对该国或该国财产采取诉讼程序上的强制措施，如不得强令该国提供证据、不得以诉讼保全为由查封或扣押该国财产等。强制执行豁免是指即使一个国家主动向其他国家的法院起诉或自愿在其他国家的法院应诉，其他国家的法院未经该国同意，不得依其判决对该国财产采取强制执行措施，如不得拍卖该国财产、不得强行划拨该国的银行存款等。

以上几项内容既有联系又有相对的独立性：一方面，司法管辖豁免是最高层次的豁免，国家只要不放弃其司法管辖豁免，就享有诉讼程序豁免和强制执行豁免；另一方面，国家自愿放弃前一项或前两项豁免时，并不等于同时放弃了后项豁免。

2. 国家及其财产司法豁免权的理论与实践

西方国家从19世纪初起，通过其司法实践和国内立法，逐渐系统地形成了相互给予司法管辖豁免的惯例。但到了19世纪末20世纪初，由于国家参与经济交往的范围越来越广，国家参与通常属于私人经营范围的事务逐渐增多，因此，国家及其财产司法豁免权对于市场经济体制下平等主体间商事关系的发展显然不利。有些欧洲大陆的国家开始实行限制，只对国家的主权行为（或公法行为、统治行为）给予豁免，而对国家的非主权行为（或私法行为、事务管理权行为）则拒绝给予豁免。这样，在国际上就存在着绝对豁免和限制豁免两种理论与实践。绝对豁免论认为，国家的一切行为，包括主权行为和事务管理权行为，享有在外国法院的豁免权，仅国家明示放弃者除外。限制豁免论认为，只有主权行为才能享有国家豁免权，事务管理权行为不应享有国家豁免权。第二次世界大战以后，美国、英国、德国、法国等有影响力的西方大国纷纷坚定地转向限制豁免论。苏联解体、东欧剧变之后，国际社会几乎都放弃了绝对豁免的主张。《欧洲国家豁免公约》和联合国国际法委员会出台的《国家及其财产的管辖豁免条款草案》也采用了限制豁免论。因此，关于国家的豁免规则，限制豁免是它的基本发展趋势。

《欧洲国家豁免公约》

《欧洲国家豁免公约》是欧洲17个国家（奥地利、比利时、丹麦、联邦德国、法国、冰岛、爱尔兰、意大利、卢森堡、马耳他、荷兰、挪威、瑞典、瑞士、土耳其、英国、塞浦路斯）于1972年5月签订的，对国家主权实行有限豁免做了明确规定。其主要内容如下：一方缔约国同一个或更多的私人参加一个公司、经济组织或其他法人团体，而该公司、经济组织或法人团体的登记（注册）地或主要营业所设在另一缔约国领土上，则该缔约国不能免受另一缔约国法庭的管辖。

第二章　国际商法的主体

> 凡诉讼涉及的一方为国家，而他方为经济实体或其他参加者，则在他国领土上没有事务所、代理处或其他机构用以从事工业、商业或金融活动的一方，不能要求免受所在国法庭的管辖。若有争议的各方是国家，或者双方另有书面协议，则此款不适用。《欧洲国家豁免公约》把一国的工业、商业和金融活动均视作"非主权行为"，不能要求司法豁免。

我国政府和理论界过去一贯主张绝对豁免论（其中排除了国有企业的豁免权），但随着我国融入国际社会程度的加深，已逐渐认识到限制豁免论的合理性。目前，我国政府已在联合国国际法委员会出台的《国家及其财产的管辖豁免条款草案》上签字，接受了限制豁免论。

二、国际商事组织

（一）商事组织的概念

商事组织也称商事企业，是指能够以自己的名义从事经营，以营利为目的的经济组织。人类社会的发展离不开生产活动，而人类的生产活动总是在一定的组织形式下进行的。商事组织是一定社会条件下人们从事生产活动的组织方式。商事组织的概念包括以下几个具体含义。

1. 商事组织是独立的经济组织

从法律上说，这里提到的商事组织，是以商事主体身份出现的、以自己的名义从事营业的团体或个人。商事组织必须从事营业，并且在从事营业时以自己的名义而不是以他人的名义，同时由自己享有权利和承担义务，所以商事组织是独立的经济组织。

2. 商事组织是以营利为目的的

商事组织的目的是营利，营业则是达到营利目的的手段。所谓营利，是指商事组织以获取利润并将所获利润分给其成员（投资人）为目的。为此，商事组织必须从事营业活动，而不能以单纯的管理活动为其主要的活动。

3. 商事组织是商人的组织表现

在西方资本主义国家有"无业不商"之说，即凡是实施法律允许的商事行为的人都是商人。商事组织实际上是从组织的角度来看商人的，是商人的组织表现。独资、合伙和公司这三种商事组织形式，是商自然人和商法人的具体反映。

（二）商事组织的种类

商事组织有各种组织形式，不同形式的商事组织在法律地位、设立程序、组织机构、投资人的利益与责任、业务执行权利的分配、资金的筹措，以及税收等方面是不同的。了解并且选择适当的商事组织形式，对于投资人获得期望的利益和实现投资事业的发展，具有重要的现实意义。

1. 个人独资企业

个人独资企业是指由一名出资者单独出资并从事经营管理的企业。从法律性质来说，个人独资企业不是法人，不具有独立的法人资格，它的财产与出资人的个人财产是相通的，出资人就是企业的所有人，其以个人的全部财产对企业的债务负责。出资人对企业的经营管理拥有控制权。尽管个人独资企业有时聘用经理或其他职员，但经营的最高决策权仍属于出资人。出资人有权决定企业的停业、关闭等事项。

2. 合伙企业

合伙企业是指由各合伙人订立合伙协议，共同出资，共同经营，共享收益，共担风险，并对企业债务承担无限连带责任的营利性组织。合伙企业分为普通合伙企业和有限合伙企业。

三、国际商法的调整对象

传统的国际商事交易是以有形商品（货物）的买卖为核心内容的，但在当代社会，随着经济的飞速发展和全球化程度的不断提高，国际商事交易不论是在其交易对象还是交易方式方面都有了很大的发展。从交易对象来看，除了国际货物买卖有了巨大的发展，技术、资金、劳务的国际流动也日趋频繁，交易对象在国际经济交往中的重要性日益提高。从交易方式来看，除了买卖这一传统方式，还出现了很多新型的交易方式，如国际技术转让、国际投资、国际合作生产、国际融资、国际工程承包、国际租赁等。由此可见，当今的国际商事交易早已突破了传统的国际货物买卖的范畴，且深入技术贸易、服务贸易、投资和金融等众多经济领域。正因如此，当今的国际商法也发展成一个涉及面极广、包含内容极为丰富的法律规范体系。国际贸易法（包括货物贸易、技术贸易、服务贸易）、国际商事合同法、国际商事组织法、国际代理法、国际产品责任法、国际票据法、海商法、国际投资法、国际金融法等都可纳入国际商法的范畴。

国际商法调整的对象是国际商事主体在国际商事交易中形成的国际商事法律关系。商事关系是商人在从事商事交易时，在当事人之间形成的一种物质利益关系；而商事法律关系则是商法主体在商事交易过程中或对商事交易进行管制时形成的社会关系。商事关系只是在商人之间形成的一种关系，而商事法律关系除了商人之间在商事交易中形成的关系，还包括国家作为管制商事交易的主体与被管制者即商人之间形成的关系。从性质上看，在商事关系中，当事人的法律地位是平等的，而在商事法律关系中，部分主体即商人与国家之间的法律地位是不平等的，国家是管理者，商人是被管理者。

第二节 个人独资企业法

个人独资企业作为最早出现的商事组织，是由一个自然人投资成立及控制经营的企业。相对于其他类型的企业，个人独资企业的成立与经营简便易行。所以，即使在市场经济高速发展的当下，个人独资企业仍然在市场主体中占有重要的地位。

一、个人独资企业概述

（一）个人独资企业的含义

与我国制定单行的《中华人民共和国个人独资企业法》（简称《个人独资企业法》）不同，西方各国一般未对个人独资企业进行单独的立法规范，而是在其民法或商法中做出相应的规定。其主要原因是个人独资企业与企业主在法律主体上是重合的，个人独资企业的权利和义务就是企业主的权利和义务，规范商人的商业行为与规范个人独资企业的行为相同。个人独资企业是指一人投资经营的企业，投资人对企业债务负无限责任，企业负责人是投资人本人，企业负责人的姓名须与身份证相符，不得使用别名。按照我国现行税法的有关规定，个人独资企业取得的生产经营所得和其他所得，应按规定缴纳个人所得税。

（二）个人独资企业的特点

个人独资企业与其他类型企业相比，有如下特点。

第一，个人独资企业是一个自然人企业，不具有法人资格。就法律地位而言，个人独资企业不是法人，不具有独立的法律人格，其财产与出资人的个人财产没有任何区别，出资人就是企业的所有人，个人独资企业的财产由企业主享有，企业本身不享有所有权。虽然个人独资企业一般都设置有单独的财产目录和业务账簿，但其只是为了便于填写纳税账表，以及便于企业主了解、掌握企业的经营状况。而公司作为法人，其财产不归出资人即股东所有，而是归公司本身所有，公司就是财产的所有者。此外，个人独资企业的负债在追及效力上等于企业主个人的负债，其以个人的全部财产对企业的债务承担无限责任，即一旦企业发生倒闭，出资人对企业债务的赔偿责任不限于其在企业中的资产，而是要以其在企业以外的财产进行抵偿，因此出资人承担的风险较大。而公司的债务不等同于其股东的债务，公司对其债务以其拥有的资产独立承担责任，其股东只承担出资额范围内的有限责任。

法律人格

法律人格是指作为一个法律上的人的法律资格。这是维持和行使法律权利，履行法律义务和责任的前提条件。任何法律制度都将赋予一定的人、团体、机构和诸如此类的组织以法律人格。在奴隶制的法律制度中，奴隶没有法律人格，他们只是"动产"。现代法律制度主要赋予自然人和法人以法律人格。法律人格对自然人来说有两种属性：身份和能力。虽然所有的自然人都可能具有法律人格，但其身份和能力并不相同，如外侨、婴儿和精神病人的能力是受限制的。现代各国法律制度一般规定，法律人格通常随着胎儿的出生而确立。未出生的胎儿不具有法律人格，但有时实行"假定胎儿出生"原则，以保护胎儿的权利，即假如胎儿出生后是活的，那么未出生的胎儿就被当作已出生的。

> 法律人格一般随人的自然死亡而告终，但有时其法律人格会在某种范围内继续存在。被继承人立有遗嘱的，遗嘱执行人可被看作被继承人，他使被继承人的法律人格存续至他的遗嘱执行事务完成时为止。法人只有在法定手续齐备时，才具备法律人格，有关部门才能承认它为法律实体，对它的法律人格的承认期满，或其法律人格以适当的方式被解除时，其法律人格自行终止。在国际法上，主权国家具有法律人格，附属国、国家的省或某部分地区不具有法律人格；主要的国际组织具有法律人格；自然人和联合体在有限的程度上具有国际法上的法律人格。

第二，企业的所有权与管理权合二为一。个人独资企业的所有权与经营权合二为一，企业的一切业务活动完全由投资人决定、控制、处置，经营方式比较灵活。尽管企业根据需要聘用一些管理人员，但其经营的最高决策权仍属于投资人，权利本源仍在企业主，其有权决定企业的扩大、停业或关闭等事项。公司的经营管理是由股东会、董事会、监事会和经理等法定组织机构实施的，股东可能因担任管理职务而享有管理公司事务的权利，也可能不参与公司的经营管理活动，公司的对外代表权由法定代表人行使。

第三，资金来源有限，资本数额较少。因法律上对个人独资企业无注册资金的限制，所以出资人只需少量资金即可注册成立。通常，个人独资企业筹集资金的渠道有限，资金来源以自我积累为主，这既会限制企业规模的扩大，也会限制其自身生产结构的调整。

第四，税赋较轻。个人独资企业的出资人只需缴纳一次个人所得税，而不必像公司的股东一样，在公司缴纳了法人的所得税后，还必须缴纳个人所得税，即"双重纳税"。

二、个人独资企业的设立及事务管理

（一）个人独资企业的设立

1. 个人独资企业的设立条件

个人独资企业的设立应当符合法定条件，其设立的条件和程序比合伙企业与公司容易且宽松。我国《个人独资企业法》规定的个人独资企业的设立条件主要包括以下几个方面。

（1）投资人为一个自然人。一方面，个人独资企业只能有一个投资人，两个及两个以上的投资人当然不能被认定为"独资"，而应当被认定为合伙或公司等"合资"形式。另一方面，投资人不能是法人、非法人组织或政府，而只能是自然人。

（2）有合法的企业名称。个人独资企业应有独立于投资人的名称，从而使该经营实体特定化。个人独资企业的名称应当与其责任形式和营业性质相适应，个人独资企业的名称中不可出现"有限"或"有限责任"的字样，实践中一般可以将个人独资企业称作"厂"、"店"或"中心"等。另外，个人独资企业的名称还应符合我国行政法规及规章中关于商业名称的相关要求，如名称结构的要求、单一性、不混同、非属禁用名称等。

（3）有投资人申报的经营资金。该资金只是经营的条件，不具有对外提供信用担保的效力。从理论上讲，投资人申报一元也可以设立个人独资企业，但是，必要的生产经营场所和条件要求个人独资企业必须具有一定数额的经营资金。

（4）有固定的生产经营场所和必要的生产经营条件。若企业注册后"打一枪换一个地方"或成为买空卖空的"皮包公司"，势必扰乱社会经济秩序，当属违法经营。

（5）有必要的从业人员。

2. 个人独资企业的设立程序

（1）提出设立申请。设立个人独资企业，应由投资人或其委托的代理人向个人独资企业所在地的登记机关（工商行政管理机关）提出书面申请，一般应提交下列文件。①设立申请书，该申请书应载明企业的名称和住所、投资人的姓名和居所、投资人的出资额和出资方式、企业经营范围等事项。②投资人身份证明，如身份证、户籍证等。③生产经营场所使用证明，如房屋产权证书、土地使用证书、房屋及土地的租赁合同等。另外，委托代理人申请设立登记时，还应当出具投资人的委托书和代理人的合法证明。企业拟从事法律、行政法规规定须报经有关部门审批的业务的，还应当在申请设立登记时提交有关部门的批准文件。

（2）核准登记。登记机关应当在收到设立申请文件之日起 15 日内，对符合上述法定条件的予以登记，发给营业执照；对不符合法定条件的不予登记，并应当给予书面答复，说明理由。个人独资企业以营业执照的签发日期为企业成立日期，在领取营业执照前，投资人不得以个人独资企业的名义从事经营活动。

个人独资企业设立分支机构的，应当由投资人或其委托的代理人向分支机构所在地的登记机关申请设立登记，领取营业执照。分支机构核准登记后，应将登记情况报该分支机构隶属的个人独资企业的登记机关备案，其民事责任由设立该分支机构的个人独资企业承担。

（二）个人独资企业的事务管理

各国法律一般规定，个人独资企业的投资人既可以自行管理企业事务，也可以委托或聘用其他具有民事行为能力的人负责企业的事务管理。投资人委托或聘用他人管理个人独资企业事务，应当与受托人或受聘人签订书面的委托合同或聘用合同，明确授权的范围。受托人或受聘人应当忠实地履行其职责，在授权范围内进行个人独资企业的事务管理，并不得有下列损害投资人的行为。①利用职务上的便利，索取或者收受贿赂。②利用职务或工作上的便利侵占企业财产。③挪用企业的资金归个人使用或者借贷给他人。④擅自将企业资金以个人名义或以他人名义开立储存账户。⑤擅自以企业财产提供担保。⑥未经投资人同意，从事与本企业相竞争的业务。⑦未经投资人同意，同本企业订立合同或进行交易。⑧未经投资人同意，擅自将企业商标或者其他知识产权转让给他人使用。⑨泄露本企业的商业秘密。⑩法律、行政法规禁止的其他行为。受托人或受聘人代表企业对外进行活动的法律后果由个人独资企业承担，但受托人或受聘人因失职而导致企业财产、名誉受损的，需接受投资人的处罚并承担损失赔偿责任。此外,投资人对受托人或受聘人员的限制,不得对抗善意第三人。

(三)个人独资企业的解散和清算

个人独资企业解散的原因主要包括以下几方面:投资人决定解散;投资人死亡且无继承人或者继承人放弃继承;被依法吊销营业执照;法律、行政法规规定的其他解散事由。由于个人独资企业不是法人且实行无限责任制,因此不能由于依法破产的原因而终止。

> **解散事由**
>
> 广义的解散事由包括了公司终止的全部原因。狭义的解散事由是指除破产解散外的解散事由。
>
> 任何一部公司法都有关于公司解散事由的规定,因为这是由公司走向"死亡"的必然要求决定的。但不同的公司法对公司解散事由的规定是不同的。离岸公司也要有自己的消亡制度,自然也有解散事由的规定。例如,《英属维尔京群岛商业公司法》第八十九条规定,公司组织大纲或章程中规定的公司的存续期间一旦届满或一旦发生了公司的组织大纲或章程中指定的应当终止公司的事件,依据本法成立的公司就应当通过董事会决议的方式进行解散和清算。

个人独资企业解散时,应由投资人进行清算,也可以由债权人申请法院指定清算人进行清算。投资人自行清算的,应在清算前15日内书面通知债权人,无法通知的应予以公告。债权人在接到通知之日起30日内,未接到通知的债权人应当在公告之日起60日内,向投资人申报其债权。个人独资企业解散后,原投资人对企业存续期间的债务仍要承担偿还责任,但债权人在5年内未向债务人提出偿债主张的,该责任消失。

个人独资企业解散时,其财产应当按下列顺序清偿:所欠职工工资和社会保险费用、所欠国家的税款、其他债务。个人独资企业的财产不足以清偿债务的,投资人应当以个人的其他财产予以清偿。清算期间,个人独资企业不得开展与清算目的无关的经营活动,投资人不得转移、隐匿财产。清算结束后,投资人或法院指定的清算人应当编制清算报告,并于15日内到登记机关办理注销登记。

三、个人独资企业的优缺点及与个体工商户的对比

(一)个人独资企业的优缺点

个人独资企业是企业制度序列中最初始和最古典的形态,也是民营企业主要的企业组织形式。

其主要优点为企业资产所有权、控制权、经营权、收益权高度统一。这有利于保守与

企业经营和发展有关的秘密,有利于企业主个人创业精神的发扬;企业主自负盈亏和对企业的债务负无限责任成为强硬的预算约束。企业经营好坏同企业主个人的经济利益乃至身家性命紧密相连,因而,企业主会尽心竭力地把企业经营好;企业的外部法律法规等对企业的经营管理、决策、进入与退出、设立与破产的制约较小。

虽然个人独资企业有如上的优点,但它也有比较明显的缺点:难以筹集大量资金。因为一个人的资金终归有限,以个人名义借贷款难度也较大。因此,个人独资企业限制了企业的扩展和大规模经营;投资人承担的风险巨大。企业主对企业负无限责任,在硬化了企业预算约束的同时,也带来了企业主承担风险过大的问题,从而限制了企业主向风险较大的部门或领域进行投资的活动。这对新兴产业的形成和发展极为不利,企业连续性差。企业所有权和经营权高度统一的产权结构,虽然使企业拥有充分的自主权,但这也意味着企业是自然人的企业,企业主的病、死,以及他个人及其家属知识和能力的缺乏,都可能导致企业破产;企业内部的基本关系是雇佣劳动关系,劳资双方利益、目标的差异构成企业内部组织效率的潜在危险。

(二)与个体工商户的对比

1. 个人独资企业与个体工商户的相同点

第一,两者的投资主体基本相同。两者的投资主体都只能是自然人(公民),而不能是法人或其他组织。

第二,个人独资企业与个体工商户对投入的资产都实行申报制,不需要经过法定的验资机构验资。由于两者都承担无限责任,因此也不强调对作为出资的实物、工业产权、非专利技术和土地使用权的实际缴付。

第三,两者承担法律责任的形式相同,都必须以个人或家庭财产承担无限责任。如果以出资方式划分,个体工商户可以划分为个人经营和家庭经营两种形式;而个人独资企业可以划分为以个人财产出资的个人独资企业和以家庭财产出资的个人独资企业。在责任承担上,以个人财产出资的个人独资企业或个体工商户都以个人财产承担无限责任,以家庭财产出资的个人独资企业或个体工商户都以家庭财产承担无限责任。

第四,作为一种经济组织,个人独资企业与个体工商户均须有必要的资金、场所、从业人员及生产经营条件。这也是个体工商户与个人独资企业作为市场主体进入市场的必要条件。此外,个人独资企业与个体工商户在商标使用主体及广告宣传策略等方面也具有很多的相同点。

2. 个人独资企业与个体工商户的区别

第一,个人独资企业必须有固定的生产经营场所和合法的企业名称,而个体工商户可以不起字号名称,也可以没有固定的生产经营场所而进行流动经营。换句话说,合法的企业名称和固定的生产经营场所是个人独资企业的成立要件,但不是个体工商户的成立要件。

第二,个体工商户的投资人与经营者是同一人,都必须是投资设立个体工商户的自然人;而个人独资企业的投资人与经营者可以是不同的人,投资人可以委托或聘用他人管理个人独资企业事务。也就是说,个人独资企业的所有权与经营权是可以分离的,这就决定了个人独资企业更符合现代企业制度的特征。而个体工商户的所有权与经营权是集于投资人一身的,已不能适应现代企业制度发展的要求,所以它只能适用于小规模的经营主体。

第三,个人独资企业可以设立分支机构,也可以委派他人作为个人独资企业分支机构的负责人。这一规定说明了个人独资企业不但可以在登记管理机关辖区内设立分支机构,也可以在异地设立分支机构,由设立该分支机构的个人独资企业承担责任。而个体工商户根据规定不能设立分支机构。另外,个体工商户虽然可以异地经营,但随着各地近几年相继简化了外来人员的登记手续,个体工商户的异地经营这一规定逐渐淡化。由此可以看出,个人独资企业的总体规模一般大于个体工商户。

第四,个人独资企业与个体工商户的法律地位不尽相同。在民事、行政、经济法律制度中,个人独资企业是其他组织或其他经济组织的一种形式,能够以企业自身的名义进行法律活动。而个体工商户是否能够作为其他组织或其他经济组织的一种形式,一直是国内民法学家的争论对象。在日常法律活动中,个体工商户的法律行为能力往往受到一定的限制,更多的时候,个体工商户是以公民个人名义进行法律活动的。事实上,国内就有许多法律专家提出个体工商户不是法律意义上的企业。另外,个人独资企业与个体工商户作为市场主体参与市场经济其他活动的能力不同,如个人独资企业可以成为公司的股东,从而以企业名义享有公司股东的权利和义务,而个体工商户一般不能以企业名义成为公司股东,只能以自然人的身份成为公司股东。

第五,个人独资企业与个体工商户在财务制度和税收政策上的要求也不尽相同。事实上,这也是投资人比较关心的问题。根据《个人独资企业法》的规定,个人独资企业必须建立财务制度,以进行会计核算。值得一提的是,个人独资企业的财务制度是个人独资企业的必备条件,不因任何部门的要求而改变。而个体工商户由于情况复杂,是否要建立会计制度争论较多,《中华人民共和国会计法》中也只做了原则规定。按照执法情况看,个体工商户可以按照税务机关的要求建立账簿,如税务部门不做要求的,也可以不进行会计核算。另外,在税收政策方面,由于我国的税收法律制度是一个相对独立的体系,它与市场主体法律制度之间没有统一的联系。税务部门认定一般纳税人和小规模纳税人的标准并不是以企业的市场主体地位不同而划分的。一般来说,个体工商户较难被认定为一般纳税人,而个人独资企业如符合条件则可以被认定为一般纳税人。如何把市场主体立法与税收立法有机地结合起来,是我国今后完善社会主义市场经济法律制度值得探讨的问题。

 视野拓展

小规模纳税人

小规模纳税人是指年销售额在规定标准以下,并且会计核算不健全,不能按规定报送有关税务资料的增值税纳税人。

所谓会计核算不健全是指不能正确核算增值税的销项税额、进项税额和应纳税额。

第三节 合伙企业法

合伙企业是一种古老的企业形式，早在公元前 18 世纪，古巴比伦的《汉穆拉比法典》中就有关于合伙的记载，到了古罗马时期，罗马法对合伙的规定已颇为详细和具体。从立法模式上看，英美法系国家关于合伙的立法一般采用单行法的形式，如英国现行的合伙法是由 1890 年的合伙法和 1907 年的合伙法组成的。美国的合伙法属于州法，为了统一各州的合伙法，美国统一州法全国委员会于 1914 年起草了《统一合伙法》和《统一有限合伙法》两部标准法，并已经得到大多数州的采用。大陆法系国家一般将合伙置于民法典或商法典中加以规定，如德国、日本、法国等国家。

一、合伙企业概述

（一）《合伙企业法》

我国通过了单行的《合伙企业法》，全国人民代表大会常务委员会审议通过了《合伙企业法》修订案，修订后的《合伙企业法》正式实施。

（二）合伙企业的特征

一般而言，合伙企业具有以下特征。

第一，合伙企业基于合伙人之间订立的合伙合同而成立。合伙人之间通过签订合伙合同，明确各自在合伙企业中的权利和义务。即使合伙企业设有一定的组织机构负责日常的业务，其内部关系仍然主要适用合伙合同的有关规定。因此，合伙人之间实际上是一种合同关系。

第二，合伙企业是人的组合。合伙企业是基于合伙人之间的信任而建立在合伙合同基础之上的企业，它强调的是人的组合。合伙人的死亡、破产、退出，都会对其存续造成影响。

第三，合伙企业的合伙人原则上均享有平等参与管理合伙事务的权利。除非合伙合同有相反的规定，每个合伙人均有权对外代表合伙企业从事业务活动。其在执行业务中所做出的行为，对合伙企业和其他合伙人都具有拘束力。

第四，合伙企业不具有法人资格。与个人独资企业一样，合伙企业也是非法人企业，其从事商事活动是以全体合伙人的个人人格或共同人格进行的，实质上也是自然人从事商事活动的一种组织形式。

第五，合伙企业的合伙人对企业的债务负无限连带责任。其无限责任是指合伙人对企业债务的清偿不以其出资额为限，当企业资产不足以清偿合伙债务时，合伙人须以各自所有的财产对其应分担的债务负责。其连带责任是指合伙企业的每个合伙人对全部合伙债务都有清偿的责任，合伙人不得以内部约定的亏损或债务承担比例对抗合伙的债权人，债权人可以向任何一个合伙人请求清偿全部的债务。当然，清偿合伙债务超过自己应当承担份额的合伙人，有权按内部约定的比例向其他合伙人追偿。

 视野拓展

合伙债务的清偿

合伙人对合伙的债务应承担连带责任，法律另有规定的除外。

我国《民法典》第九百七十三条规定，合伙人对合伙债务承担连带责任。清偿合伙债务超过自己应当承担份额的合伙人，有权向其他合伙人追偿。

第九百七十六条规定，合伙人对合伙期限没有约定或者约定不明确，依据本法第五百一十条的规定仍不能确定的，视为不定期合伙。合伙期限届满，合伙人继续执行合伙事务，其他合伙人没有提出异议的，原合伙合同继续有效，但是合伙期限为不定期。

二、合伙企业的设立

（一）合伙企业设立的条件

设立合伙企业必须满足以下四个方面的条件。

1. 两名以上合格的合伙人

合伙企业在法律上被多数国家或地区视为自然人的联合，包括我国在内的多数国家和地区规定，合伙人应是两个以上具有完全民事行为能力的自然人，且是依法承担无限责任者，并排除了法人作为合伙人。但近年来，个别国家或地区如法国、比利时、日本等已允许法人作为合伙人。另外，个别国家或地区还对合伙人数的上限做了规定，如英国和中国澳门特别行政区规定，合伙人数不得超过 30 人。但多数国家或地区未做限制，由合伙关系自然确定。

2. 书面的合伙合同

合伙合同是规定合伙人之间权利与义务的法律文件，是确定合伙人在出资、利润分配、风险及责任分担、合伙经营等方面的基本法律依据，一经订立，对全体合伙人均具有拘束力。合伙合同应载明的事项如下：合伙企业的名称及各合伙人的姓名；合伙企业的经营方式和经营范围；合伙的期限；每个合伙人出资的种类及金额；合伙人之间利润的分配和损失的分担方法；合伙企业的经营管理方式；合伙人死亡或退出时，对企业财产及合伙人利益的处理方法，以及合伙企业存续的途径；其他必要事项。

3. 合伙人实际缴付的出资

合伙人应当按照合伙协议约定的出资方式、数额和缴付出资的期限，履行出资义务，

即实际缴付财产。合伙人作为出资的财产,应当是合伙人的合法财产及财产权利;其出资方式可以是货币,也可以是实物、土地使用权、知识产权或其他财产权利;经全体合伙人协商一致,合伙人也可以用劳务出资。对货币以外的出资需要评估作价的,可以由全体合伙人协商确定,也可以由全体合伙人委托法定评估机构进行评估;但对劳务出资的评估办法,应由全体合伙人协商确定。对全体合伙人的出资额,法律未规定最低额度,但原则上应与所申请的合伙企业从事的经营活动相适应。

4. 有合伙企业的名称

合伙企业必须确定其合伙名称,但其名称中不得使用"有限"或者"有限责任"字样。合伙企业使用的名称中含有这些字样的,责令限期改正,可以处以2000元以下的罚款。

5. 有较为固定的经营场所和必要的经营条件

合伙企业应有较为固定的经营场所,该场所可以由合伙人以出资方式提供,也可以以合伙企业名义受让、租赁、借用等方式取得。"从事合伙经营的必要条件"是指从事合伙企业经营范围内的经营活动所必需的环境、设施等条件。

(二) 设立程序

设立合伙企业,应由全体合伙人指定的代表或共同委托的代理人向合伙企业所在地的登记主管机关(工商行政管理机关)提出书面申请。申请时一般应提交以下文件:全体合伙人签署的设立合伙企业的申请书;合伙协议;合伙人身份证明;经营场所使用权证明。另外,代理人申请设立登记时,还应当出具全体合伙人签署的委托书和代理人的合法证明;企业拟从事法律、行政法规规定须报经有关部门审批的业务的,还应当在申请设立登记时提交有关部门的批准文件。

(三) 合伙企业的登记

合伙企业设立的手续一般比较简便,但是否经过注册登记程序才能成立,各国立法规定不一。英美法系国家对普通合伙一般不要求经政府的批准登记,只要求签订合伙合同、资金到位且合法,合伙企业即可成立。大陆法系国家一般要求合伙企业只有在依法经核准登记、领取营业执照后,才能以合伙企业的名义从事经营活动,否则要承担相应的法律责任。

我国《合伙企业法》规定,申请设立合伙企业,应当向企业登记机关提交登记申请书、合伙协议书、合伙人身份证明、全体合伙人指定的代表或者共同委托的代理人的委托书、出资权属证明、经营场所使用权证明等文件。合伙企业的经营范围中有属于法律、行政法规规定在登记前须经批准的项目的,该项经营业务应当依法经过批准,并在登记时提交批准文件。申请人提交的登记申请材料齐全、符合法定形式,企业登记机关能够当场登记的,应予当场登记,发给营业执照。除前述规定情形外,企业登记机关应当自受理申请之日起20日内,做出是否登记的决定。予以登记的,发给营业执照;不予登记的,应当给予书面答复,并说明理由。合伙企业的营业执照签发日期为合伙企业的成立日期。合伙企业领取营业执照前,合伙人不得以合伙企业名义从事合伙业务。

三、合伙企业的内部关系

(一)合伙事务的执行方式

所谓合伙企业事务执行,即掌管合伙企业的业务,负责合伙企业的经营管理。合伙企业事务的执行方式,即事务执行人的确定方式有三种。

(1)委托执行方式,即由合伙协议约定或由全体合伙人决定,委托一名或数名合伙人执行合伙企业事务。在此种方式下,合伙企业事务的执行权集中委托给受托的一名或数名合伙人行使,其他合伙人则不再执行合伙企业事务。

(2)共同执行方式,即由全体合伙人共同执行合伙企业事务,每个合伙人均为事务执行人,享有同等执行权。

(3)分别执行方式,即由合伙协议约定或由全体合伙人决定,合伙人分别执行某项或部分合伙企业事务。在此种方式下,各合伙人只在被委托授权的单项事务或部分事务上有执行权。

(二)合伙事务执行人的对外代表权及其限制

负责执行合伙企业事务的合伙人即合伙企业的负责人,对外代表合伙企业,其以合伙企业名义实施的行为,归属该合伙企业,由全体合伙人承受其后果;其执行合伙企业事务所产生的收益归属全体合伙人;所产生的亏损或者民事责任,也由全体合伙人承担。

为了维护全体合伙人的利益,对合伙事务执行权及其对外代表权,应给予一定的限制。根据我国《合伙企业法》第三十一条的规定,合伙企业的下列事务必须经全体合伙人同意:改变合伙企业的名称;改变合伙企业的经营范围、主要经营场所的地点;处分合伙企业的不动产;转让或者处分合伙企业的知识产权和其他财产权利;以合伙企业名义为他人提供担保;聘任合伙人以外的人担任合伙企业的经营管理人员。合伙事务执行人擅自处理上述事务,给其他合伙人造成损失的,依法承担赔偿责任。不具有事务执行权的合伙人,擅自执行合伙企业的事务,给合伙企业或者其他合伙人造成损失的,依法承担赔偿责任。

(三)合伙人的权利

根据多数国家的法律规定,合伙人的权利可以归纳为以下几项。

1. 参与合伙企业经营管理的权利

合伙企业是以合伙合同为基础,在合伙人之间形成的一个经营联合体,所以除合伙合同另有约定外,合伙人均有权参与合伙企业的经营管理,对外以合伙的名义进行业务活动,并在正常的业务范围内有权相互代理。在对合伙事务做出决策时,每个合伙人无论出资多少,均有表决权。在决定合伙企业的重大事务时,必须经全体合伙人一致同意,其他合伙事务则实行少数服从多数原则。

2. 分取利润和获得补偿的权利

在合伙企业中，每个合伙人均有权分享合伙企业的利润，而不论其出资种类和数额有何差别。分取利润一般是按照合伙合同中约定的比例进行，如果合伙合同没有约定，从各国合伙法的规定来看，大致有两种处理办法。一是按合伙人的出资比例分享利润，如法国、日本；二是平均分配而不考虑合伙人出资的多少，如美国、英国、德国等，我国《合伙企业法》也有此规定。此外，对于合伙人为处理合伙企业的正常业务，或维持企业的正常经营而支出的个人费用，或因此受到的个人财产损失，合伙企业和其他合伙人应予以补偿。

3. 监督权

为了保证合伙事务的正常进行，防止个别合伙人利用执行合伙事务之机谋取私利，维护全体合伙人的共同利益，各国合伙法都将内部监督的权利赋予了各合伙人。合伙人的监督权主要包括以下几项：每个合伙人都有权了解、查询合伙企业经营的各种情况，检查其他合伙人的业务执行情况，查阅账目，并提出质询。

（四）合伙人的义务

1. 缴纳出资的义务

向合伙企业出资是合伙人最基本的义务，也是合伙企业得以成立的最基本的条件。每个合伙人都应当按照合伙合同约定的期限、数额和方式缴纳各自认缴的出资。合伙人未按约定出资的，应当对其他合伙人负违约责任，并赔偿由此给其他合伙人造成的损失。

2. 承担合伙债务的义务

合伙企业的债务是指合伙企业以自己的名义对他人所负的债务。合伙企业的债务产生于合伙关系存续期间，产生债务的原因是合伙企业因对第三人的合同行为或侵权行为承担债务，承担债务的主体是合伙企业，履行债务的担保或承担债务的财产范围是合伙企业的财产与每个合伙人的个人财产。因此，合伙人承担合伙企业的债务，对内按合同约定的比例承担按份债务，对外则对债权人承担无限连带责任。

3. 忠实的义务

合伙企业是建立在合伙人共同的忠诚、信用的基础之上的，合伙人之间报以最大的忠诚、信用是合伙关系和合伙企业存在的基础。合伙人必须为企业的最大利益服务，应当做到以下几点。①不得自营或者同他人合作经营与本合伙企业相竞争的业务。②除合伙协议另有约定或者经全体合伙人一致同意外，合伙人不得同本合伙企业进行交易。③合伙人不得从事损害本合伙企业利益的活动。④不得超越合伙企业授权范围履行职务。⑤不得在履行职务过程中因故意或者重大过失给合伙企业造成损失，否则依法承担赔偿责任。

4. 不得任意对外转让出资的义务

因为合伙人之间存在着"相互信任"的关系，如果合伙人未经其他合伙人同意而任意

对外转让其出资,则有可能损害合伙企业的利益。所以各国法律都规定,除合伙合同另有规定外,合伙人对外转让出资时需经其他合伙人一致同意,但大多数国家允许合伙人在一定条件下将请求分配利润的权利转让给他人。

四、合伙企业的外部关系

合伙企业的外部关系是指合伙组织与第三人的关系。由于合伙企业是合伙人之间一种松散的经营组织体,它本身没有独立的法律地位,基于合伙企业的性质,每个合伙人在合伙企业中仍拥有独立的法律主体地位,都有权对外代表合伙企业。因此,各国一般规定,每个合伙人在企业所从事的业务范围内,都有权作为合伙企业与其他合伙人的代理人。这种合伙人之间的相互代理规则决定了合伙企业与第三人的关系具有以下特点。

第一,每个合伙人在执行合伙企业通常业务中所做的行为,对合伙企业和其他合伙人都具有拘束力。除非该合伙人无权处理该项事务,且与之进行交易的第三人也知道该合伙人没有得到授权。

第二,合伙人之间约定的对某个合伙人的权利限制,不得用以对抗不知情的第三人。若第三人在交易时,已经知道该合伙人无权处理该项业务,则合伙企业和其他合伙人就不受该合伙人行为的约束。

第三,合伙人在从事正常业务中的侵权行为,应先由合伙企业承担责任,但合伙企业有权要求有关合伙人赔偿企业由此遭受的损失。

第四,新合伙人对于入伙之后合伙企业所负担的债务,应与其他合伙人一样承担连带责任,但是,新合伙人对于其入伙前合伙企业已存在的债务如何承担责任,各国规定不同。英美法系国家普遍主张不应承担责任;而法国、日本、瑞士等少数大陆法系国家则规定,新合伙人对入伙前合伙企业的债务要承担连带责任。这有利于提高合伙企业的信誉,保护债权人的利益。我国《合伙企业法》也承认新合伙人的连带责任,但同时规定,在订立入伙协议时,原合伙人应当向新合伙人告知原合伙企业的经营状况和财务状况,以使新合伙人能够在充分权衡利弊的情况下做出最终决断。

新合伙人入伙

新合伙人入伙是指新合伙人投入一定数额的资本,享有规定比例的合伙企业利润,加入合伙组织的经济行为。从法律关系看,新合伙人入伙后,原有的合伙企业解散,新的合伙企业通常需要修订或重订合伙协议。由于新合伙人的入伙导致原合伙企业的解散、新合伙企业的建立,合伙人之间在损益分配、剩余财产分配和对企业的管理权方面均发生了变化,必须征得其他合伙人的同意。新合伙人对入伙前合伙企业所负的债务,可与其他合伙人共负无限连带责任,或负有限责任,但需要在新合伙协议中载明。

对已退出合伙企业的原合伙人而言，如日后发生的债务是在其退伙之前的交易结果，则其仍须对债权人负责。其目的是最大限度地保护合伙企业债权人的利益，防止合伙人借退伙逃避债务，这也是由合伙责任的连带特点决定的。但如该债务与其退伙之前的交易无关，且第三人知道其已不是合伙人，则其对退伙后第三人的债务不承担任何责任。

五、合伙企业的解散

合伙企业的解散是指合伙企业因某些法律事实的发生而使其商事主体资格归于消灭的情形。合伙企业的解散分为三种情形：协议解散、依法解散和强制解散。合伙企业依协议而自愿解散的为协议解散。合伙企业依照法律的有关规定而宣告解散的为依法解散，主要包括以下情形：合伙合同约定的经营期限届满，合伙人不愿继续经营的；合伙人不具备法定人数的；合伙合同约定的合伙目的已经实现或无法实现的；因发生某种情况，使合伙企业所从事的业务活动为非法的等情形。法院根据有关申请，强制命令合伙企业解散的为强制解散。合伙企业的解散必然导致业务终结，债权债务清算。合伙人可以先推举清算人，了结合伙企业尚未终结的事务，清缴所欠税款，清理债权债务，并处理合伙企业清偿债务后的剩余财产。清算结束后，清算人应编制报告，经全体合伙人签字、盖章并报送相应国家机关登记后，合伙企业消灭。

六、有限合伙

有限合伙是指由一个以上的普通合伙人和一个以上的有限合伙人共同设立的合伙企业，前者对合伙企业债务负无限责任，后者只以出资额为限负有限责任。

（一）有限合伙的设立

有限合伙应至少有一个有限合伙人和一个无限合伙人。有限合伙人可以以货币、实物、知识产权、土地使用权或其他财产权利作价出资，但不得以劳务出资。有限合伙企业的登记事项应当载明有限合伙人的姓名或名称及其认缴的出资数额。

知识产权

知识产权也称"知识所属权"，是指权利人对其智力劳动所创作的成果和经营活动中的标记、信誉所依法享有的专有权利，一般只在有限时间内有效。各种智力创造如发明、外观设计、文学和艺术作品，以及在商业中使用的标志、名称、图像，都可被认为是某一个人或组织所拥有的知识产权。"知识产权"一词是在1967年世界知识产权组织成立后出现的。

（二）有限合伙事务的执行

有限合伙事务由普通合伙人执行，有限合伙人不执行合伙事务，也不得对外代表有限合伙企业。但依据我国《合伙企业法》的有关规定，有限合伙人的下列行为不视为执行合伙事务：参与决定普通合伙人入伙、退伙；对企业的经营管理提出建议；参与选择承办有限合伙企业审计业务的会计师事务所；获取经审计的有限合伙企业财务会计报告；对涉及自身利益的情况，查阅有限合伙企业财务会计账簿等财务资料；在有限合伙企业中的利益受到侵害时，向有责任的合伙人主张权利或者提起诉讼；执行事务合伙人怠于行使权利时，督促其行使权利或者为了本企业的利益以自己的名义提起诉讼；依法为本企业提供担保。但是，第三人有理由相信有限合伙人为普通合伙人并与其交易的，该有限合伙人对该笔交易承担与普通合伙人同样的责任。有限合伙人未经授权以有限合伙企业的名义与他人进行交易，给有限合伙企业或者其他合伙人造成损失的，该有限合伙人应当承担赔偿责任。

（三）有限合伙人的特殊权利

有限合伙人的特殊权利有如下几方面。有限合伙人仅以其出资额为限对合伙企业的债务承担责任，而普通合伙人承担无限连带责任。新入伙的有限合伙人对入伙前的合伙企业债务以其出资额为限承担责任。除非合伙协议另有约定，有限合伙人可以同本有限合伙企业进行交易，而普通合伙人不可以。除非合伙企业另有约定，有限合伙人可以自营或者同他人合作经营与本有限合伙企业相竞争的业务，而普通合伙人不可以。除非合伙企业另有约定，有限合伙人可以将其在有限合伙企业中的财产份额出质，而普通合伙人须经其他合伙人一致同意方可。有限合伙人可以按照合伙协议的约定向合伙人以外的人转让其在有限合伙企业中的财产份额，只需提前通知其他合伙人，而普通合伙人对外转让财产份额须经其他合伙人一致同意，除非合伙协议另有约定。作为有限合伙人的自然人在合伙企业存续期间丧失民事行为能力的，其他合伙人不得因此要求其退伙。作为有限合伙人的自然人死亡、被依法宣告死亡或者作为有限合伙人的法人及其他组织终止时，其继承人或者权利承受人可以依法取得该有限合伙人在有限合伙企业中的资格，而普通合伙人除非经过全体合伙人一致同意，否则只能做退伙处理。有限合伙人的自有财产不足以清偿其与合伙企业无关的债务的，该合伙人可以将其从有限合伙企业中分取的收益用于清偿；债权人也可以依法请求法院强制执行该合伙人在有限合伙企业中的财产份额用于清偿。法院强制执行有限合伙人的财产份额时，应当通知全体合伙人。在同等条件下，其他合伙人有优先购买权。

本章小结

1. 国际商法的主体是指在国际商事交易中能行使权利和承担义务的法律人格，既包括特殊的国际商事主体——国家，也包括一般的国际商事主体——国际商事组织。

2. 国家及其财产司法豁免权是指在国际商事交往中,一个国家及其财产享有不受其他国家法院管辖的权利。

3. 司法管辖豁免是指除非一个国家明示同意,其他国家法院不得受理以该国为被告或以该国的财产为标的的诉讼。

4. 诉讼程序豁免是指在一个国家放弃司法管辖豁免,主动向其他国家的法院起诉或自愿在其他国家的法院应诉的情况下,其他国家的法院未经该国同意,不得对该国或该国的财产采取诉讼程序上的强制措施,如不得强令该国提供证据、不得以诉讼保全为由查封或扣押该国财产等。

5. 强制执行豁免是指即使一个国家主动向其他国家的法院起诉或自愿在其他国家的法院应诉,其他国家的法院未经该国同意,不得依其判决对该国财产采取强制执行措施,如不得拍卖该国财产,不得强行划拨该国的银行存款。

6. 商事组织也称商事企业,是指能够以自己的名义从事经营,以营利为目的的经济组织。

7. 个人独资企业是指由一名出资者单独出资并从事经营管理的企业。

8. 合伙企业是指由各合伙人订立合伙协议,共同出资,共同经营,共享收益,共担风险,并对企业债务承担无限连带责任的营利性组织。合伙企业分为普通合伙企业和有限合伙企业。

9. 合伙合同是规定合伙人之间权利与义务的法律文件,是确定合伙人在出资、利润分配、风险及责任分担、合伙经营等方面的基本法律依据,一经订立,对全体合伙人均具有拘束力。

10. 合伙企业的债务是指合伙企业以自己的名义对他人所负的债务。合伙企业的债务产生于合伙关系存续期间,产生债务的原因是合伙企业因对第三人的合同行为或侵权行为承担债务,承担债务的主体是合伙企业,履行债务的担保或承担债务的财产范围是合伙企业的财产与每个合伙人的个人财产。

复习思考题

1. 合伙企业的合伙人都有哪些义务?
2. 请简述在国际商事活动中国家及其财产司法豁免权的含义和内容。
3. 请详细阐述个人独资企业的设立程序。
4. 个人独资企业的优缺点是什么?
5. 合伙企业的特征是什么?
6. 合伙企业设立的条件是什么?

第三章

公司法

学习目标

- 了解公司法的概念
- 了解公司的分类
- 理解公司的设立原则方式及条件
- 熟悉公司设立的程序及效力
- 掌握公司的组织机构
- 熟悉公司解散和清算

开篇案例

原告林方清诉称：常熟市凯莱实业有限公司（简称凯莱公司）经营管理发生严重困难，陷入僵局且无法通过其他方法解决，其权益遭受重大损害，请求解散凯莱公司。

被告凯莱公司及戴小明辩称：凯莱公司及其下属分公司运营状态良好，不符合公司解散的条件，戴小明与林方清的矛盾有其他解决途径，不应通过司法程序强制解散公司。

法院经审理查明，凯莱公司成立于 2002 年 1 月，林方清与戴小明系该公司股东，各占 50% 的股份，戴小明任公司法定代表人及执行董事，林方清任公司总经理兼公司监事。凯莱公司章程明确规定：股东会的决议须经代表 1/2 以上表决权的股东通过，但对公司增加或减少注册资本、合并、解散、变更公司形式、修改公司章程做出决议时，必须经代表 2/3 以上表决权的股东通过。股东会会议由股东按照出资比例行使表决权。自 2006 年起，林方清与戴小明两人之间的矛盾逐渐显现。同年 5 月 9 日，林方清提议并通知召开股东会，由于戴小明认为林方清没有召集会议的权利，会议未能召开。同年 6 月 6 日、8 月 8 日、

9月16日、10月10日、10月17日，林方清委托律师向凯莱公司和戴小明发函称，因股东权益受到严重侵害，林方清作为享有公司股东会1/2表决权的股东，已按公司章程规定的程序表决并通过了解散凯莱公司的决议，要求戴小明提供凯莱公司的财务账册等资料，并对凯莱公司进行清算。同年6月17日、9月7日、10月13日，戴小明回函称，林方清做出的股东会决议没有合法依据，戴小明不同意解散公司，并要求林方清交出公司的财务账册等资料。同年11月15日、11月25日，林方清再次向凯莱公司和戴小明发函，要求凯莱公司和戴小明提供公司财务账册等资料供其查阅、分配公司收入、解散公司。

江苏常熟服装城管理委员会（简称服装城管委会）证明凯莱公司目前经营尚正常，且愿意组织林方清和戴小明进行调解。

另查明，凯莱公司章程载明监事可以行使下列权利：（1）检查公司财务；（2）对执行董事、经理执行公司职务时违反法律法规或者公司章程的行为进行监督；（3）当董事和经理的行为损害公司的利益时，要求董事和经理予以纠正；（4）提议召开临时股东会。从2006年6月1日起，凯莱公司未召开过股东会。服装城管委会调解委员会于2009年12月15日、12月16日两次组织双方进行调解，但均未成功。

江苏省苏州市中级人民法院于2009年12月8日以（2006）苏中民二初字第0277号民事判决，驳回林方清的诉讼请求。宣判后，林方清提起上诉。江苏省高级人民法院于2010年10月19日以（2010）苏商终字第0043号民事判决，撤销一审判决，依法改判解散凯莱公司。

辩证思考：

首先，凯莱公司的经营管理已发生严重困难。根据《中华人民共和国公司法》（简称《公司法》）第一百八十三条和《最高人民法院关于适用<中华人民共和国公司法>若干问题的规定（二）》（简称《公司法解释（二）》）第一条的规定，判断公司的经营管理是否出现严重困难，应当从公司的股东会、董事会或执行董事及监事会或监事的现状进行综合分析。公司经营管理发生严重困难的侧重点在于公司管理方面存有严重内部障碍，如股东会机制失灵、无法就公司的经营管理进行决策等，不应片面理解为公司资金缺乏、严重亏损等经营性困难。在本案中，凯莱公司仅有戴小明与林方清两名股东，两人各占50%的股份，凯莱公司章程规定股东会的决议须经代表1/2以上表决权的股东通过，双方当事人一致认可该"1/2以上"不包括本数。因此，只要两名股东的意见存有分歧、不配合，就无法形成有效表决，显然影响公司的运营。凯莱公司已持续4年未召开股东会，无法形成有效股东会决议，也就无法通过股东会决议的方式管理公司，股东会机制已经失灵。执行董事戴小明作为互有矛盾的两名股东之一，其管理公司的行为无法贯彻股东会的决议。林方清作为公司监事不能正常行使监事职权，无法发挥监督作用。由于凯莱公司的内部机制已无法正常运行、无法对公司的经营做出决策，即使该公司尚未处于亏损状况，也不能改变该公司的经营管理已发生严重困难的事实。

第一节 公司法概述

在目前各国的商事组织中,公司是最重要的商事主体,在社会经济生活中发挥着重要的作用。公司是目前世界上普遍存在的一种企业组织形式,各国一般均以民商法予以规制。

一、公司法的概念

(一)公司的定义

公司一般是指依法设立的,全部资本由股东出资,以营利为目的的法人企业。公司的概念产生于19世纪中期,但在此之前,就已存在现代公司的前身。17世纪,随着世界船舶贸易的发展,英国产生了特许的股份公司。当时的股份公司是通过英国王室特许产生的,有着复杂形式的合伙企业。特许状通常授予其在特定贸易中的垄断权。这种公司虽然也具有独立的法律身份,但是除非特许状有特殊规定,否则这种公司的成员没有任何形式的有限责任。随着股份公司的发展,股票交易也日益增多。到18世纪前期,股票成为一些公司投机的手段。大量公司都是通过购买其他已消亡的公司的特许状成立的。许多有欺诈目的的公司被起诉,英国议会也开始试图控制公司形式的滥用。

随着公司作为商业媒介的衰落,19世纪兴起了大量依据议会的个体法产生的非公司企业。这些企业的成员以股份公司成员的方式向企业投资,并对其享有股份。但是企业的资本和财产不是由企业作为一个独立的法律实体持有的,而是由托管人持有的,其可以为企业的利益起诉或应诉。因此,非公司企业的成员不享有有限责任,其自由转让股份的权利也存在疑问。英国1844年的《股份公司法》对股份公司做出严格的规定,并没有赋予公司有限责任。因为那时有限责任被视为小资产企业运用公司形式损害债权人和投资人的手段。尽管对小企业有限责任的授予有严格的限制,但英国1855年公布的《有限责任法》允许符合一定条件的企业享有有限责任。有限责任的产生,鼓励了公司的产生和成长,这对国家经济是极为重要的。

(二)公司法的法律特征

与个人独资企业、合伙企业相比,公司具有如下法律特征。第一,股东责任的有限性。现代各国公司法规定公司的股东以其出资额或认缴的股份为限,对公司承担有限责任。这是公司区别于其他企业形式的关键。第二,公司的法人性。公司是与它的投资人相分离而独立存在的法律实体,即法人。法人的特征在于其具有独立的人格、独立的组织机构、独立的财产和独立承担民事责任。第三,股东的股权与管理权相分离。公司的管理权是依照公司法的规定,由法定公司组织机构统一行使的,股东被"剥夺"了直接经营管理公司的权利,股东个人并不享有对公司事务的直接管理权,而只是通过行使股东会上的表决权参与公司重大事务的决策，以及享有股东的知情权和质询权。公司的管理机制是决策权、管理权和监督权分开的现代企业制度。第四，公司的永续性。因公司强调的是资本的联合，所以股东的死亡、退出与破产，原则上并不影响公司的存续。

二、公司的分类

（一）无限责任公司、有限责任公司、两合公司与股份有限公司

1. 无限责任公司

无限责任公司又称无限公司，它是由对公司债务负无限连带清偿责任的股东组成的公司。当公司的资本不足以清偿债务时，公司的债权人可以通过公司要求公司的全体股东或任何一个股东清偿债务。股东不论出资多少都对公司债务负无限清偿责任。无限责任公司与其他类型的公司相比具有以下特征。

1）股东责任的无限性

无限责任公司的股东对公司债务负无限连带清偿责任，即当公司资产不足以清偿公司债务时，股东要以出资以外的个人财产来抵债，而且，任何一个股东都负有全部清偿的责任。公司的债权人可就公司财产不足以清偿的那部分债务，向无限责任公司的任何一个股东请求全部清偿。偿还公司债务超过自己应当承担数额的股东，有权向其他股东追偿。

2）股东直接参与公司管理

无限责任公司的各个股东都有权执行业务和对外代表公司的权利，股东既是公司的所有人，又是公司的经营者。

3）出资转让受到严格限制

由于无限责任公司是人合性公司，股东转让出资难以找到为其他股东所信任的受让者；另外，为了防止股东通过转让出资而逃避责任，各国公司法一般规定，无限责任公司的股东转让出资必须得到全体股东的同意。

2. 有限责任公司

有限责任公司又称有限公司，是指由法律规定的一定人数的股东投资组成，股东以其出资额为限对公司承担责任，公司以其全部资产为限对其债务承担责任的公司。有限责任公司与其他类型公司相比具有以下特征。

1）股东人数的限制性

公司法一般对有限责任公司股东的人数规定有最高人数的限制，如英国规定不得超过50人、美国特拉华州规定不得多于30人、法国规定不得高于50人、我国《公司法》规定人数在50人以下。这主要是因为有限责任公司具有人合性，股东之间须相互信任，因此股东人数不可能太多。

2）股东责任的有限性

有限责任公司的股东仅以其出资额为限对公司负责，其对公司债权人不负任何财产责任，公司的债权人亦不得直接向股东主张债权或请求清偿。

3）股东出资的非股份性

有限责任公司不公开发行股票，公司资本也不分为均等份额，每个股东只有一份出资，但其数额可以不同，股东仅以其出资额为限对公司负责。

4）公司资本的封闭性

有限责任公司不得向公众募集股本，只能由全体股东认缴。公司记载股东出资的证明书称为股单，股单不能在证券市场上流通转让。公司的账目也无须公开，只需按照公司章程规定的期限送交给各股东审阅即可。此外，股东转让出资也受严格限制，须经股东会或董事会讨论通过。股东会不同意转让的或全体股东未一致同意转让的，只能由本公司的其他股东购买该出资。

公司章程

公司章程是指公司依法制定的，规定公司名称、住所、经营范围、经营管理制度等重大事项的基本文件，这也是公司必备的规定公司组织及活动基本规则的书面文件。

3. 两合公司

两合公司是由承担有限责任的股东和承担无限责任的股东共同组成的一类公司。两合公司与其他类型的公司相比，其特征较为明显：公司中存在着两种承担不同责任的股东。其中无限责任股东对公司债务负无限连带清偿责任，他们在公司中占主导地位，享有代表和管理公司的权利；而有限责任股东仅以其出资额为限对公司负责，无权代表和管理公司。

4. 股份有限公司

股份有限公司又称股份公司，是指公司资本划分成等额股份，股东以其所认购的股份为限对公司承担责任，公司以其全部资产为限对公司债务承担责任的公司。股份有限公司与其他类型公司相比具有以下特征。

1）股东人数的开放性

由于股份有限公司是大型的、资合性企业，为保证公司募集到足够的资金，故各国公司法对其股东人数上限未做限制，是一种公众型的、开放型的公司。

2）股东责任的有限性

股份有限公司的股东仅以其所认购的股份对公司负责，公司的债权人不能直接向公司股东提出清偿债务的要求，更不能要求以股东个人的财产清偿债务。

3）资本募集的公开性与股票的流通性

股份有限公司可通过发行股票来募集公司资本，任何人只要愿意支付股金购买股票，即可成为股份有限公司的股东。资本募集的公开性决定了公司股东的广泛性，同时也决定了股份有限公司的账目必须公开，以使股东对公司的经营情况有所了解。另外，股份有限公司的股票可以作为交易的标的，原则上可自由买卖。这使得持有者有更多的投资选择机会,使公司拥有众多的股东,但也会导致股东的频繁变动。

4)股东出资的股份性

股份有限公司的全部资本划分成等额股份。每个股东所持有的股份数额可以不同,但每股的金额应相等。股东以其所持有的股份,即占注册资本的比例来享有股东权益。

我国《公司法》只规定了有限责任公司和股份有限公司,对两合公司和无限责任公司均未做具体规定。此外,鉴于有些生产特殊产品的企业或属于特定行业的企业需要由国家控制,我国《公司法》将此类企业以"国有独资公司"的形式进行规范,这类公司是由国家授权投资的机构或部门单独投资设立的有限责任公司,作为有限责任公司的一种特殊形式而存在。

(二)封闭式公司与开放式公司

英美法系按公司的股份是否公开发行及股份是否允许对外自由转让将公司分为封闭式公司与开放式公司两种。

1. 封闭式公司

封闭式公司又称不上市公司,其特点是公司的股份只能向特定范围内的股东发行,而不能在证券交易所公开向社会发行;股东拥有的股份或股票可以有条件地转让,而不能在证券交易所公开挂牌买卖或流通。它类似于大陆法系中的有限责任公司和股份有限公司中的非上市公司。

2. 开放式公司

开放式公司又称上市公司,其特点与封闭式公司相反,它可以在证券市场上向社会公开发行股票;股东拥有的股票也可以在证券交易所自由买卖和交易。它类似于大陆法系中的股份有限公司中的上市公司。

另外,根据一家公司对另一家公司的控制和依附关系可将公司划分为母公司和子公司。母公司是指通过掌握其他公司的股份从而能实际上控制其他公司营业活动的公司。子公司是指受其他公司控制的公司。母公司和子公司的关系表现的是公司与公司间的控制与依附关系,反映着公司相互间联合或联系的紧密程度。但就母公司和子公司的法律地位而言,二者都是具有独立主体资格的法人。

按公司的内部管理系统,可将公司划分为本公司和分公司。本公司又称总公司,是管理全部组织的总机构,有关业务经营、资金配置、人事安排等事项均由总公司决定。分公司则是指本公司管辖的分支机构。分公司没有独立的法人地位或资格,但它可以有自己的名称,如办事处、分行、分公司等,其名称应反映其与总公司的隶属关系。分公司也没有自己的独立财产,其实际占有、使用的财产作为本公司的财产计入本公司的资产负债表,因此不能独立承担财产责任,当其财产不足清偿债务时,由总公司对其债务进行清偿。此外,分公司具有经营资格,需向登记机关依法办理登记,领取营业执照。

三、公司法人人格

（一）公司的人格

公司的人格是指公司在法律上的名分与地位。如前所述，公司是具有法人资格的商事主体，同时也被民法赋予了民事主体资格。但在理论上，对公司的法律人格则有"拟制说"与"实在说"两种理解。前者认为公司虽为独立法人，但并无客观实体存在，只是法律拟设的主体；后者则认为，公司有其客观实体的存在，其存在的具体形态是公司机关，它们代表公司独立于自然人而存在，行使权利与履行义务。现代国家法律大多奉行法人"实在说"。

> **法人**
>
> 法人是指具有民事权利能力和民事行为能力，依法独立享有民事权利和承担民事义务的组织。

（二）公司的主体资格

公司的主体资格是指法律赋予和确认的公司的权利能力和行为能力，既包括民事权利能力和民事行为能力，也包括商事权利能力和商事行为能力。前者由民法赋予和确认，后者则由商法赋予和确认。

公司的权利能力是指公司被允许享有特定权利和被要求履行特定义务的资格。公司的权利能力是有限的，既有来自自身章程的限制，也有来自法律的限制。

公司的行为能力是指公司以自己的行为亲自享受权利和履行义务的资格。公司有与其权利能力相一致的行为能力，该能力由其机关代表行使。公司机关在职权范围内实施的行为即公司行为，其后果归属该公司。公司的权利能力与行为能力同时产生，同时消灭，均始于设立登记，终于注销登记。

（三）公司法人人格的否认

法人资格及其有限责任是把法人同其出资者分开的"面纱"、面具或屏障。在适用法人独立人格和有限责任会出现不公正现象的情况下，直接追究法人的出资者或股东的责任，这就是所谓"刺破法人面纱"的法律原则。这是英美法系国家针对法人，主要是公司背后的利益主体滥用法人资格而予以补救的一项法律原则或制度，在大陆法系国家称为"否认法人人格"。这一原则或制度针对的不是某种具体行为，只要法人成了其背后的主体借以逃避法律责任或牟取不当利益的"合法"外衣，从而损害到他人和社会的利益，即可根据该原则或制度，酌情令法人的出资者、股东或其他有关主体直接承担法人的债务或责任，以弥补原先在这种情况下，只能令不法行为人承担行政责任和刑事责任、债权人或其他受害人的经济损失无法得到补偿之缺陷。既然要"刺破"法人的合法面具,则这项制度与法人本质和法人财产权性质问题的关系非常密切。

在适用上,"刺破法人面纱"或"否认法人人格"主要针对两类情况:一是确认某个自然人,主要是公司的股东或董事与公司的人格混同;二是确认某个企业集团实为一个主体。英美法赋予法官自由裁量权,司法实践中对"刺破法人面纱"原则的解释或适用范围较宽,不仅将其适用于利用法人规避法律的行为,而且用以解决代理责任和公共秩序保留等问题。公司法人人格否认是指为阻止公司独立人格的滥用,就具体法律关系中的特定事实,否认公司与其背后的股东各自独立的人格和股东的有限责任,责令公司的股东对公司债权人或公共利益直接负责的一种法律制度。因为该制度将掩盖在公司身上的法人"面纱"去掉,责令公司背后的股东承担责任,因而又称"刺破公司面纱"或"揭开公司面纱"制度。它的产生主要源于公司法人人格的异化和股东有限责任的滥用,最早出现于英美法系国家的判例法中,后为大陆法系所吸收。

公司法人人格否认主要在司法中适用,主要有下列几种情形。第一,公司资本显著不足。这是指公司成立时,股东实际投入公司的资本与公司经营所隐含的风险相比明显不足,而非指公司资本不符合法定最低限额,这基于经济要求而非法律要求。公司资本显著不足,表明公司股东缺乏经营公司的诚意,意欲利用较少资本经营较大事业,从而利用公司的人格和有限责任将投资风险转嫁给公司的债权人。第二,利用公司回避合同义务。这通常包括公司为逃避契约上的特定不作为义务而设立新公司从事相关活动,如竞业禁止义务;通过成立新的公司逃避债务,主要是将公司资产转移到新公司而逃避原公司的债务;利用公司对债权人进行欺诈以逃避合同义务。第三,利用公司规避法律义务。这通常是指为了达到逃税、洗钱等非法目的而成立公司。第四,公司法人人格的形骸化。这是指公司与股东完全混同,表现为公司被股东不当控制,以及公司与股东之间财产、业务与组织机构的混同。在一人公司和母子公司的场合下,公司法人人格形骸化更容易产生。

> **洗钱**
>
> 洗钱(Money Laundering)是一个金融行业专业术语,是一种将非法所得在形式上合法化的行为,主要指将违法所得及其产生的收益,通过各种手段掩饰、隐瞒其来源和性质,使其在形式上合法化。

我国《公司法》也确立了法人人格否认制度。该法第二十条规定,公司股东应当遵守法律、行政法规和公司章程,依法行使股东权利,不得滥用股东权利损害公司或者其他股东的利益;不得滥用公司法人独立地位和股东有限责任损害公司债权人的利益。公司股东滥用股东权利给公司或者其他股东造成损失的,应当依法承担赔偿责任。公司股东滥用公司法人独立地位和股东有限责任、逃避债务、严重损害债权人利益的,应当对公司债务承担连带责任。该法第六十三条规定，一人有限责任公司的股东不能证明公司财产独立于股东自己的财产的，应当对公司债务承担连带责任。因此，我国《公司法》一方面确立了股东不得滥用公司法人资格和股东有限责任的原则；另一方面股东有滥用行为、逃避责任、严重损害债权人利益的，应当对公司债务承担连带责任。

第二节　公司的设立及资本

公司的设立是指发起人为组建公司，使其取得法人资格，必须采取和完成的多种连续的准备行为。公司股东的全部出资经法定的验资机构验资后，由全体股东指定的代表人向公司登记机关申请设立登记。申请时须提交下列文件：登记申请书；公司章程；验资证明；公司的经营范围须经国家批准时，应附批准文件。

一、公司设立的原则、方式及条件

（一）公司设立的原则

公司设立的原则是指公司设立的基本依据。概括而言，目前多数国家遵循以下主要原则。

1. 核准设立主义

核准设立主义也称许可设立主义，是指公司设立除了必须具备法律所规定的条件，还必须经过行政主管机关核准，否则不得成立。核准设立主义最初为德国和法国所采用。由于核准设立主义是赋予行政机关的一种特权，一般认为，由国家行政部门干预公司设立，不仅不利于公司的普遍发展，而且容易滋生腐败，所以，核准设立主义原则现在除了适用于与国计民生有密切联系的公司，在多数情形下已不再采用。

2. 单纯准则设立主义

由于在核准设立主义原则下，公司的设立必须经行政主管机关的批准，旷日废时，不足以适应实际生活的需要，于是单纯准则设立主义应运而生。单纯准则设立主义是指公司的设立符合国家法律规定要件即可，不需经行政机关核准。1862年的英国公司法首先采用了这一原则，19世纪不少国家也采用了这一原则。这种做法适应了公司大量出现的形势，有利于公司的普遍发展，但不利于国家对公司进行有效控制。

3. 严格准则设立主义

为了克服滥设公司和利用公司欺诈等弊端，国家有必要对公司进行适当管理，当今大多数国家的公司法在单纯准则设立主义的基础上采用了严格准则设立主义，即以法律进一步严格规定公司设立的要件并加重发起人的责任，同时规定公司设立必须经过国家主管机关登记才可成立及取得独立主体资格。需要说明的是，在严格准则设立主义原则下，公司设立程序最后的步骤是必须在登记机关办理注册登记手续。登记机关有权审查公司设立是否合乎法律所规定的条件,如果符合法律规定的条件和程序性规定,登记机关就应该核准登记,而不能以政策上或其他理由拒绝登记,这是严格准则设立主义和核准设立主义的区别所在。

我国《公司法》第六条规定,设立公司,应当依法向公司登记机关申请设立登记。符合本法规定的设立条件的,由公司登记机关分别登记为有限责任公司或者股份有限公司;不符合本法规定的设立条件的,不得登记为有限责任公司或者股份有限公司。法律、行政法规规定设立公司必须报经批准的,应当在公司登记前依法办理批准手续。因此,股份有限公司的设立与有限责任公司一样,原则上实行严格准则设立主义,对特殊行业必须经审批的,才实行核准设立主义。

(二)公司设立的方式

根据公司股份是否由发起人以外的人认购,公司的设立方式分为发起设立和募集设立两种。

1. 发起设立

发起设立是指由发起人自己把公司首期发行的股份全部认足,即行设立公司,而不再向社会公众招募股份。一般程序如下。

1)认足股份

发起人认足首期发行的全部股份或部分股份。

2)缴纳股款

由发起人按其认股额缴款,股款的缴纳,一般是现金,也可以公司所需的财产出资,如实物、工业产权等,但不得以劳务或信用抵作股款。

选举董事会和监事会。发起人缴足股款后,选任董事和监事,组成董事会和监事会。

3)设立登记

董事会依照法定程序向政府主管机关申请设立登记,一经核准,取得执照,就标志着公司设立行为的结束和公司的成立。

我国《公司法》规定了发起设立的程序如下:经过国务院授权的部门或省级人民政府的批准;依法制定公司章程;发起人应当书面认足公司章程规定其认购的股份;发起人缴纳出资;选举公司董事会和监事会;申请设立登记并予公告。

2. 募集设立

募集设立是指由发起人认足首期发行股份的一部分,其余的公开向社会公众募集。这有利于弥补因发起人资金有限而创立公司困难的不足。由于向社会募集股份不仅直接关系到股东的利益,而且对资金流向、产业结构等会产生一定的影响,因此,法律对公司的募集设立规定了严格的审批程序。

1)发起人先认足部分股份

为了防止发起人自己没有经济能力或经济能力太弱,只能利用他人资本设立公司,各国公司法一般都规定了发起人必须认购的最低股份比例,如规定不得低于股份总数的1/4。

2)制定招股说明书

招股说明书是说明公司股份发行的有关事宜、指导公众购买公司股份的规范性文件。发起人须在公开募集之前制定招股说明书,以使社会公众了解发起人和将要设立的公司的情况。

3)报主管机关审核

发起人在向社会公众公开募集股份前,一般须向国家主管机关报送有关文件,如公司章程、招股说明书、发起人姓名或者名称、发起人认购的股份数及其验资证明等,经国家主管机关审核批准之后,方能募集股份。

4)公告、认股与缴款

发起人向社会公开募集股份,必须公告招股说明书,邀约公众认购股份。同时,要制作好认股书,认股人要在认股书上填写所认股数、金额、住所,并签名、盖章。认股人按照所认股数缴纳股款。收款方式一般是由公司委托银行或其他机构代为办理。

各国公司法对发起设立和募集设立的采用有不同的规定,有的国家如德国只规定了发起设立这一种方式;大多数国家如法国、意大利、瑞士、荷兰等,都规定采用两种方式。

股份有限公司首期发行的股份全部认缴完毕,即可开始建立公司的管理机关,如选举董事、监事等。募集设立时管理机关的建立是通过创立大会进行的,创立大会是公司设立过程中由认股人所组成的决议机关。创立大会由发起人召集,通知全体认股人参加。创立大会除选举董事、监事外,还审议筹办情况的报告,通过公司章程对公司的设立费用,以及发起人用于抵作股份款的财产的作价进行审核,如果发生不可抗力或者经营条件发生重大变化直接影响公司设立的,可以做出不设立公司的决议。

不可抗力
所谓不可抗力,是指合同订立时不能预见、不能避免并不能克服的客观情况。不可抗力包括自然灾害,如台风、地震、洪水、冰雹等;政府行为,如征收、征用等;社会异常事件,如罢工、骚乱等。

(三)公司设立的条件

公司设立的条件是公司成立和活动的基本要素。公司类型不同,设立的具体条件也不尽相同。

1. 主体条件

1)股东人数要求

各国公司法一般都规定了有限责任公司股东人数的上限,如我国《公司法》规定,有限责任公司的股东限定为 50 人以下,允许一个法人或一个自然人投资设立一人有限责任公司,或由国有资产管理机构代表国家设立国有独资公司。这表明在我国一般有限责任公司股东人数不超过 50 人,同时也考虑到了国际上对一人有限公司的认同,也允许一人有限责任公司的存在。而对于股份有限公司则多对发起人有最低数量要求。发起人是指订立创办公司的协议,提出设立公司的申请,向公司出资或认购股份,并对公司设立承担责任的人。例如,德国规定至少为 5 人,法国规定至少为 7 人,英国则规定上市公司至少为 7 人,不上市公司仅需 2 人。我国《公司法》则将发起人人数规定为 2～200 人,其原因是募集设立的条件要求严格,设立程序复杂,为防止发起人恶意规避法律规定,规范公司设立行为,故将 200 人设定为上限。

2)股东资格要求

各国或地区的公司法一般多认可自然人和法人均可成为公司的股东,但对自然人或法人作为股东的具体资格限制,各国规定不尽一致,对继受股东的资格限制较少,而对发起人股东的资格要求较严。这些限制主要包括以下几方面。自然人作为发起人应具备完全行为能力;发起人应是法律上不受限制的法人,如我国法律法规禁止党政机关、军队等经商办企业,所以党政机关、军队不能作为公司的发起人;公司不得自为股东,目的在于防止公司与股东的法律地位合二为一,混淆公司与股东的法律关系。另外,有的国家还对发起人的国籍或住所有要求。例如,瑞典公司法规定,发起人必须是在瑞典居住的瑞典国民或瑞典法人;丹麦公司法规定,发起人中至少有两人住在丹麦。根据我国《公司法》第七十八条的规定,须有半数以上的发起人在中国境内有住所,这主要是基于对公司筹办工作及公司设立责任承担的考虑。

完全民事行为能力
完全民事行为能力是指公民能够通过自己的独立行为进行任何民事活动的能力。年满 18 周岁且精神健康的公民是完全民事行为能力人。考虑到我国九年义务教育制度的现状,年满 16 周岁但不满 18 周岁的公民,若以自己的劳动收入为主要生活来源的,也视为完全民事行为能力人。

2. 出资要件

无论是从独立法人人格角度,还是从公司经营角度要求,设立公司都需要有一定的资本,只是有的国家立法不再做前置性要求,而由公司章程规定。

3. 组织要件

组织要件包括公司的名称、住所及依法建立符合公司要求的组织机构等。公司名称是公司的法定登记事项,可以使公司的法人人格具有特定性,便于公司对外进行法律上、经济上的交往。公司的住所对于公司必不可少,可以据此确定诉讼管辖的地点、法律文书或其他函件送达的地点、登记与税收等其他管理机关，以及债务履行的地点。而且，在涉外民事法律关系中，公司的住所是确认适用何种法律即准据法的依据之一。另外，公司是通过内部组织机构的活动进行运作的，组织机构的建立可以使公司具备意思能力、执行能力，便于对外实施行为。各国公司立法一般都规定公司的内部组织机构。根据我国《公司法》的规定，股份有限公司必设机构有股东（大）会、董事会与监事会。股份有限公司的股东（大）会由公司的全体股东组成，董事会与监事会必须在公司设立登记前由公司发起人或发起人和认股人共同选举产生。

4. 经营条件

经营条件是指公司必须有固定的经营场所和必要的生产经营条件。

5. 设立行为条件

设立行为条件包括订立发起人协议、公司章程等。

（四）公司立法

1. 外国的公司立法

公司法是调整公司在设立、变更、终止及其运营过程中对内外关系的法律规范的总称。它是随着现代公司的产生而逐渐发展和完善起来的规范公司组织和公司活动的法律制度。

在公司制度不断发展和完善的过程中，各国公司立法根据不同的国情及法律传统形成了各自独特的立法体例。公司法大致可分为三大法系：德国法系、英美法系和法国法系。德国法系条文严谨、论理精密；英美法系切合实际，有丰富的判例作为其立法基础；法国法系介于前二者之间，内容接近于德国法系。在各国立法过程中，常常互相参照，互相影响。特别是在现代社会中，各国交往频繁，各法系的界限已逐渐缩小。

从立法体例上看，有些国家实行民商分立，制定了商法典，它们把公司法作为商法的一部分规定于商法典之中。例如，法国及受法国商法典影响的国家，将公司法归于商法典的"商行为"编之中；德国及受德国商法典影响的国家则将其列为商法典中独立的一编。有些国家实行民商合一，没有商法典，它们把公司法作为民法的一部分，如瑞士便将有关公司立法列入瑞士债务法。还有一些国家则将公司法制定为单行法，英国、美国及属于英美法系的其他国家即如此。21 世纪以来，将公司法单独立法的国家越来越多，成为一种立法趋势。例如，法国、德国等都先后制定了单行公司法，并废止了以前商法典中关于公司法的规定。

2. 我国的公司立法

在我国，由于历史上长期的封建统治，商品经济很不发达，生产社会化程度低，公司出现较晚，公司立法也较为滞后，直到鸦片战争后的洋务运动时期，我国才出现了公司和公司立法。我国历史上的首家公司，是 1861 年由美国商人开办的旗昌洋行会同十几家其他商行和中国买办，筹资白银 100 万两，在上海创立的以长江航运为业的"旗昌轮船公司"；

最早的公司立法是1903年（光绪二十九年）清朝政府颁布的《公司律》。中华人民共和国成立后，1950年原政务院颁布《私营企业暂行条例》，规定公司可以作为私营企业的组织形式存在，但在1956年社会主义改造完成之后，我国曾一度实行单一的公有制企业形式，公司制度被废止。实行改革开放后，基于发展社会生产力对企业组织形式变革的客观要求，现代公司企业才在我国得以复生和迅速发展。在此期间，国家颁布实施了若干部法规与规章，用以规范改革中出现的公司的组织和行为。我国社会主义市场经济体制确立以后，为了推行现代企业制度的建立，完善公司制度，促进社会主义市场经济的发展，全国人民代表大会常务委员会通过了《公司法》。

二、公司设立的程序及效力

（一）公司设立的程序

公司设立的程序是指设立公司必须完成的一系列具体设立行为的步骤与过程。公司类型和公司设立方式不同，设立的具体程序也有区别，设立公司通常要经过以下程序。

1. 发起人

发起人要先对设立公司进行可行性分析，确定设立公司的意向，并签订发起人协议，该协议是明确在公司设立中发起人各自权利义务的书面文件，在法律性质上被视为合伙协议。

2. 订立章程

公司章程是指规范公司成立后各方行为的，包括公司的宗旨、业务范围、资本状况、经营管理及公司与外部关系的公司准则。

设立任何公司都须制定章程，这是公司设立极其重要的法定步骤。无限责任公司、有限责任公司及两合公司的章程由公司最初的全体股东制定，股份有限公司的制定人是全体发起人，并需要经创立大会通过；此后，还需要将其提交登记主管机关，以示公司保证将按章程所定的准则从事组织和经营活动。一旦政府主管机关核准其章程，即等于接受了公司所做的保证，它就成为公司的"根本大法"，须对外公开。公司如违反章程，就应承担相应的责任和接受处罚。就章程内容而言，两大法系的规定又有所不同。

英美法系国家的公司章程由组织大纲和内部细则两部分组成。组织大纲是规定公司的基本情况和对外关系的法律文件，其目的是使公司的投资人及与公司进行交易的第三人知晓公司的基本情况，如公司的名称、资本等，一般只能由股东会议修改或废除，具有对抗第三人的效力；内部细则的内容不得与组织大纲相冲突，也不能对抗善意第三人。

大陆法系国家的公司章程是一个独立的文件，其内容通常按照重要程度分成三类，即绝对必要记载事项、相对必要记载事项和任意记载事项。绝对必要记载事项是法律规定必须记载，即若不记载或记载有误，会导致整个章程无效，甚至公司也不得成立的事项，一般包括公司的名称、法定地址、营业范围、资本总额等。相对必要记载事项是法律条文列举，即只有准确记载于章程中才有效，若不记载或记载有误，则本身无效，但不影响章程效力的事项，主要包括股份的种类、实物出资的折价等。任意记载事项是法律既未列举也未禁止，即发起人记载于章程即生效，若不记载或记载有误，也不影响章程效力的事项。

3. 确定股东

无限责任公司、有限责任公司及两合公司的股东，一般在订立章程时予以确定，即在章程中明确记载股东的姓名。股份有限公司的股东，一部分可在章程中确定，主要是公司发起人；另一部分股东需要募集，通过募股程序来确定。

4. 认购股份

在发起设立的方式下，发起人一次认足公司的全部股额，待公司设立后可再按法定手续将之转售给其他投资人。各国皆允许以现金、实物、技术等形式认购股份，其中以现金认购股份是常用的手段。在募集设立的方式下，认购股份的程序较为复杂。首先，发起人要拟定符合法定必要真实事项的招股说明书，并由发起人缴足招股说明书中注明的最低认购额，一般要达到计划发行的股本总额的 1/4~1/3；然后，报送公司注册机构注册，并公之于众。此外，发起人还要准备认股书，供认购人填写认购的股份与金额。除非发起人购进所有未被认购的股份，否则，只有等认购人将其余所有股份认购完毕，公司才能申请注册。

5. 申请登记

各国公司法皆规定，只有经登记注册后公司才告成立。发起人在申请注册登记时除缴纳法定的手续费外，还须提交若干法定的文件，其中最主要的就是符合法律规定的章程。发起人履行了各种法定手续，经主管官员审查完备合法的即予注册，并发给登记证书和营业执照。至此，公司便告成立。

（二）公司设立的效力

公司设立的效力即公司设立行为的法律后果。设立行为的后果有三。一是经过设立程序，符合法定条件，被核准登记，公司取得法人资格。二是经过设立程序，不符合法定条件，未被核准登记，公司设立失败或公司被确认设立无效或被撤销。三是无论公司成立还是不成立，发起人对其设立行为都要承担相应的法律责任，这也是设立行为效力的重要表现。

1. 公司设立完成

1）设立完成的一般效力

公司设立完成，意味着公司自此取得法人资格，可依注册登记的经营范围和经营方式开展生产经营活动。公司设立完成后，对其名称取得专用权，其他企业或个人不得盗用其名称从事经营活动，而公司则可依法许可他人有偿使用其名称。

2）设立中的公司的法律地位

从发起人设立公司到公司正式成立,需要经过一段时间。这一时期的公司称为设立中的公司。由于设立中的公司并不以发起人之间产生债权债务关系为目的,而是要设立一个有独立主体资格的法人,即设立中的公司与其后成立的公司具有不可分割的联系。因此,设立中的公司所形成的权利义务关系原则上应由成立后的公司继受,但发起人的权限范围应该以与公司设立有关的行为为限,以设立中的公司的名义所进行的与设立无关的行为,对设立中的公司和其后成立的公司均无约束力,原则上应由发起人自己承担。

3）发起人的责任

发起人的设立行为对于认股人、因设立行为而成立的公司都有直接的影响。为增强发起人的责任感,防止滥设公司以及以公司名义进行欺诈活动,各国公司法均对发起人规定了较为严格的责任。第一,资本充实责任。发起人的资本充实责任又称"差额填补责任",是指为了资本的充实和可靠,保证法律人格健全,由发起人共同承担的相互担保出资义务履行,从而确保实收资本与公司章程所规定的资本相一致的民事责任。如德国、日本及中国等国家的公司法规定,以金钱以外的财产出资时,如果出资标的财产在公司成立时的实际价额明显低于公司章程所规定的价额,则公司成立时的股东对公司负连带填补其差额的义务。第二,损害赔偿责任。为了防止发起人借设立公司之名侵害公司及第三人利益,各国公司立法多要求发起人须就自己的设立行为对公司负责。在实践中,公司有权向发起人请求损害赔偿的情形主要包括以下几种:发起人对公司所负担的设立费用因滥用而致使公司受损;发起人因设立公司而得到特别利益或报酬,使公司利益减少;发起人用以抵作股款的财产估价过高而令公司受损等。

2. 公司设立失败

公司设立失败是指公司未能完成设立行为的情形。公司未能完成设立行为的原因有很多,如因投资环境发生变化,发起人在申请公司注册登记前决定停止公司设立活动。但最为普遍的原因是公司设立在条件上不符合法律规定或在程序上有瑕疵,公司登记机关以合法理由不予登记,拒绝核发营业执照,使得公司设立行为未能全部完成。在公司设立失败时,发起人应承担如下责任。

(1) 连带赔偿责任。设立费用及债务原则上由成立后的公司承担,但当公司不能成立时,先前发生的与设立公司相关的费用及债务就失去了公司这一拟定的承担主体,只能改由实施设立行为的主体（发起人）承担。由于发起人之间的关系近似于合伙关系,因此各国公司法规定对此适用合伙的有关规定,即由发起人对设立行为所产生的费用和债务负连带赔偿责任。

(2) 对已收股款的返还责任。在采取募集设立公司的情况下,发起人对认股人已缴纳的股款负有返还并加算银行同期存款利息的连带责任。至于发起人相互之间的责任承担,应按其约定或投资比例进行划分。

3. 公司设立无效

公司设立无效是指公司设立虽然在形式上已经完成甚至公司已获得营业执照,实质上却存在条件或程序方面的缺陷,或者说设立有瑕疵,故公司应当撤销,设立应被认定为无效。从各国公司法来看,公司设立无效的法律后果因设立无效的原因不同而有以下差别。

(1)如果公司设立无效是由设立程序违反强制性规定等客观瑕疵导致的,则公司进入清算程序,清算完结,公司即告消灭。

(2)如果设立无效是由设立人的主观瑕疵造成的,且该无效原因只存在于某股东,则经由其他股东协议一致,可以保留该公司,对于存有无效原因的股东视为其退出公司。

(3)对于公司设立无效的诉讼,如果经法院判决原告败诉,在原告有恶意或重大过失的情形时,应对公司负连带的损害赔偿责任。

三、公司资本

公司资本是公司章程确定并载明的股东出资总额。公司资本是公司成立的基本条件,也是公司进行经营活动、对外承担责任的物质基础和保障。

(一)公司资本的原则

为了保护债权人的合法权益,维护社会交易的安全,各国公司法确认了公司资本的三项基本原则,即资本确定原则、资本维持原则和资本不变原则,并称为"资本三原则"。

1. 资本确定原则

资本确定原则是指公司在设立时,须在章程中对公司资本总额做出明确的规定,并由股东全部认足或募足,否则公司将不能成立。公司成立后如发行股份,必须履行增加资本的程序,经股东会决议并修改公司章程。其目的在于保证公司的资本真实、可靠,防止公司设立中的欺诈、投机行为,但其不足是大大限制了公司的设立,公司资本如果数额很大,不易尽快认足;如果数额较少,又会遇到其后增加资本时的烦琐法律程序。同时,公司成立之初,业务活动少,即使认足了资本,也会造成资金在公司中的闲置和浪费。

2. 资本维持原则

资本维持原则又称资本充实原则,是指公司在其存续过程中应经常保持与其资本额相当的财产。公司在经营活动中,由于盈利或亏损,以及财产的无形损耗,致使公司的实有财产的价值高于或低于公司的资本,使公司资本成为一个变数。所以,当公司的实际财产价值低于其资本时,就会使公司无法按其资本数额来承担责任。为防止因公司资本的减少而危害债权人的利益,同时也为防止股东对盈利分配的过高要求、确保公司本身业务活动的正常开展,许多国家的公司法都确认了资本维持原则。

 视野拓展

无形损耗

无形损耗是"有形损耗"的对称,亦称无形磨损或精神磨损,即由技术进步和劳动生产率提高所引起的固定资本或固定资金的贬值。无形损耗包括两种情况。

(1)由于劳动生产率提高,再生产同种劳动资料需要的社会必要劳动时间减少,引起原有固定资本或固定资金贬值。这种无形损耗不会影响固定资本或固定资金的使用价值。

(2)由于技术进步,创造了新的、效率更高、性能更好的劳动资料,引起原有固定资本或固定资金贬值。这种无形损耗使劳动资料的使用变得不经济,往往导致劳动资料提前报废。

该原则主要体现在以下几方面。①股东退股禁止。公司成立后,股东不得抽回出资;不得折价发行股份。公司股份可以按面额平价发行或溢价发行,但不允许折价发行;发起人和股东对出资承担连带认缴责任。其中包括股份未被全部认购时的认购担保责任、股款未被全部缴纳时的缴纳担保责任和实物出资过高估价时的差额填补责任。②按规定提取和使用公积金。公司公积金的作用除扩大再生产外,主要用于充实公司资本和弥补公司经营的亏损。③没有盈利,不得分配。"无盈不分"是公司股利分配的基本规则,公司的盈利首先应用于弥补亏损。只有在公司盈利的状态下,才能向股东分配股利,否则,等于向股东分配公司资本。④禁止回购本公司的股份。公司收购自己的股份,等于股东退股,收回的股份等于未能发行,从而导致资本虚假。因此,除特殊情况外,原则上不允许公司收购自己的股份。⑤不得接受以本公司股份提供的担保。此种担保的实现会导致公司取得自己的股份,与公司不得收购自己的股份的规则相悖。

3. 资本不变原则

资本不变原则是指公司的资本一经确定,便不得随意改变,如需增加或减少,须严格按法定程序进行。公司在经营过程中,各种原因都可能导致公司资本增加或减少,这不仅为法律所允许,与资本不变原则亦不相悖。资本不变并非绝对不能改变,仅指不得随意改变,应保持相对稳定,未经法定程序,不能随意增减。它与资本维持原则一样,都是为了防止因公司资本总额减少而导致公司责任范围缩小和财产能力降低,从而强化对债权人的利益和交易安全的保护。它只是对资本维持原则内容的延伸和细化,如果没有这一限制,资本维持原则就失去了维持依据。

(二)公司资本的形成制度

不同的国家基于不同的资本理念、立法宗旨、法律传统和现实需要等因素,采纳了不同的资本形成制度,并在立法中予以体现。

1. 法定资本制

法定资本制是指公司设立时,必须在章程中明确规定公司资本总额,并一次发行,由股东全部认足,否则公司不得成立的资本制度。公司如果增加注册资本,必须由股东(大)会做出决议,变更公司章程中的资本数额,并办理相应的变更登记手续。法定资本制的优势在于能够保证公司拥有充实的资本,有效地防止公司设立中欺诈、投机行为的发生,但由于其对资本充足的要求过严,限制了公司的尽快成立,而且公司设立之初全部资本即须认足或募足,会导致某些公司资本闲置,公司增加资本时又须履行繁杂的程序,给公司增加额外负担。因此,以往坚持法定资本制的国家如德国、法国逐渐吸收英美法系的做法,采用折中资本制。我国原《公司法》不仅采纳了法定资本制,而且规定极为严格,不仅要求公司股份在成立时一次性认足,而且必须一次缴纳,否则公司不能成立。但现行《公司法》实行了较为宽松的法定资本制,虽然要求公司章程必须载明公司资本总额,且公司资本必须全部认足,否则公司不能成立,但股东认缴的出资额不需要在公司设立时实际缴纳,而由公司章程规定实际缴纳出资额、出资期限等。

2. 授权资本制

授权资本制是指在公司设立时,公司章程中载明的公司资本总额不必一次性全部发行,而只要认购并缴付资本总额的一部分,公司即可成立,其余部分则授权董事会在必要时一次或分次发行和募集。公司成立后,如果需要增加资本,可以在授权资本数额内,由董事会决议发行新股,而无须经股东会议决定和变更公司章程。该制度被英美法系国家广泛采用。授权资本制减轻了公司设立的难度,简化了增加资本的程序,并可避免大量资金闲置。但其易造成公司实缴资本与其实际经营规模和资产实力的脱节,发生欺诈行为,从而对债权人的利益构成威胁。

3. 折中资本制

折中资本制是结合法定资本制和授权资本制的优势演变而成的,具体又可分为许可资本制和折中授权资本制。

1)许可资本制

许可资本制是指在公司设立时,必须在章程中明确规定公司资本总额,并一次发行、全部认足。同时,公司章程可以授权董事会在公司成立后一定期限内,在授权的公司资本的一定比例范围内,发行新股、增加资本,而无须股东会的特别决议。目前,德国、法国、丹麦、奥地利等国家都实行此种制度。许可资本制是在法定资本制的基础上,授予董事会一定数额股份的发行权,简化公司增加资本的程序。公司设立阶段的资本发行适用法定资本制,公司成立后增加资本时适用授权资本制。

2)折中授权资本制

折中授权资本制是指公司设立时需要在章程中载明资本总额,发行和认购一定比例的资本,公司即可成立,未发行部分可授权董事会根据需要发行,授权发行的部分不得超过公司资本的一定比例。目前日本和我国台湾地区实行此种制度。折中授权资本制规定了公司成立时发行的股份比例,并且对授权董事会发行股份的数额予以限制,规定其发行比例和期限。这种制度是在授权资本制的基础上,纳入了法定资本制的要求,其核心是授权资本制。

第三节 公司的组织机构及形式

公司的组织机构是实现对公司经营、监督与控制的公司内部组织系统,主要包括股东(大)会、董事会、监事会和经理。股份有限公司是一种具有权利能力和行为能力的社团法人组织,其自身不能活动,其意思表示和行为的实行必须通过自然人组成的机构完成,并由机构形成法律的意志。此机构是指对公司实行内部管理和对外代表公司的机关。

一、公司的组织机构

(一)股东(大)会

股东(大)会是由公司全体股东组成的公司最高权力机关。股东(大)会处于这样的法律地位,是因为公司本身由股东出资组成,股东是公司实质上的所有者,是公司权力最终的来源。股东可以通过股东(大)会可以表达意愿、行使股权,因此股东(大)会在公司的诸机关中处于最基础的地位,其他机关都受股东(大)会影响。股东(大)会的性质是公司权力机关,不仅表现为它有权决定公司最重要的事项,还表现为它只是依照全体股东的决议形成一种意见,因而它只是公司的议事机关而不是执行机关,对内不执行业务,对外不代表公司。《公司法》规定的这种议行分立的制度,保证了公司所有权与经营管理权的分离,有利于董事会有效地经营、管理公司业务。

1. 股东(大)会的权限

股东(大)会为公司最高权力机关,股东(大)会行使的职权一般针对公司的重大事项,各国对股东(大)会权限范围的规定大同小异,一般规定少数重大问题由其决定。比如,决定公司董事、监事的任免及其报酬;审查和批准公司的年度报告、资产负债表、损益表及其他会计报表;对涉及公司存在和灭亡,重大变更的增、减资本,公司的合并、分立、解散和清算,以及修改公司章程做出特别决议。

根据我国《公司法》的规定,股份有限公司股东(大)会的职权包括以下几类:决定公司的经营方针和投资计划;选举和更换非由职工代表担任的董事、监事,决定有关董事、监事的报酬事项;审议批准董事会、监事会或者监事的报告;审议批准公司的年度财务预算、决算方案;审议批准公司的利润分配方案和亏损弥补方案;对公司增加或者减少注册资本做出决议;对发行公司债券做出决议;对公司合并、分立、解散、清算或者变更公司形式做出决议;修改公司章程;公司章程规定的其他职权。

 视野拓展

公司债券

公司债券是指股份有限公司在一定时期内（如10年或20年）为追加资本而发行的借款凭证。对于持有人来说，它只是向公司提供贷款的证书，所反映的只是一种普通的债权债务关系。持有人虽无权参与股份有限公司的管理活动，但每年可根据票面的规定向公司收取固定的利息，且收息顺序要先于股东分红，在股份有限公司破产清理时亦可优先收回本金。公司债券期限较长，一般在10年以上，债券一旦到期，股份有限公司必须偿还本金，赎回债券。

2. 股东（大）会的会议

股东（大）会通过定期或临时举行由全体股东出席的会议来进行工作，以行使对公司联合控制的最高权力。各国一般将股东（大）会分为年会和临时会议两种。股东年会是依照法律或公司章程的规定，由董事会召集、定期召开的股东会议，因此也称定期会议。临时会议是指在法定年会之外为处理公司特别重要的紧急事项而召开的股东会议，一般在董事会或监事会认为必要时或拥有法定比例以上股份的股东请求时召开。

依据各国公司法的规定，有召集股东（大）会权利的人不仅是董事会，占有公司一定比例的股东也有权召集股东（大）会；监事会，如德国规定监事会有直接召集股东（大）会的权利；当公司进入清偿程序后，清算人有权为处理某些具体的事件而请求召集股东（大）会；依德国和美国等国家的规定，股东（大）会还可以应法院的命令召集。根据我国《公司法》的规定，当股份有限公司出现下列情形之一时，应当在2个月内召开临时股东（大）会。一是董事人数不足法律规定的人数或章程规定人数的2/3时；二是公司未弥补的亏损达股本总额1/3时；三是单独或合计持有公司股份10%以上的股东请求时；四是董事会认为必要时；五是监事会提议召开时。

3. 股东（大）会决议的表决

股东出席股东（大）会，所持每一股份为一股表决权，每股表决权一律平等。各国一般规定，股东的表决权可以自己行使，也可委托代理人行使，但对代理表决有严格的限制。例如，代理人须持有股东出具的注明委托范围的书面委托书，代理人的表决权仅在一次股东（大）会上有效，代理人的表决权不应超过一定比例等。股东（大）会做出决议时，普通决议需要经由代表公司表决权过半数的股东同意，特别决议需要经由代表2/3的绝对多数表决权的股东同意方可通过。如根据我国《公司法》的规定，修改公司章程、增加或减少注册资本，以及公司合并、分立、解散或者变更公司形式属于特别决议事项。

（二）董事会

董事会是依法由股东（大）会选举产生，代表公司并行使经营决策权和管理权的公司

常设机关。董事会是股份有限公司的执行机关,对外代表公司,对内负责公司的整个生产经营活动和行政管理。公司的所有内外事务和业务都在董事会的领导下进行。各国公司法对董事会的一些基本规定如下。

1. 董事会的组成

董事是由股东(大)会选举产生的,英美法系国家规定他们可以是自然人,也可以是法人,但法人作为董事,须指定一名有行为能力的自然人作为代理人;大陆法系国家一般规定,只有具有行为能力的自然人才能成为董事,法人不能担任董事。此外,多数国家如英国、美国、日本、德国等未要求董事必须是公司的股东,但瑞士、法国规定董事必须由公司股东出任。董事会的人数通常是由法律直接规定的,如我国《公司法》规定股份有限公司董事会成员为 5~19 人,日本、比利时及我国台湾地区规定不少于 3 人。

2. 董事的任职资格

各国公司法对此规定的条件不尽相同:有积极条件,即只有满足某些条件才能成为公司董事;也有消极条件,即董事不得具备的某些条件。消极条件一般包括以下几项。国籍限制,个别国家规定董事或多数董事必须具备本国国籍;年龄限制,一般未成年人不能担任董事,以及政府控股的公司中的董事有退休年龄的限制;持股限制,有的国家规定董事必须是公司股东;兼职限制,有的国家规定董事不得兼任其他公司的董事或实际管理人,或者规定董事在公司外其他机构兼职的数量上限,以避免与任职公司经营业务的冲突;能力、品行限制,多数国家规定破产企业的董事、未清偿债务的人、被追究刑事责任的人员不得担任公司董事;其他限制,有的国家规定政府官员不得兼任公司董事。

3. 董事会的职权

各国法律一般规定,除法律或公司章程规定由股东(大)会决定的事项外,公司的全部业务都可由董事会执行。我国《公司法》规定董事会的职权包括以下几项:负责召集股东会会议,并向股东会报告工作;执行股东会的决议;决定公司的经营计划和投资方案;制订公司的年度财务预算方案、决算方案;制订公司的利润分配方案和弥补亏损方案;制订公司增加或者减少注册资本,以及发行公司债券的方案;制订公司合并、分立、解散或者变更公司形式的方案;决定公司内部管理机构的设置;决定聘任或者解聘公司经理及其报酬事项,并根据经理的提名决定聘任或者解聘公司副经理、财务负责人及其报酬事项;制定公司的基本管理制度;行使公司章程规定的其他职权。

4. 董事会的决议

董事会作为股份有限公司的常设机关及股东会的执行机关,负责公司经营活动的指挥和管理,代表公司对各种业务事项做出意思表示或决策,以及组织实施和执行这些决策。因此,董事会必须定期或不定期地召开董事会会议,以做出决策并予以组织实施和执行。

董事会会议举行时,大多数国家的公司法都规定须有半数以上的董事出席,董事会会议方为有效。董事会做出决议,必须经由出席董事的过半数通过。有的国家的公司法还规定,对于某些特别决议事项,必须有 2/3 以上的董事出席;而有的国家公司法规定,与决议有特别利害关系的董事不能参与表决。

(三)监事会

监事会是由股东(大)会选举产生,对董事会、董事及其他公司高级管理人员的活动进行监督的专门机构。对监事会的称谓各国有所不同,如法国称为监察会、日本称为监察人会、德国称为监察委员会、英国称为审计人、美国称为会计监察人等。

1. 监事会的组成

监事会成员一般由股东会在有行为能力的股东中选任。也有的国家规定,达到一定规模的公司,其监事会除有股东代表外,还要有一定比例的雇员和工会代表。为了使监事会能正常行使监督职能,各国皆规定,负责公司业务的董事、经理和财务负责人及他们的配偶不得担任监事。

2. 监事会的职责

综观各国公司监事会的职责,主要是对公司董事会和高级管理人员的业务活动进行监督。我国《公司法》规定,公司监事会的主要职责包括以下几项:检查公司财务;对董事、高级管理人员执行公司职务的行为进行监督,对违反法律、行政法规、公司章程或者股东会决议的董事、高级管理人员提出罢免的建议;当董事、高级管理人员的行为损害公司的利益时,要求董事、高级管理人员予以纠正;提议召开临时股东会,在董事会不履行本法规定的召集和主持股东会会议职责时,召集和主持股东会会议;向股东会会议提出提案;依照法律的相关规定,对董事、高级管理人员提起诉讼;公司章程规定的其他职权。此外,监事还可列席董事会会议,并对董事会决议的事项提出质询或者建议。

(四)经理

经理是由董事会聘任的,负责组织日常经营管理活动的公司常设业务执行机关。其拥有章程赋予的辅助执行业务的一切相关权利,如执行董事会确定的经营方针、任免公司的职员、对外代表公司签订合同、负责管理公司的日常事务等。

公司经理的产生和任免一般由股东会和董事会认定,也有由公司章程直接规定的。我国《公司法》第四十九条规定,有限责任公司可以设经理,由董事会决定聘任或解聘。由于经理从事的工作专业化程度较高,非一般人能胜任,故各国公司法一般都规定经理可以不从股东中产生。有限责任公司的经理也可由董事长兼任。

经理下设副经理,副经理协助经理工作,在决定公司日常经营管理工作时,经理应当同副经理协商。公司下设分支机构或业务部门的,还可设置分支机构和部门经理。这时,公司经理即总经理。

（五）董事、监事及高级管理人员的义务及责任追究

1. 董事、监事及高级管理人员的义务

董事、监事及高级管理人员拥有公司的决策权、监督权和执行权，他们实际控制着公司的运营。虽然他们与公司及股东的利益有一致性，但他们又有各自独立的利益，甚至有可能与公司、股东利益相冲突。因此，为体现激励与约束共存的原则，各国公司法对董事、监事及高级管理人员的义务均进行了规定。

1）忠实义务

忠实义务是指董事、监事及高级管理人员经营公司业务时，应毫无保留地为公司的最大利益努力工作，当自身利益与公司整体利益发生冲突时，应当以公司利益为先的义务。根据各国公司法的规定，董事、监事及高级管理人员应对公司负有下列忠实义务。

（1）不得获得非法利益。董事、监事及高级管理人员要对公司负有善良管理人的义务，即在处理公司事务时须与处理本人事务负同等程度的谨慎注意，并从公司和股东利益出发，自己不能从中获利。

（2）禁止越权使用公司财产。董事及高级管理人员必须合法使用公司财产，保证公司各项行为符合其宗旨所定的范围。我国《公司法》规定，公司董事及高级管理人员不得有以下行为：挪用公司资金；将公司资金以其个人名义或者以其他个人名义开立账户存储；违反公司章程规定，未经股东（大）会或者董事会同意，将公司资金借贷给他人或者以公司资产为他人债务提供担保等。如果公司经营权行使主体违反了此项义务，应责令其退还公司资金，由公司给予处分，将其所得收入归公司所有，构成犯罪的，应依法追究刑事责任。

（3）竞业禁止义务。竞业禁止义务是指公司董事和高级管理人员不得擅自经营与其所任职公司具有竞争性质的业务。根据我国《公司法》第一百四十八条的规定，未经股东（大）会同意，公司董事、监事、高级管理人员不得自营或者为他人经营与所任职公司同类的业务。

（4）抵触利益交易与篡夺公司机会的禁止。抵触利益交易是指在商业合同签约双方经济利益冲突的情况下，公司董事或高级管理人员很容易将个人私利凌驾于公司利益之上，违反忠实义务。篡夺公司机会是指公司董事、监事、高级管理人员将属于公司的商业机会转归自己而从中取利。但各国公司法对这两种行为已从绝对禁止改为了相对许可。根据我国《公司法》第一百四十八条的规定，公司董事、监事、高级管理人员不得违反公司章程的规定，未经股东（大）会同意，与本公司订立合同或者进行交易；不得未经股东（大）会同意，利用职务便利为自己或他人谋取属于公司的商业机会。

（5）禁止泄露公司秘密。公司秘密通常是指公司采取了适当手段加以保密的各项技术秘密、商业秘密、管理诀窍、财务秘密、各种内部文件、决定及意向等。我国《公司法》规定，董事、监事、高级管理人员不得擅自披露公司秘密。

2）勤勉义务

勤勉义务又称善管义务或注意义务，是指董事、监事和高级管理人员应诚信地履行对

公司的职责，尽到普通人在类似情况和地位下谨慎的合理注意义务，为实现公司的最大利益而努力工作的义务。我国《公司法》第一百四十七条规定，董事、监事、高级管理人员应当遵守法律、行政法规和公司章程，对公司负有忠实义务和勤勉义务。董事、监事、高级管理人员不得利用职权收受贿赂或者其他非法收入，不得侵占公司的财产。第一百五十条规定，股东会或者股东大会要求董事、监事、高级管理人员列席会议的，董事、监事、高级管理人员应当列席并接受股东的质询。董事、高级管理人员应当如实向监事会或者不设监事会的有限责任公司的监事提供有关情况和资料，不得妨碍监事会或者监事行使职权。

2. 董事、监事、高级管理人员的责任追究

保护股东、公司和第三人的合法权益的有效途径是对有违法或不当行为的董事、监事、高级管理人员依法追究责任，不仅包括行政责任和刑事责任，还包括民事责任。如我国《公司法》规定了民事责任，即董事、监事、高级管理人员执行公司职务时违反法律、行政法规或者公司章程的规定，给公司造成损失的，应当承担赔偿责任。此外，我国《公司法》还确定了直接诉讼和派生诉讼以追究董事、监事、高级管理人员的责任。

1）直接诉讼

直接诉讼是指公司或股东在自身权利受到董事、监事、高级管理人员违反法律或公司章程的行为的侵害时，以自己的名义对侵害者提起的诉讼。当公司董事、监事、高级管理人员执行公司职务时违反法律、行政法规或者公司章程的规定，给公司造成损害时，公司董事会应代表公司向责任人追究赔偿责任。但是，当公司董事会受到侵害人的控制或影响，不能或不愿提起诉讼时，根据我国《公司法》的有关规定，有限责任公司的股东、股份有限公司连续180日以上单独或合计持有公司1%以上股份的股东可以书面请求监事会或者不设监事会的有限责任公司的监事向人民法院提起诉讼；监事有损害公司行为的，前述股东可以书面请求董事会或者不设董事会的有限责任公司的执行董事向人民法院提起诉讼。此时，董事会、执行董事或监事会、监事对侵害人的诉讼，是以公司名义为公司利益所进行的诉讼，属于直接诉讼。

我国《公司法》第一百五十二条规定，董事、高级管理人员违反法律、行政法规或者公司章程的规定，损害股东利益的，股东可以向人民法院提起诉讼。因此，当董事、高级管理人员的行为违反法律、行政法规或者公司章程的规定，给股东本人利益造成损害时，股东可以自己名义进行直接诉讼。

2）派生诉讼

派生诉讼是指公司合法权益受到董事、高级管理人员或者他人的损害时，股东为了保护公司的利益以自己的名义向法院提起的诉讼。当董事、高级管理人员违反《公司法》的规定，给公司造成损害的，有限责任公司的股东、股份有限公司连续180日以上单独或合计持有公司1%以上股份的股东可以书面请求监事会或者不设监事会的有限责任公司的监事向人民法院提起诉讼；监事有损害公司行为的，前述股东可以书面请求董事会或者不设

董事会的有限责任公司的执行董事向人民法院提起诉讼。在监事会、监事、董事会、执行董事收到股东书面请求后拒绝提起诉讼，或者在 30 日内未提起诉讼，或者情况紧急、不立即提起诉讼将会使公司利益受到难以弥补的损害的，有限责任公司的股东、股份有限公司连续 180 日以上单独或合计持有公司 1%以上股份的股东有权为了公司利益以自己名义直接向法院提起诉讼。

二、公司的合并与分立

（一）公司的合并

公司的合并是指两个或两个以上的公司依法达成合意，归并为一个公司或创设一个新公司的法律行为。公司合并通常有两种方式：新设合并和吸收合并。新设合并是指两个或两个以上的公司合并成一个新公司的商业交易。吸收合并又称兼并，是指一个或几个公司并入另一个存续公司的商业交易。在新设合并中，参与合并的公司全部消失；在吸收合并中，除存续公司外，其他公司全部消失，消失的公司称为消失公司。

新设合并和吸收合并的特征很相似，主要表现在以下几方面：新设公司或存续公司获得消失公司的全部财产，同时承担它们的全部债务和责任；各个消失公司的股份都转化成新设公司或存续公司的股份、债务或其他债券，或全部或部分转换成现金或其他财产；新设合并或吸收合并的条件是参与或实施合并的公司董事会制订合并计划，并经股东会批准，由新设或存续公司呈递政府管理部门；对合并提出反对意见的股东，新设公司或存续公司有责任以现金支付上述股东的股份。

（二）公司的分立

公司的分立是指一个公司通过签订协议，不经过清算程序，分为两个或两个以上的公司的法律行为。公司分立主要有派生分立和新设分立两种形式。派生分立是指一个公司分立为两个以上的公司，本公司继续存在并设立一个以上新的公司。新设分立是指一个公司分解为两个以上的公司，本公司解散并设立两个以上新的公司。

公司分立协议
公司分立协议是指公司各方就公司分立过程中的有关事项达成的一致意见。

公司分立带来的法律后果主要表现为以下几项。

（1）公司的变更、设立和解散。在派生分立中，原公司的登记事项发生变化，并产生新的公司人格——分立出来的公司。在新设分立中，原公司解散，人格消灭，但产生两个或两个以上的新公司。

（2）股东和股权的变动。公司的分立不仅导致公司资产分立，而且导致股东和股权发生变动。在派生分立中，原公司的股东可以从原公司中分立出来，成为新公司的股东，也可减少其所持有的原公司的股权，而相应地获得新公司的股权。在新设分立中，股东所持有的原公司的股权因原公司消灭而消灭，但相应地获得新公司的股权。

（3）债权、债务的承受。分立后的公司按照分立协议的约定和法律规定，承受原公司的债权和债务。

三、公司的解散和清算

（一）公司的解散

公司的解散是指公司法人资格的消灭，但公司法人资格的消灭并不等于公司已经解散，公司只有在结束业务活动和对内对外的法律关系，经过清算的法律程序后，才能真正解散。公司解散因其缘由或条件不同，可分为任意解散和强制解散两种。任意解散是指由创办人发起或股东约定或决议引起的公司解散，主要有公司的营业期限届满、股东会做出解散决议、公司合并或分立、章程中规定的某些解散事由出现等。强制解散是指因主管机关决定或法院判决所导致的公司解散，主要有主管机关命令解散、法院判定公司解散、公司被宣告破产等。

（二）公司的清算

公司的清算是指公司在解散过程中，清理公司的债权债务，并在股东间分配公司剩余财产，最终结束公司所有法律关系的一种法律行为。依各国公司法的规定，公司清算时应成立清算组。清算组是公司清算事务的执行人，其可以由公司执行业务的股东或董事担任，既可以由公司股东选任，也可以由法院指派。

债权债务概括移转

债权债务概括移转是指把全部或某一特定的债权、债务全部移转给受让人，而不仅是权利或义务的移转。债权债务概括移转既可为全部债权债务的移转，也可为部分债权债务的移转。

清算组在清算期间对外代表公司，其职权主要包括以下几项：调查公司资产的现状，制作公司现有财产的目录和资产负债表，经股东（大）会认可后，将有关财务报表呈递法院；发布公告，催告公司的债权人限期申报债权，超过期限者不列入清算范围。我国《公司法》规定，清算组应当自成立之日起10日内通知债权人，并于60日内在报纸上公告。债权人应当自接到通知书之日起30日内，未接到通知书的自公告之日起45日内，向清算组申报其债权;清理终结公司业务,收回公司债权,变卖公司财产;清偿公司债务,将公司剩余财产分配给各类股东;制作清算报告,经股东(大)会认可后,清算组的责任即告解除。同时,清算组还须将清算报告呈递法院。

清算组在进行清算的过程中,有权代表公司处理公司未了的事务并有权代表公司到法院起诉和应诉。清算组成员的报酬与清算费用皆优先从公司剩余财产中扣除。

本章小结

1. 公司一般是指依法设立的,全部资本由股东出资,以营利为目的的法人企业。
2. 以有限责任和无限责任为标准,可以将公司划分为有限责任公司和无限责任公司。
3. 无限责任公司又称无限公司,它是由对公司债务负无限连带清偿责任的股东组成的公司。
4. 两合公司是由承担有限责任的股东和承担无限责任的股东共同组成的一类公司。
5. 公司的主体资格是指法律赋予和确认的公司的权利能力和行为能力,既包括民事权利能力和民事行为能力,也包括商事权利能力和商事行为能力。
6. 根据公司股份是否由发起人以外的人认购,公司的设立方式分为发起设立和募集设立两种。
7. 募集设立是由发起人认足首期发行股份的一部分,其余的公开向社会公众募集。
8. 公司的组织机构是实现对公司经营、监督与控制的公司内部组织系统,主要包括股东(大)会、董事会、监事会和经理。
9. 股东(大)会是由公司全体股东组成的公司最高权力机关。
10. 股东(大)会通过定期或临时举行由全体股东出席的会议来进行工作,以行使对公司联合控制的最高权力。

复习思考题

1. 与个人独资企业、合伙企业相比,公司具有哪些法律特征?
2. 无限责任公司与其他类型的公司相比具有哪些特征?
3. 公司设立的组织要件有哪些?
4. 设立公司通常要经过哪些程序?
5. 监事会的职责有哪些?
6. 忠实义务是什么?

第四章

国际商事合同法

学习目标

- 理解国际商事合同的内容
- 熟悉国际商事合同的分类
- 熟悉国际商事合同的订立
- 熟悉国际商事合同的履行
- 熟悉国际商事合同变更、转让和消灭

开篇案例

案由：上市公司股权转让争议

申请人：中国某集团公司

被申请人：美国某公司

案情：

2006年4月，申请人与被申请人经多次谈判达成《股权转让协议》（简称《协议》），被申请人以总金额3000万元人民币收购申请人持有的中国某上市公司（简称上市公司）5000万股国有法人股。《协议》约定，被申请人须在该协议签署，以及获得省国有资产监督委员会（简称国资委）和国务院国资委批准后，分阶段向双方指定的托管账户支付共计相当于1000万元人民币的等值美元作为保证金，并在完成股权过户后抵转让款，其余转让款在上市公司履行相关程序、完成股权过户的同时再予以支付。同时，双方约定托管账户下的保证金的保证期间为12个月，如到期不能完成转让程序，除非缘于被申请人的过错，否则保证金将自动退给被申请人。

《协议》签订后,申请人与被申请人相互配合,按《协议》的约定履行各自的义务。但是,依据之后国家相关部门颁布的相关新法规中规定,股权转让须提交的文件有所增加,并且上市公司其他股东、竞买人恶意阻挠,使审批手续拖延,获得国资委批准已至2007年2月。虽国资委批复中明确本次转让自批复之日起1年内有效,但此时距保证金的托管期限仅剩2个月。另外,虽受沪深股市利好的影响,上市公司的股价已翻两倍,但上市公司由于其大股东违规担保和挪用资金造成巨额亏损,上市公司已连续两年亏损,如本年度再亏损,其将面临退市的风险。由于双方在《协议》中仅规定保证金到期后自动释放,对双方其他权利义务并未做详尽规定,如此事处理不好将引发争议,根据《协议》约定,需要将争议提交香港国际仲裁中心仲裁解决,进而影响上市公司经营和广大股民的利益。因此,申请人提议由中国国际贸易促进委员会调解中心(简称调解中心)介入调解,而被申请人提出由美国公共资源中心争议解决协会(CPR)介入调解。申请人提出先由就近方便的调解中心先期介入,如调解不成再由被申请人提议的CPR调解,如再调解不成,双方则按《协议》约定将争议提请香港国际仲裁中心仲裁。双方就此达成一致,共同书面申请由调解中心委托一名资深专家介入双方谈判并随时调解双方的争议。调解中心经审慎考虑,选择了一名熟悉股权转让、具有上市公司独立董事资格的资深调解专家作为调解员,并专门配备了一名精通专业英语、具有司法资格、协调能力强的调解中心工作人员作为秘书,介入争议进行调解。

辩证思考:

双方各自为履行股权转让协议尽了应尽的职责,且双方目前关系尚好,因政府审批程序及第三方的原因导致股权转让出现障碍,使双方在预测期限内完成股权转让已不可能。目前,一方面所要转让的股权的股价已经翻了两倍,使得整体转让价格偏低,同时上市公司的风险也相应增加;另一方面,双方就履行《协议》的善后相关事宜,即是继续延长保证托管期限,还是终止股权转让协议,因涉及双方根本利益且顾虑稍有不慎会造成承担不必要的责任,未达成一致。为此,双方申请调解的真正原因是缺乏一个双方共同信任的沟通方和具有建设性方案的提出者。目前上市公司的股价已翻两倍,但被申请人应看到整个中国股市A股的市场平均价增长了近三倍,更应看到上市公司实际经营业绩不容乐观,如即将临近的年报再亏损,则将有退市或被限制交易的可能。另外,上市公司债务重组和股改工作无实质性进展,其与申请人终止《协议》履行也不失为上策。但被申请人提出其为本次股权转让已发生约38万美元的费用,如终止《协议》,则此笔费用应由申请人承担,并且申请人如在一定期限内再转让股权,其还应享有优先购买权。

上市公司作为连续两年亏损股,之所以能随大市上涨,与外资并购的题材密切相关。虽然股权转让保证金托管期即将到期,但国资委批准文件的有效期是一年,如双方不经友好协商先终止股权转让协议,单方提出提高转让价是不现实的;申请人在没有与被申请人解除《协议》之前向第三方转让股权,易导致违约。为此,应考虑被申请人提出的优先购买权的条件。

第一节 国际商事合同法概述

在现代商品社会中,合同是商业活动的生命线。商业活动实际上就是一个个制定合同、履行合同的过程。美国著名法学家、哈佛大学法学院前院长庞德认为:"在商业社会里,财富多半是由允诺组成的。"因此,在任何国家中,合同法都被认为是商业发展的重要法律条件。

一、合同的概念和特征

合同是指当事人之间设立、变更、终止民事权利义务关系的协议。当然,世界各国对合同的定义并不完全相同。我国《民法典》第三编——合同规定,本法所称合同是平等主体自然人、法人、其他组织之间设立、变更、终止民事权利义务关系的协议。德国法律将合同视为一种法律行为,"依法律行为设定债务关系或变更法律关系的内容者,除法律另有规定外,还应依当事人之间的合同。"法国法律则将合同视为一种合意,"合同是一人或数人对另一人或数人承担给付某物、做或不做某事的义务的一种合意。"英美法系国家对合同的定义更多强调合同的实质在于当事人所做出的许诺(Promise),而不是达成协议的事实。合同是许诺的交换。例如,美国《合同法重述》认为:"合同是一个许诺或一系列许诺,对于违反这种许诺,法律给予救济,或者法律以某种方式承认履行这种许诺乃是一项义务。"

尽管各国对合同的定义有所差异,但一般都认同合同是当事人就私法问题达成一致意见这一实质。合同是当事人之间进行的民事法律行为,从这个意义上讲,我们应从以下法律特征对合同加以理解。

1. 合同属于法律行为

在民法中,凡是能引起民事法律关系发生、变更或消灭的客观事实,均称为法律事实。而法律事实依其与人的意志是否有关,分为自然事件和行为。合同是具有行为能力的人在自己意识的支配下的活动,因而属于一种法律行为。

2. 合同属于合法行为

人的行为依其是否符合法律规定,分为合法行为和非法行为。非法行为和合法行为均能引起民事法律关系的发生。但只有合法行为引起民事法律关系的发生时,才受法律的保护。合同是由当事人依照法律的规定进行的行为,其法律后果符合行为人的意愿,因而属于合法行为。违法订立的合同在法律上不被承认。

3. 合同属于双方民事法律行为

民事法律行为,是依其意思表示的内容发生法律效果的行为,其实质在于它是以意思表示为要素的行为。合同是民事主体旨在设立、变更或终止民事权利义务关系的行为,以当事人的意思表示为基础,属于民事法律行为。而民事法律行为依其意思表示的多少,分为单方民事法律行为、双方民事法律行为和多方民事法律行为。合同属于双方民事法律行为,通常双方当事人的意思表示达成一致即合意,合同即告成立。这是合同的基本法律特征。

商事合同是合同的一种,指当事人因商事关系通过协商就其相互之间的民事权利义务达成的一致协议。那么,什么是"商事"性质关系?对于"商事"的含义,联合国于1985年通过的《国际商事仲裁示范法》的解释是"商事这个术语应给予广义的解释,它包括所有商事性质关系所发生的争议,不论是否为契约性质。商事关系包括但不限于下述交易事项:任何提供或交换商品或服务的交易;销售协议;商业代理;租赁;建筑工程;咨询、许可投资和金融;银行;保险代理;勘探协议或特许;合资企业或其他形式的工业商业合作;空中、海上、铁路或公路的货运或客运。"国际商事合同具有上述一般合同的基本法律特征。

相应地,国际商事合同是指含有"国际性"因素的商事合同。对于国际商事合同这一概念中的"国际"这一含义,借鉴联合国《国际商事仲裁示范法》有关国际商事仲裁关于"国际性"的解释,"商事合同"如符合下述条件则为国际商事合同:商事合同的当事各方在缔结协议时,他们的营业地点位于不同的国家;商事关系义务的主要部分要在当事一方营业地点所在国之外履行;各方当事人已明确约定商事协议的标的与一个以上的国家有联系。由此可见,不仅可以根据当事人的国籍是否不同来确定仲裁的国际性,还可以根据当事人的营业地和住所处于不同的国家、仲裁地的涉外性等来确定商事合同的国际性。

二、合同的内容与效力

(一) 合同的内容

合同的内容是合同中关于各方当事人的权利和义务的规定。当事人的权利和义务,通常在合同中都有详细的规定,但也有一部分内容需要在法律上予以确定,如默示义务、空缺条款的补充,等等。因此,《国际商事合同通则》(简称《通则》)第五章对合同的内容做了一些原则性的规定,主要包括以下内容。

1. 明示和默示义务

将合同的义务划分为明示义务和默示义务,这是许多国家的合同法所采用的做法。《通则》第5.1.1条重申了这种被广泛接受的原则,规定:"各方当事人的合同义务可以是明示的,也可以是默示的。"在这里,主要考虑默示义务的问题。《通则》与一些国家的国内法不同,它并没有具体规定哪些义务属于默示义务,而只是提供了几个在确定默示义务时所应考虑的依据。这些依据包括合同的性质与目的、各方当事人之间确立的习惯做法和惯例、诚实信用和公平交易原则的合理性。

2. 当事人之间的合作义务

在国际商事交往中，合同通常被认为是各方当事人利益冲突的交汇点，然而，在某种程度上，合同更应该被视为各方当事人合作的共同项目。因此，在合同履行过程中，各方当事人应相互配合、相互合作。这一基本原则在联合国《国际货物买卖合同公约》中曾得到较大程度的体现，而《通则》的部分规定也清楚地贯穿了这一原则，并进一步将当事人之间的相互合作提升为一种明确的义务。《通则》第5.1.3条规定："每一方当事人应与另一方当事人合作，一方当事人在履行其义务时，可合理地期待另一方当事人的合作。"根据这一规定，只要在合理的范围内，即只要不打乱合同履行过程中的义务分配，一方当事人对另一方当事人履行合同的行为都应给予相应的合作，否则将被视为一种违约行为。在这里，所谓"合作"，其最基本的要求是不得妨碍对方当事人履行合同，但有时也要求对对方当事人履行合同的行为予以更积极和更主动的配合。

3. 取得特定结果的义务、尽最大努力的义务

《通则》在吸取一些国家合同法的基础上，对"取得特定结果的义务"和"尽最大努力的义务"进行了规范。《通则》第5.1.4条规定，如果一方当事人在一定程度内承担取得某一特定结果的义务，则该方当事人在该程度内有义务取得此特定结果。如果一方当事人在一定程度内承担对履行某一项活动应尽最大努力的义务，则该方当事人在该程度内有义务尽一个具有同等资格的、通情达理的人在相同情况下所尽的努力。

4. 履行质量的确定

《通则》第5.1.6条规定，如果合同中未规定履行质量，而且根据合同也无法确定履行质量，则一方当事人有义务使其履行的质量达到合理的标准，并且不得低于所涉情况的平均水准。根据这一规定，在合同未约定质量标准时，当事人一方履行合同的质量应同时符合两个标准。其一是平均质量标准。这是关于质量方面的最低要求，供应商不需提供超过平均质量的货物或服务，但也不应提供劣质的货物或服务。其二是合理标准。这是指当事人履行合同的质量应令人可以接受。《通则》规定这一标准的主要目的是防止一方当事人只按照市场平均质量履行义务，但这种平均质量却难以令人满意。

5. 合同价格的确定

合同的价格通常由当事人在合同中约定，但也有少数合同未规定价格或确定价格的方法，这就需要在法律上予以补充。《通则》吸取了联合国《国际货物买卖合同公约》的基本规则，并更进一步考虑了一些具体的情况，做了更加周详和灵活的规定，如下。

（1）如果合同未规定价格，也无如何确定价格的规定，在没有任何相反表示的情况下，应视为当事人各方引用订立合同时在相关贸易中可比较的情况下对此类履行通常收取的价格；若无此价格，则应采用合理价格。

（2）如果价格应由一方当事人确定，而且此等确定又明显不合理，则不管合同中是否

有任何条款的相反规定,均应以合理价格替代。

(3) 如果价格应由一个第三人确定,而该第三人不能或不愿确定该价格,则应采用合理价格。

(4) 如果确定价格需要参照的因素不存在,或已不复存在或已不可获得,则应以最相似的因素替代。

6. 无固定期限的合同

这里的合同期限是指合同的有效期,即合同关系终止的时间。一般情况下,当事人会在合同中规定合同期限。有时按合同的性质和目的也可推断合同期限,但在某些情况下会出现合同期限未确定或无法确定的情形。对此,根据"合同不得永远约束当事人"的原则,《通则》第 5.1.8 条规定,任何一方当事人均可通过预先在一段合理时间内发出通知终止一个无固定期限的合同。

(二)合同的效力

合同的效力是指合法订立的合同对当事人产生的约束力。根据各国合同法的规定,有效的合同应具备几个方面的基本条件,如主体合格、意思表示真实、形式和内容合法等。除了上述基本要求,一些国家的合同法还有其他特殊要求,如英美法系国家要求存在对价、法国的合同法要求存在约因等。

视野拓展

约因

约因,是指缔约当事人产生该项债务所追求的最接近和直接的目的。

《通则》基本上吸收了各国的立法精神,同时充分考虑了现代国际商事交往的需要,对合同效力的问题做了具体规定,主要内容如下。

1. 一般规定

由于各国合同法对合同效力的某些问题的规定迥然不同,《通则》作为一种适用于国际商事交往的国际规则,无意也不可能消除这些差异,因而《通则》第 3.1.1 条(未涉及事项)规定,本章不处理无行为能力问题。第 3.1.2 条(效力仅凭协议)规定,合同仅凭当事人的协议订立、修改或终止,除此别无其他要求。第 3.1.3 条(自始不能)规定,合同订立时不能履行所承担之义务的事实本身,并不影响合同的效力;合同订立时一方当事人无权处置与该合同相关联之财产的事实本身,并不影响合同的效力。第 3.1.4 条(强制性条文)规定,本章关于欺诈、胁迫、重大失衡及非法之规定均属强制性条款。

> **对价**
>
> 对价（Consideration）原本是英美合同法中的重要概念，其内涵是一方为换取另一方做某事的承诺而向另一方支付的金钱代价或得到该种承诺的代价，即当事人一方在获得某种利益时，必须给付对方相应的代价。

2. 错误

1）相关错误

《通则》第 3.2.2 条规定，一方当事人仅可在下列情况下以错误为由宣告合同无效，该错误在订立合同时如此之重大，以至于一个通情达理的人处在与发生错误之当事人相同情况下，如果知道事实真相，就会按实质不同的条款订立合同，或根本不会订立合同。并且，另一方当事人发生了相同的错误或造成该错误；或者另一方当事人知道或理应知道该错误并且有悖于公平交易的合理商业标准，使发生错误方一直处于错误状态之中；或者在宣告合同无效时，另一方当事人尚未依其对合同的信赖而合理行事。但在下述情况下，一方当事人不能宣告合同无效：①该当事人由于重大疏忽而发生此错误；②对于该错误所涉及的事项，其发生错误的风险已由发生错误方承担，或者考虑到相关情况，应当由发生错误方承担。

2）表述或传达中的错误

《通则》第 3.2.3 条规定，在表述或传达一项声明过程中发生的错误应视为做出该声明之人的错误。

3）对不履行的救济

《通则》第 3.2.4 条规定，如果一方当事人所依赖的情况存在或本来就存在基于不履行的救济，则该方当事人无权以错误为由宣告合同无效。

3. 欺诈、胁迫及重大失衡

《通则》第 3.2.5 条至第 3.2.7 条对欺诈、胁迫及重大失衡做了相应的规定。

1）欺诈

《通则》第 3.2.5 条规定，如果一方当事人订立合同是基于另一方当事人的欺诈性陈述，包括欺诈性的语言或做法，或者按照公平交易的合理商业标准，另一方当事人对应予披露的情况欺诈性地未予披露，则该一方当事人可宣告合同无效。

2）胁迫

《通则》第 3.2.6 条规定，如果一方当事人订立合同是基于另一方当事人的不正当胁迫，而且考虑到相关情况，该胁迫是如此急迫、严重，以至于第一方当事人无其他的合理选择，则该一方当事人可宣告合同无效。尤其是当使一方当事人受到胁迫的作为或不作为本身属于非法时，或者以其作为手段来获取合同的订立属于非法时，均构成不正当的胁迫。

3）重大失衡

《通则》第 3.2.7 条规定，如果一方当事人在订立合同时，合同或其个别条款不正当地对另一方当事人过分有利，则该方当事人可宣告该合同或该个别条款无效。除其他因素外，还应考虑下列因素：一方当事人是否不公平地利用了对方当事人的依赖、经济困境或紧急需要，或者不公平地利用了对方当事人的缺乏远见、无知、无经验或缺乏谈判技巧；合同的性质和目的。

依有权宣告合同无效的一方当事人的请求，法院可以调整该合同或其条款，以使其符合公平交易的合理商业标准。

依收到宣告合同无效通知的一方当事人的请求，法院亦可调整合同或其条款，只要该方当事人在收到此项通知后，且在对方当事人信赖该通知合理行事前，立即将其请求告知对方当事人。此时，《通则》第 3.2.10 条第（2）款的规定应予适用。

> **《通则》第 3.2.10 条　宣告无效权的丧失**
>
> 《通则》第 3.2.10 条规定，如果一方当事人有权以错误为由宣告合同无效，而另一方当事人声明将愿意或他已实际按照有权宣告合同无效的一方当事人对合同的理解履行合同，则该合同应视为按照宣告合同无效的一方当事人的理解订立。另一方当事人必须在收到有权宣告合同无效一方当事人对合同的理解方式的通知后，且在该方当事人依赖宣告合同无效通知合理行事之前，立即做出此种声明或履行。做出此种声明或履行之后，宣告合同无效的权利即行丧失，任何以前宣告合同无效的通知均丧失效力。

三、合同的分类

合同可以分为要式合同和不要式合同。要式合同是指必须按照法定的形式或手续订立的合同，通常是书面协议。不要式合同是法律上不要求按特定的形式订立的合同，通常指口头或书面达成协议。在各国的立法和司法实践中，要式合同一般遵循两种原则。

（1）要素原则，也就是成立要件原则。按照这种原则，没有法律规定的书面形式，契约就不能成立，因而也就无效。例如，《法国民法典》第九百三十一条规定，一切生前赠予行为应以通常契约的方式，在公证人面前完成；且应在公证人处留存契约的原本，否则赠予契约无效。

（2）证据原则，即没有书面形式就不能证明契约的存在，但不引起契约无效的后果。没有书面形式时，不能以证人为证，但不排除可以用其他书面证据等来证明契约的存在。英美法系国家大多采取这项原则，但这项原则也只适用于简单契约，而不是正式契约。例如，《美国统一商法典》规定，契约金额在 500 美元以上的，需要采用书面形式，如果没有书面形式，仍然有效。但正式契约如果不按法律规定的形式订立，就属于无效契约。

第二节　国际商事合同的订立

合同的订立程序一般可分为要约和承诺两个阶段。要约人发出要约，受要约人对要约表示承诺，就达成了一项合同。这是国际社会所普遍接受的法律机制。根据《通则》第2.11条的规定，合同可通过对要约的承诺或通过能力充分表明合意的各方当事人的行为而订立。

一、订立的程序

《通则》在吸收各国立法的成果，包括最新成果的基础上，对合同订立过程的一些特殊问题做了较为详细的规定，如下。

（一）书面确定

《通则》第2.1.12条规定，在合同订立后一段合理时间内发出的、意在确认合同的书面文件，如果载有添加或不同的条款，除非这些添加或不同的条款实质性地变更了合同，或者接收方毫不迟延地拒绝了这些条款，则这些条款应构成合同的一个组成部分。

（二）合同订立取决于对特定事项或以特定形式达成的协议

《通则》第2.1.13条规定，在谈判过程中，凡一方当事人坚持合同的订立以对特定事项或以特定形式达成协议为条件的，则在对该等特定事项或以该等特定形式达成协议之前，合同不能订立。

（三）特意待定的合同条款

特意待定的合同条款，是指当事人在订立合同时，有意将一项或多项条款留待进一步谈判商定或由第三人确定。根据《通则》的规定，这种事实并不妨碍合同的成立。问题是，如果当事人在以后的谈判中未就有关条款达成协议，或者第三人未能确定条款，合同是否继续成立？《通则》规定，在这种情况下，如果当事人确有订立合同的意图，而且存在一种合理的替代方法来确定该条款，则合同仍然成立。

（四）恶意谈判

恶意谈判包括恶意进行谈判和恶意终止谈判。恶意进行谈判的典型情况是，一方当事人在无意与对方达成协议的情况下，开始或继续谈判。除了这种典型情况，恶意进行谈判还包括一方当事人因故意或疏忽，通过歪曲或隐瞒真实情况使对方当事人对合同的性质或条款产生误解。恶意终止谈判则主要是指一方当事人无正当理由而随意和突然地中断谈判。恶意谈判虽然发生于合同订立之前，但它违背了"诚实信用和公平交易原则"，因而构成了一种缔约过失。根据《通则》的规定，恶意谈判的一方当事人应为因此给另一方当事人所造成的损失承担责任。但这里的损失是有限制的,因为恶意谈判所损害的是一种"信赖利益"或"负利益"。

 视野拓展

信赖利益

信赖利益一词源于大陆法中的损害赔偿制度和英美法中的违约救济制度,是指一方基于对另一方将与其订约的合理信赖所产生的利益。如在买卖合同中,被欺诈方的信赖利益是基于对对方合理的信赖而对履行合同做的必要准备而支出的费用。信赖利益的赔偿原则就是使善意的被欺诈方的地位恢复到订约之前。履行利益则是指在合同如期履行后当事人所获得的全部利益。国外的立法一般以信赖利益不超过履行利益为原则。当事人履行合同义务的目的是获得履行利益,如果信赖利益超出履行利益,实际上就超出了当事人在订立合同时的预期,这是不合理的。

(五)保密的义务

保密的义务,是指在谈判过程中,一方当事人以保密性质提供的信息,无论此后是否达成合同,另一方当事人都有义务不予泄露,也不得为自己的目的不适当地使用这些信息。根据《通则》的注释,典型的保密性信息是当事人在提供这些信息时就明确声明其属于秘密,在这种情况下,另一方当事人接受这种信息就默示同意将其视为秘密。除此之外,如果根据信息的特殊性质或当事人的职业特点,某些信息应视为保密性信息,则接受方也不得泄露或不当使用。接受方如果将保密性信息向任何第三人透露或者用于自己的目的,就违反了"诚实信用和公平交易原则",也可能侵犯了提供方的权益。在这种情况下,提供方有权要求接受方赔偿损失,也可以在信息尚未泄露或部分泄露时根据有关法律的规定采取保护措施。

 视野拓展

诚实信用原则

诚信原则要求一切市场参加者在不损害他人利益和社会公益的前提下追求自己的利益。诚实信用原则并没有固定的意义,作为民法重要的原则,其含义不能从语义的角度来理解,它属于一般条款,外延和内涵都不确定。

诚实信用是市场经济活动中的道德准则。在市场经济条件下,每一个有劳动能力的人,都应当通过市场交换获取利益和生活资料。第一种方式是用已有金钱投资牟利;第二种方式是用自己的技术、知识换取报酬;第三种方式是用自己的体力劳动换取工资。

通过这三种方式获取利益,即诚实信用,是正当的、合法的,应受法律保护。法律绝不允许靠损害他人利益和社会利益来获得利益。诚实信用原则要求一切市场参加者在不损害他人利益和社会公益的前提下追求自己的利益,目的是在当事人之间的利益关系和当事人与社会之间的利益关系中实现平衡,并维持市场道德秩序。

诚实信用原则的特征在于,其内涵和外延的不确定性。它是概括的、抽象的、无色透明的。它所涵盖的范围极大,远远超过其他一般条款。它在性质上属于一般条款,其实质在于,当出现立法当时未预见的新情况、新问题时,法院可依诚实信用原则行使公平裁量权。

(六)标准条款

标准条款即通常所称的"格式合同"。鉴于格式合同在国际商事交往中频繁使用,而且容易产生一些特殊的纠纷,《通则》对格式合同的有关问题做了具体的规定,如下。

(1)标准条款的定义。《通则》第2.1.19条第(2)款规定,标准条款是指一方为通常和重复使用的目的而预先准备、在实际使用时未与对方谈判的条款。从这一规定可以看出,标准条款具有下列几个特征:第一,标准条款是由一方当事人事先预备的,而不是在双方反复协商的基础上制定出来的;第二,标准条款是为了通常和重复使用的目的而制定的,而不是专门针对某一宗业务或某些特定的当事人制定的;第三,标准条款在使用时未与对方谈判,对于这类条款,对方要么全部接受,要么不接受,不允许讨价还价。

(2)意外条款。标准条款中的意外条款是指对方当事人不能合理预见其效力的条款。在这里,"不能合理预见"应根据具体的贸易环境而确定,同时应考虑该条款的内容、语言和表达方式。《通则》规定意外条款的目的主要是防止使用标准条款的一方当事人利用其优势地位,将不良的意图强加给对方当事人。因此,《通则》规定,意外条款无效,除非对方明确表示接受。

(3)标准条款与非标准条款的冲突。根据《通则》的规定,标准条款属于一般条款,非标准条款属于特别条款,依据特别条款优于一般条款的原则,当标准条款与非标准条款发生冲突时,应以非标准条款为准。

(4)格式合同之争。格式合同之争是指交易双方各自使用和交换自己的标准条款,但双方的标准条款内容有差异,这样便会产生合同是否成立,以及合同如果成立,应以谁的标准条款为准的问题。《通则》第2.1.22条款规定,如果双方当事人均使用标准条款并对标准条款以外的条款达成一致,则合同应根据已达成一致的条款以及在实体内容上相同的标准条款订立,除非一方当事人已事先明确表示或事后毫不迟延地通知另一方当事人其不愿受这种合同的约束。

二、缔约能力

合同是双方当事人的民事法律行为。民事法律行为具有法律效力的一个前提是行为人具有相应的民事权利能力和民事行为能力，就订立合同而言，当事人必须具有订立合同的权利能力和行为能力，即缔约能力。

民事权利能力是指法律赋予民事主体从事民事活动，享受民事权利和承担民事义务的资格。民事权利能力是民事主体取得具体民事权利和承担具体民事义务的前提或可能性。就合同而言，民事权利能力就是指法律赋予当事人可以订立合同的资格。要订立合同，首先当事人必须有法律认可的订立合同的资格。自然人的民事权利能力是广泛的，一般不加以限制，而法人订立合同往往会受权利能力的限制，如某法人注册登记时被授予的经营范围不包括房地产开发经营，则该法人就不能与其他人订立有关房地产开发经营方面的合同，即法律上不认可其具有房地产开发经营方面的资格（权利能力）。另外，即便法律确定当事人具有民事权利能力，但这只是一种可能性，当事人必须具有通过一定的行为将其变为现实的资格，即具体地享受民事权利、承担民事义务。这就是民事权利能力。

民事行为能力是指当事人通过自己的行为取得民事权利和设定并承担义务的能力。这种能力也是由法律确认的。当事人是否具有独立从事民事活动的能力，是由法律确认的，而不是按当事人的意愿确定的。

对于自然人，其民事行为能力与自然人的年龄和智力状态相联系，因为民事行为能力以意思能力为基础，而这是在智力发育正常的情况下，须达到一定年龄后才完全具备的。从法理上讲，民事行为意味着要承担相应的义务、责任，而是否要求行为人承担相应的义务、责任，则要依据行为人对自己的行为的意义、后果是否有清醒的认识，即是否具有行为能力。

按照我国法律分类，民事行为能力分为以下三种。

1. 完全民事行为能力

法律赋予当事人可以独立进行民事法律行为，是完全民事行为能力人。我国《民法典》第十七条规定，十八周岁以上的自然人为成年人。不满十八周岁的自然人为未成年人。

第十八条规定，成年人为完全民事行为能力人，可以独立实施民事法律行为。十六周岁以上的未成年人，以自己的劳动收入为主要生活来源的，视为完全民事行为能力人。具有完全民事行为能力的人所订立的合同具有法律效力。

2. 限制民事行为能力

限制民事行为能力是指法律赋予自然人的不完全的民事行为能力。我国《民法典》第十九条规定，八周岁以上的未成年人为限制民事行为能力人，实施民事法律行为由其法定代理人代理或者经其法定代理人同意、追认，但是可以独立实施纯获利益的民事法律行为或者与其年龄、智力相适应的民事法律行为。一般来说，为满足其日常生活需要且数额不大的行为（如购买日常学习用具、公园门票等）和接受以自己的行为所取得的人身权利和财产权利（如参加儿童画展并获奖励等），以及只享受权利而不承担义务的行为（如接受赠予等）是与这部分人的年龄和智力相适应的行为。限制民事行为能力人签订数额较大的经济合同的行为则被认为不具效力。

3. 无民事行为能力

无民事行为能力指当事人不具有以自己的行为取得民事权利,承担民事义务的能力。无民事行为能力的人称为无民事行为能力人,在我国有两种:一是不满10周岁的未成年人;二是不能辨认自己行为的精神病人。这两种人或者由于年龄太小,还没有民法上的意思能力,不能正确判断其行为的性质和后果,或者缺乏对事物的判断能力和自我保护能力,法律不赋予其行为能力,禁止其独立从事民事活动(如签订商事合同),其所需要进行的民事活动由其法定代理人代为进行。法人和其他社会组织的民事行为能力与其民事权利能力在范围上具有一致性,根据组织的章程和国家法律及行政法规的规定取得民事行为能力。根据我国《民法典》的规定,如果公民、法人或其他组织不具有相应的民事权利能力和民事行为能力,则他们不具有签订合同的主体资格,其签订的合同也不具有法律约束力。当然,具有民事权利能力和民事行为能力的当事人,有权依法律规定将自己拥有的签订合同的权利,通过委托方式委托代理人行使。

视野拓展

民事权利

民事权利是法律赋予民事主体享有的利益范围和实施某一行为(作为或不作为)以实现某种利益的可能性,包括权利人直接享有的某种利益(如人身权)和通过一定行为获得的利益(如财产权);权利人自己为一定行为或不为一定行为和请求他人为一定行为或不为一定行为,以保证其享有或实现某种利益;在权利受到侵犯时,能够请求有关国家机关予以保护。

在中国,民事权利具有三个基本特点。①平等性。每个公民不分年龄、性别、民族、宗教信仰、职业、地位等,都享有平等的民事权利。②连续性。公民的民事权利从其出生至其死亡,法人的民事权利从其成立至其消灭,自始至终都享有法定的民事权利。③真实性。由于我国具有强大的物质基础,民事主体所享有的民事权利得以保障。

民事权利依不同的标准可分为财产权和人身权,绝对权和相对权,请求权、支配权、形成权和抗辩权,主权利和从权利,等等。

第三节 国际商事合同的履行

合同履行,是指当事人按照合同约定全面履行自己义务,以实现他方的合同权利的行为。合同履行要求主要由合同当事人在合同中做出规定,即在当事人没有就某一问题做出约定时用法律的规定补充当事人的约定。另外,法律规定还用于对当事人约定履行过程中发生争议的解决规则。合同的履行是整个合同法的核心,是其他一切合同法律制度的归宿和延伸。

一、合同履行的概念和原则

(一)合同履行的概念

合同履行是指当事人按照合同约定全面履行自己义务的行为。

(二)合同履行的原则

合同履行的原则是指当事人在履行合同时应遵循的基本准则。

1. 全面履行原则

全面履行原则,又称正确履行原则或适当履行原则,是指当事人按照合同规定的标的、质量、数量,由适当的主体在适当的履行期限、履行地点,以适当的履行方式,全面完成合同义务的履行原则。全面履行原则是判定合同是否履行和是否违约的法律标准,是衡量合同履行程度和违约责任的尺度。我国《民法典》第三编——合同规定,当事人应当按照约定全面履行自己的义务。

2. 协作履行原则

协作履行原则是指依诚实信用原则,当事人不仅要适当履行自己的合同义务,而且应当协助对方履行其合同义务的履行原则。该原则是诚实信用原则在合同履行方面的重要体现,它要求在合同履行过程中,当事人除履行合同约定的义务外,还应当承担各种附随义务,以协助对方履行合同义务。依据协作履行原则,当事人应根据合同的性质、目的和交易习惯承担的附随义务包括通知义务、协助义务、保密义务、提供必要的条件防止损失扩大的义务等。

二、抗辩权

合同可分为双务合同和单务合同。一般来说,大多数合同是双务合同,也就是说合同各方当事人既享有权利,又负有义务。

单务合同

单务合同是双务合同的对称,是指一方只享有权利而不尽义务,另一方只尽义务而不享有权利的合同。单务合同的当事人的权利和义务不存在对应关系。如赠予合同,赠送人只承担交付赠品的义务,而不享受任何权利;受赠人则只享有取得赠送人交付赠品

> 的权利，而不承担任何义务。其他如无偿借贷合同、无偿保管合同等。与单方法律行为不同，单务合同是双方当事人意思表示一致的协议，单方法律行为则是单方的意思表示。

合同履行中的抗辩权，是指在双方合同中，一方当事人有依法对抗对方要求或者否认对方要求的权利。合同履行中的抗辩权一般包括以下几项。

（一）同时履行抗辩权

同时履行抗辩权，指合同一方当事人，在对方未为对价给付以前或履行不适当时，有权拒绝履行己方义务的权利。最简单的例子就是一手交钱一手交货的买卖，对方未付钱，己方不出货。我国《民法典》第五百二十五条规定，当事人互负债务，没有先后履行顺序的，应当同时履行。一方在对方履行之前有权拒绝其履行要求。一方在对方履行债务不符合约定时，有权拒绝其相应的履行要求。我国《民法典》第五百二十六条规定，当事人互负债务，有先后履行顺序，应当先履行债务一方未履行的，后履行一方有权拒绝其履行请求。先履行一方履行债务不符合约定的，后履行一方有权拒绝其相应的履行请求。

根据上述条款规定，同时履行抗辩权的行使须符合以下要求。①双方互负的债务，是同一合同所产生的债务。如果双方当事人的债务不是基于同一合同而产生的，即使在事实上有联系，也不得主张该权利。②双方互负的债务均已届清偿期。如果一方当事人负有先履行的义务，则即便另一方履行抗辩的权利，也不是同时履行抗辩权。③对方未履行或未适当履行债务。一方向对方请求履行债务时，须己方已为履行或提出履行，且履行适当（符合规定要求），否则，对方可行使同时履行抗辩权，拒绝履行其债务。④对方的为对价给付应当是可能履行的。同时履行抗辩权旨在促使双方同时履行其债务，如果对方的为对价给付已不可能履行，则同时履行的目的落空，行使同时履行抗辩权显然无意义。在此种情况下，应追究对方的违约责任。

《德国民法典》第三百二十条也对同时履行抗辩权加以规定：因双方契约而负担债务者，在他方当事人未为对价给付之前，应拒绝自己的给付，但自己有先为对价给付的义务者，不在此限；应向数人为给付者，在未为全部对价给付之前，对于对方各个当事人应受领的给付部分应拒绝履行。这一规定表明，如果己方享有对方数人给付对价的权利者，则在对方数人全部履行对价给付之前，对于对方个别当事人的履行要求（即使该个别人已履行其自己部分的给付）也拥有履行抗辩权；他方当事人已为部分给付，依其情形，特别是迟延部分无足轻重时，当事人一方如拒绝进行对价给付则违背诚实信用原则者，不得拒绝给付。

《意大利民法典》也规定，在附有对价给付的契约中，缔约的任何一方在他方不履行或者不同时履行自己义务的情况下应拒绝履行其义务，但当事人确定、不同履行期间或者依契约性质有不同履行期间的情况除外。然而在拒绝履行将违背诚实信用原则的情况下，不得拒绝履行。

《国际商事合同通则》规定，如双方当事人能够同时履行其合同义务，则双方当事人应同时履行，除非情况另有表示。当事人各方应同时履行合同义务的，任何一方当事人可在另一方当事人履行前拒绝履行。

（二）顺序履行抗辩权

如果当事人履行义务根据合同约定有先后顺序，在按约定应先履行的一方当事人未履行之前，后履行一方有权拒绝其履行要求，先履行一方履行债务不符合约定的，后履行一方有权拒绝其相应的履行请求的权利，这种权利即顺序履行抗辩权或称先履行抗辩权。

我国相关法律规定，当事人互负债务，有先后履行顺序，先履行一方未履行的，后履行一方有权拒绝其履行要求。先履行一方履行债务不符合约定的，后履行一方有权拒绝其相应的履行要求。按上述规定，行使顺序履行抗辩权应具备一定的条件：合同约定双方互负债务，债务的履行者有先后顺序；在合同履行时，发生了应当先履行债务的当事人没有履行债务，或者履行债务不符合约定的法律事实。行使这一抗辩权的应当是合同约定的后履行债务的当事人。从法理上讲，如果先履行债务的当事人仅部分履行了债务，则后履行债务的当事人有权对没有按约定履行的部分予以拒绝，已经按约定履行的部分，则不应当拒绝；如果先履行债务的当事人的部分履行整体不符合合同要求，则后履行债务的当事人有权在整体上拒绝对方的履行请求。

（三）不安抗辩权

不安抗辩权是指先履行债务的当事人在有证据证明后履行债务的当事人存在届时将不能履行合同义务的有关情形时，采取相应防卫性措施的权利。这一权利通常基于法律的有关规定。各国法律对此的规定有所差异。

1. 大陆法系的规定

不安抗辩制度系源于大陆法系的一种法律制度。这里仅以其中两个大陆法系国家的法律规定为例。《德国民法典》第三百二十一条规定，因双务契约负担债务并应向他方先为给付者，如他方的财产于订约后明显减少，为对价给付为难时，在他方未为对待给付或提出担保之前，应拒绝自己的给付；《意大利民法典》也规定，如果相对方的资产状况发生变化，使应获得的对价给付面临明显的危险，则任何一方应暂停其应当进行的给付。由此可见，《意大利民法典》赋予合同的双方当事人不安抗辩权，不问合同约定履行义务的先后。

2. 英美法系的规定

英美法系中没有"不安抗辩权制度"，但有"预期违约"或"预期毁约"规定。预期违约指合同一方在合同规定履行合同义务的时间到来之前毁弃合同。毁弃合同可以由言论造成，也可以由行为造成。前者指合同一方用语言表明不履行合同义务，后者指合同一方的行为表明他将不履行合同义务。

3. 中国法律的规定

我国《民法典》第五百二十七条规定，应当先履行债务的当事人，有确切证据证明对方有下列情形之一的，可以中止履行：

（1）经营状况严重恶化；

（2）转移财产、抽逃资金，以逃避债务；

（3）丧失商业信誉；

（4）有丧失或者可能丧失履行债务能力的其他情形。

当事人没有确切证据中止履行的，应当承担违约责任。

4. 国际公约、国际惯例

《国际货物买卖合同公约》第七十一条第（1）款规定，如果订立合同后，一方当事人由于下列原因显然将不履行其大部分重要义务，则另一方当事人可以中止履行方义务：一方履行义务的能力或他的信用有严重缺陷；或他在准备履行合同或履行合同过程中的行为显示他将不履行其主要的义务。

采取中止履行措施必须具备的条件是，对方显然将不履行其大部分重要义务。这主要包括以下几种情况：一是对方当事人的履约能力或信用严重下降，如在订立同后失去偿付能力或已宣告破产等；二是当事人在准备履行合同过程或履行合同过程中的行为已显示他将无法履行其大部分重要义务。此外，如果订立合同后，一方当事人所在国家发生战争或实行封锁禁运，也可认为他将无法履行其大部分重要义务。

视野拓展

履约能力

履约能力主要包括支付能力和生产能力两方面的内容。在审查支付能力时，主要审查对方当事人的注册资本、资金来源、银行存款、交款能力等情况；在审查生产能力时，主要审查对方当事人的生产能力、生产规模、技术水平、产品质量、交货能力等情况。审查履约能力的目的是提高经济合同的真实性和可行性。

根据《国际货物买卖合同公约》第七十一条第（3）款的规定，宣告中止履行义务的一方当事人，必须立即通知另一方当事人，如果另一方当事人对履行义务提供了充分的保证，则中止履约方必须继续履行义务。因为中止履行只是暂时停止履行合同而不是使合同终止。

但是，根据《国际货物买卖合同公约》第七十二条的规定，如果在履行合同的日期到来之前，已明显看出对方当事人将根本违反合同，则另一方当事人不仅有权中止履行合同，而且可以宣告解除合同。

《通则》对中止履行的要求是，该方"合理地预料到根本不履行"，且其在中止履约的同时可要求对方对履约提供充分保证。什么样的保证才构成充分的保证，这取决于具体的情况。在一些情况下，对方宣布其将履行有充分的保证；而在另一些情况下，要求第三方提供担保或保证也许是正当的。

三、违约、违约救济和责任

按照各国法律的规定,当一方违约使另一方的权利受到损害时,受损害的一方有权采取正确措施,以维护其合同权益。这种措施在法律上称为违约救济。对于违约的处理,我国法律采用的是"违约责任"这一概念。对于对哪种违约行为可以采取哪些救济方法,或违约方应承担怎样的违约责任,各国法律的规定并不完全相同。

> **违约责任**
>
> 违约责任,是指当事人不履行合同义务或者履行合同义务不符合合同约定而依法应当承担的民事责任。违约责任是合同责任中一种重要的形式,违约责任不同于无效合同的后果,违约责任的成立以有效的合同存在为前提。违约责任也不同于侵权责任,其可以由当事人在订立合同时事先约定,属于一种财产责任。我国相关法律条文对违约责任做了概括性规定。

(一) 依约履行

依约履行,又称实际履行或具体履行,我国《民法典》称其为"继续履行"。顾名思义,这是指当事人一方不履行合同义务或者履行合同义务不符合合同约定时,另一方当事人可要求其承担继续履行的责任。否则,债权人可以向法院提起诉讼,由司法机关运用国家强制力,使债务人按合同的规定履行其义务。

(二) 损害赔偿

合同法上的损害赔偿是指违约一方依法律的规定就另一方因其违约而蒙受的损害用金钱进行补偿。各国法律都规定,损害赔偿是对违约的一种救济方法。但在损害赔偿责任的成立、损害赔偿的方法,以及损害赔偿额的计算等方面,各国的法律规定存在差异。

(三) 支付违约金

违约金是指当事人在合同中约定的或者法律规定的,一方违约时向对方支付的一定数量的货币。各国法律中直接规定违约金数量、比例的很少,对违约金的性质、支付限制等方面的规定也各有不同。

(四) 解除合同

行使解除合同权利一般也作为对违约的一种救济方法,但各国法律在有关解除合同权的产生、解除权的行使等问题的规定上也有所差异。

（五）其他救济措施

当事人一方违约的，另一方当事人除了可以采取实际履行、赔偿损失、支付违约金及解除合同等救济措施，还可以采取一些其他合理救济措施。我国《民法典》规定，承担民事责任的方式有停止侵害、排除妨碍、消除危险、返还财产、恢复原状、修理、重作、更换、继续履行、赔偿损失、支付违约金、消除影响、恢复名誉、赔礼道歉等。这些责任方式有些属于违约责任方式，有些属于侵权责任方式。而违约补救措施通常为恢复原状、修理、重作、更换、退货、减少价款或者报酬等。

第四节　国际商事合同的变更、转让和消灭

合同的变更有广义和狭义之分。广义的变更包括合同主体的变更和内容的变更，狭义的变更仅指内容的变更。合同转让，即合同主体的变更，是指合同当事人一方将合同权利、合同义务或合同的权利和义务全部或部分转让给第三人的行为。合同的消灭，在我国《民法典》上亦称合同权利义务关系的终止，是指合同关系在客观上不复存在，合同债权与合同债务归于消灭。

一、合同的变更

合同的变更是指合同成立后，尚未履行或尚未完全履行前，基于当事人的意思或者法律的直接规定，不改变合同当事人，仅对合同内容所做的变更。合同的变更，既可以用新的合同完全取代旧的合同，也可以在保持旧的合同效力的基础上，就某些条款进行修改和补充。

如前所述，在不改变合同主体的前提下，当事人就原合同的内容进行修改或补充而形成新的权利义务关系即合同的变更。我国法律规定，当事人协商一致，可以变更合同。法律、行政法规规定变更合同应当办理批准、登记等手续的，依照其规定。当事人对合同变更的内容约定不明确的，推定为未变更。原则上，合同的成立和生效需要采取批准、登记等特定方式的，变更时亦同。

合同变更具备如下特征：第一，变更的对象为合同内容，而非合同主体；第二，合同变更只能发生在合同有效成立之后、尚未完全履行之前。合同未有效成立的，合同变更无从谈起；合同已履行完毕的，合同关系已告消灭，合同变更也不可能发生。

依据我国有关法律规定，合同变更应具备如下条件。①原已存有效的合同关系。在合同被撤销、无效、终止等情形下均无合同变更的可能。②须有合同内容的变化。该变化既可包括合同要素的变更，也可包括非合同要素的变更，但不包括合同主体的变更。③合同的变更须依当事人的协议或法院仲裁机构的裁决。当事人协商一致变更原合同是契约自由原则的体现，因此当事人的协议是引起合同关系变更的重要法律事实。另外，因法定情况出现而由法院或仲裁机构裁决的合同变更为合同的司法变更。可变更的合同主要包括因意

思表示不真实、不自由或合同内容显失公平而可撤销的合同，以及可适用情势变更原则的合同两大类。

合同变更的效力在于：合同变更部分取代被变更部分，原合同未变更部分继续有效；合同变更原则上仅在将来发生效力，对已履行的部分没有追溯力，已经履行部分不因合同的变更而失去法律依据；合同的变更不影响当事人要求赔偿的权利。

二、合同的转让

合同转让包括合同权利的转让、合同义务的转让，以及合同权利、义务的一并转让（也称概括转让）三种情形。

（一）合同权利的转让

合同权利的转让又称合同债权的让与，是指合同债权人通过协议将其债权全部或部分转让给第三人的行为。合同债权的让与发生在合同债权人与第三人之间，但又与债务人有密切关系，合同债权让与后，由债务人向第三人履行合同义务。所以，合同权利的转让涉及三方当事人，如何协调三方当事人的利益是立法的关键。对此，世界各国的法律规定存在着差异，并主要形成三种立法例。其一为债权让与自由主义，即债权让与既不需要征得债务人的同意，也不需要通知债务人，仅需债权让与人与受让人之间达成合意即可。采用此立法例者主要为德国和美国。其二为债务人同意主义，即以债务人的同意为债权让与的生效要件之一。其三为通知生效主义。这一立法例要求债权人将合同权利转让的事实告知债务人，但不必征得其同意，为法国、瑞士、日本所采用。我国《民法典》第五百四十五条规定，债权人可以将债权的全部或者部分转让给第三人，但是有下列情形之一的除外：

（1）根据债权性质不得转让；

（2）按照当事人约定不得转让；

（3）依照法律规定不得转让。

当事人约定非金钱债权不得转让的，不得对抗善意第三人。当事人约定金钱债权不得转让的，不得对抗第三人。债权人转让权利时，应当通知债务人，未经通知，该转让对债务人不发生效力。债务人接到债权转让通知后，债务人对让与人的抗辩可以向受让人主张。由此可见，我国所采取的是通知生效主义。

合同权利转让的效力主要包括以下几方面：受让人取得与债权有关的从权利，但该权利专属于债权人自身的除外；债务人接到债权转让通知后，债务人对让与人的抗辩可以向受让人主张；债务人接到债权转让通知时，债务人对让与人享有债权，并且债务人的债权先于转让的债权到期或同时到期的，债务人可以向受让人主张抵消。当然，并非所有的合同权利均可转让，如依合同性质不得转让的、依当事人约定不得转让的、依法律规定不得转让的。

（二）合同义务的转让

合同义务的转让又称合同的债务承担，是指不改变债的内容，债权人或债务人与第三人达成转让债务的协议,将合同债务部分或全部转移给第三人承担。合同债务承担与合同债权让与不同,债权让与是债权人的变更,一般不会影响债务人的履约能力;债务承担则是债务人的变更,而不同债务人在资信情况、履约能力等方面各不相同,这就可能会给债权的实现带来影响。因此,确立了债务承担制度的国家一般均要求债务的承担须经债权人的同意方能生效。例如,《德国民法典》第四百一十五条、第四百一十七条规定,第三人与债务人约定承担债务者,须经债权人的追认始发生效力;我国相关法律规定,债务人将合同的义务全部或者部分转移给第三人的,应当经债权人同意。债务人转移义务的,新债务人可以主张原债务人对债权人的抗辩。

合同债务的承担又可根据原债务人是否完全脱离原债权债务关系,分为免责的债务承担与并存的债务承担。前者是指原债务人完全脱离原债权债务关系,由第三人取代原债务人对债权人履行合同义务;后者则是指债务人并不完全脱离原债权债务关系,而由第三人和债务人共同承担债务。这种债务承担关系成立后,债务人和第三人成为连带债务人。无论是何种债务承担,其合同签订方式均既包括由第三人与债权人订立债务承担合同的方式,又包括第三人与债务人订立债务承担合同的方式。其中,前者只需通知债务人合同即可生效,后者则须经债权人同意合同方能生效。当然,也可通过三方会签合同或由债权人在债务人与第三人所签债务承担合同上再签注同意的方式实现债务的有效转让。

债务承担区别于第三人代替履行。后者是指第三人未与原合同债权人、债务人达成转让债务的合意,仅自愿代替债务人履行债务,在其未能依约履行债务人的债务时,仍由债务人而非该第三人对债权人承担违约责任。因此,代替履行者并非合同当事人。在这一点上,其与代为受领相同,代替债权人受领债务人债务履行的亦非合同当事人。而前者是指第三人与原合同债权人、债务人已达成债务承担的合意,该合意生效后,第三人成为合同债务人,其偿还债务的行为可视为自身债务的履行,并对相应的违约行为承担责任。

(三)债权债务的概括转移

债权债务的概括转移,是指债权债务的承受人完全取代让与人的法律地位,成为债的关系的当事人,让与人的全部权利义务移转于受让人的行为。我国《民法典》第五百五十五条规定,当事人一方经对方同意,可以将自己在合同中的权利与义务一并转让给第三人。当事人订立合同后合并的,由合并后的法人或者其他组织行使合同权利,履行合同义务。当事人订立合同后分立的,除债权人和债务人另有约定外,由分立的法人或其他组织对合同的权利义务享有连带债权,承担连带债务。基于此,债权债务的概括承受包括合同承受与法定承受(基于企业合并、分立的承受)两类。从效力上来说,债权债务的概括转移并非债权让与和债务承担的简单相加。在债权让与和债务承担的场合,由于第三人并非原合同当事人,因此,与原债权人或债务人不可分离的权利并不随之转移给承受人;但在债权债务概括转移的场合,由于承受人完全取代了原当事人的法律地位,故依附于原当事人的所有权利义务均转移给承受人。

三、合同的消灭

合同的消灭,在我国《民法典》中亦称合同权利义务关系的终止,是指合同关系在客观上不复存在,合同债权与合同债务归于消灭。关于合同终止的原因,虽然各国法律存在差异,但大体上趋于一致,归纳起来主要包括清偿、解除、抵消、提存、免除、混同等情形。

(一)清偿

清偿是指债务人向债权人履行债的内容的行为,即债权人依据合同的约定实现债权目的的行为。各国法律一致认为,清偿是债消灭的主要原因。合同债务在法律规定或合同有约定时,可由第三人代为清偿,即可由第三人代为给付,或执行第三人提供的担保物进行清偿。第三人代为清偿后,债权人与债务人的合同关系归于消灭,第三人则因此取得代位求偿权,在其代为清偿的范围内,向债务人要求偿付。

在清偿中,可能会产生代物清偿与清偿抵充的情形。代物清偿,是指债权人受领债务人他种给付以替代原定给付,并使合同关系归于消灭的清偿方式。在代物清偿中,以他物替代原物进行给付必须征得债权人的同意。原定给付与他种给付在价值上有时并不相同,当事人可对差额部分的处理予以约定;如无约定,则无论原定给付和他种给付的价值有无差别,自代物清偿成立之时起,合同关系即归于消灭。所谓清偿抵充,是指债务人对同一债权人有数宗同类债务,而债务人的履行不足以清偿全部债务时,确定该履行抵充哪些债务的情形。清偿抵充的确定方法有以下三种。

(1)约定抵充:由当事人就债务人的履行用来抵充何宗债务进行约定。

(2)指定抵充:当事人未做抵充约定时,允许清偿人单方面指定其履行所欲清偿的债务,指定一经做出便不得撤回。

(3)法定抵充:当事人对抵充既未做约定又未指定,则实行法定抵充。有已届清偿期的债务,应优先抵充;均已届清偿期或均未届清偿期的,应尽先抵充无担保或担保最少的债务;担保相同的,应尽先抵充债务人因清偿而获益最多的债务;获益相等的,应尽先抵充先到期的债务;获益相等且清偿期相同的,应按比例分别抵充一部分。

对清偿费用未做约定,法律又未规定的,通常由债务人负担;但由可归责于债权人的原因导致的履行费用的增加,由债权人承担。对于清偿地点,有约定的从约定,无约定的从法定。

(二)解除

合同解除是指合同成立后,在没有履行或没有完全履行之前,当事人依照法律规定或当事人约定的条件和程序解除合同权利义务关系,合同随之归于消灭。根据我国相关法律规定,合同解除是导致合同关系终止的原因之一。合同的解除主要包括约定解除和法定解除两种。

1. 约定解除

当事人约定解除合同包括两种情形：当事人在订立合同时，可以约定合同解除的条件，条件成立时，当事人一方可以依约解除合同；当事人订立合同后，根据主客观情况的变化，可以协商解除合同。两者虽然均依双方合意，以合同形式将原定合同予以解除，但仍然存在一定区别。前者所约定的解除条件一旦具备，合同一方或各方即可通过行使解除权来终止合同关系；后者解除合同并非通过解除权的行使，而是必须由双方当事人就解除合同达成新的合意。

2. 法定解除

当事人在订立合同后，出现了法律规定的情形，当事人亦可解除合同。法定解除权的产生条件主要包括两种：其一为一般法定解除条件，如先期违约、现实违约以及根本违约；其二为特别法定解除条件。

我国《民法典》第七百一十一条规定，承租人未按照约定的方法或者未根据租赁物的性质使用租赁物，致使租赁物受到损失的，出租人可以解除合同并请求赔偿损失。

第七百一十六条规定，承租人经出租人同意，可以将租赁物转租给第三人。承租人转租的，承租人与出租人之间的租赁合同继续有效；第三人造成租赁物损失的，承租人应当赔偿损失。承租人未经出租人同意转租的，出租人可以解除合同。

第七百一十六条规定，承租人经出租人同意，可以将租赁物转租给第三人。承租人转租的，承租人与出租人之间的租赁合同继续有效；第三人造成租赁物损失的，承租人应当赔偿损失。承租人未经出租人同意转租的，出租人可以解除合同。

第七百二十四条规定，有下列情形之一，非因承租人原因致使租赁物无法使用的，承租人可以解除合同：（1）租赁物被司法机关或者行政机关依法查封、扣押；（2）租赁物权属有争议；（3）租赁物具有违反法律、行政法规关于使用条件的强制性规定情形。

第七百二十九条规定，因不可归责于承租人的事由，致使租赁物部分或者全部毁损、灭失的，承租人可以请求减少租金或者不支付租金；因租赁物部分或者全部毁损、灭失，致使不能实现合同目的的，承租人可以解除合同。

第七百三十一条规定，租赁物危及承租人的安全或者健康的，即使承租人订立合同时明知该租赁物质量不合格，承租人仍然可以随时解除合同。

当事人一方依法主张解除合同的，应当通知对方。合同自通知到达对方时解除。对方有异议的，可以请求法院或仲裁机构确认解除合同的效力。法律、行政法规规定解除合同应当办理批准、登记等手续的，依照其规定。法律规定或当事人约定解除权行使期限，期限届满当事人不行使的，该权利消灭。法律未规定或当事人未约定解除权行使期限，经对方催告后在合理期限内不行使的，该权利消灭。合同解除后，当事人的合同权利义务终止。尚未履行的，终止履行；已经履行的，根据履行情况和合同性质，当事人可以要求恢复原状，采取其他补救措施，并有权要求赔偿损失。合同权利义务终止不影响合同中的清算和争议解决条款的效力。

(三)抵消

抵消是指当事人双方互负债务时,各以其债权充当债务履行,而使其债务与对方债务在等额范围内归于消灭的行为。其中,提出抵消的一方所享有的债权称为主动债权,被抵消的债权称为受动债权。

抵消依其产生的依据不同,可分为法定抵消和约定抵消两种。所谓法定抵消,是指依法律规定所进行的抵消。对于法定抵消的条件,各国法律均规定当事人须互负债务,同时债务标的物的种类、品质相同并均届清偿期,且均非依合同性质或依法不得抵消之债。至于法定消权的行使,根据我国《民法典》第五百六十八条的规定,当事人互负债务,该债务的标的物种类、品质相同的,任何一方可以将自己的债务与对方的到期债务抵销;但是,根据债务性质、按照当事人约定或者依照法律规定不得抵销的除外。当事人主张抵销的,应当通知对方。通知自到达对方时生效。抵销不得附条件或者附期限。所谓约定抵消,是依当事人之间的合意所进行的抵消。我国《民法典》第五百六十九条规定,当事人互负债务,标的物种类、品质不相同的,经协商一致,也可以抵销。抵消使合同当事人的债务在抵消额内消灭。因此,双方债务额相等时,双方债务均归于消灭;一方债务数额大于对方债务数额时,前者仅消灭一部分债务额,后者债务则全部消灭。

(四)提存

提存是指因债权人的原因而无法向其交付合同标的物时,债务人将标的物交给提存部门,从而使其债务归于消灭的行为。提存制度设立的目的在于保护债务人的利益,使得债务人不致因债权人的原因而深陷于债务约束之中。因此,各国民法均将提存作为债消灭的原因之一。

根据我国《民法典》的规定,提存的原因主要包括以下几种。①债权人无正当理由拒绝受领,即受领迟延。债权人受领迟延,经债务人催告后仍不受领的,债务人可将标的物提存。②债权人下落不明,即债权人地址不详等情形。③债权人死亡或丧失行为能力,尚未确定继承人或监护人。④法律规定的其他情形。

提存应在法律规定或法院指定的部门进行。若标的物不适合提存或者提存费用过高,债务人依法可以拍卖或者变卖标的物,提存所得价款。标的物提存后,债务人应及时通知债权人或债权人的继承人、监护人,但债权人下落不明的除外。债务人依法将标的物提存后,视为债务已清偿,当事人的合同关系归于消灭。自提存之日起,提存物上所附着的利益及意外灭失的风险均转移于债权人。提存部门负保管义务,提存费用由债权人承担。债权人可以随时向提存部门受领提存物。债权人领取提存物的权利,自提存之日起5年内不行使便会消灭,提存部门在扣除提存费用后,将提存物或相应价值上交国家。

(五)免除

免除是指债权人免除债务人的债务,从而全部或部分终止合同权利义务关系的行为。关于免除的性质,大多数大陆法系国家均将其视为合同行为。如德国法和法国法均认为,债务的免除是双方的法律行为，不仅须有债权人免除债务人债务的意思表示，还须经债务人同意方能产生效力。日本民法则将免除规定为债权人的单方行为。我国《民法典》采纳后一种做法，认为债务的免除是债权人抛弃债权的单方行为，由债权人表示免除，无须经债务人同意即可生效。

根据我国法律，自债权人向债务人或其代理人做出免除的意思表示后，即产生免除的效力，债权人不得撤回该意思表示。免除发生债务消灭的结果。全部免除债务的，合同关系全部终止；部分免除债务的，合同关系仅在该免除的部分终止。主债务免除的，从债务也归于消灭，但从债务免除的，主债务并不消灭。

（六）混同

混同是指债权和债务同归于一人，致使合同关系消灭的事实。混同是一种法律事实而非法律行为，因此只要债权和债务同归于一人的事实发生，无须当事人做出任何意思表示，合同关系及其他债的关系即归于消灭。混同成立的原因有二。第一，债权债务的概括承受。例如，在企业合并的情形下，合并各方的债权债务同归于合并后的企业。第二，债权债务特定承受，即债权人承受债务人对自己的债务，或债务人受让债权人对自己的债权。混同的效力在于使合同关系及其他债的关系归于消灭，但若合同当事人的债权涉及第三方利益，如以债权为第三人设立质权的，为维护第三人的正当权益，各国法律均规定此时债权仍应有效，第三人可以依约就此债权主张权利。

本章小结

1. 合同是指当事人之间设立、变更、终止民事权利义务关系的协议。
2. 在民法中，凡是能引起民事法律关系发生、变更或消灭的客观事实，均称为法律事实。
3. 人的行为依其是否符合法律规定，分为合法行为和非法行为。
4. 民事法律行为，是依其意思表示的内容发生法律效果的行为，其实质在于它是以意思表示为要素的行为。
5. 合同可以分为要式合同和不要式合同。
6. 合同的订立程序一般可分为要约和承诺两个阶段。
7. 恶意谈判包括恶意进行谈判和恶意终止谈判。
8. 限制民事行为能力是指法律赋予自然人享有的不完全的民事行为能力。
9. 合同履行，是指当事人按照合同约定全面履行自己义务，以实现他方的合同权利的行为。
10. 合同的履行是整个合同法的核心，是其他一切合同法律制度的归宿和延伸。

复习思考题

1. 什么是合同的效力?
2. 什么是民事法律行为?
3. 什么是保密的义务?
4. 民事权利能力是什么?
5. 什么是全面履行原则?
6. 什么是协作履行原则?

第五章

国际货物买卖法

学习目标

- 理解国际货物买卖法的知识
- 理解国际货物买卖合同的概念与特征
- 熟悉国际货物买卖合同的内容与形式
- 熟悉国际货物买卖双方的义务
- 熟悉违反合同的救济方法

开篇案例

法国公司甲给中国公司乙发盘:"供应50台拖拉机,100匹马力,每台CIF北京4000美元,合同订立后3个月装船,不可撤销即期信用证付款,请电复。"中国乙公司还盘:"接受你的发盘,在订立合同后立即装船"。双方的合同是否成立?为什么?

辩证思考:

法国公司甲与中国公司乙之间并未达成买卖拖拉机的合同。

理由:(1)法国甲公司给乙公司的发盘构成要约。(2)中国乙公司对法国甲公司的回复不构成承诺。因为中国乙公司对法国甲公司的还盘对法国甲公司发出的要约中装船时间做出了修改,而这一修改构成实质性修改。(3)根据《国际货物买卖合同公约》,合同在受要约方对要约做出承诺的情况下才会成立。因此,本案中,虽然法国甲公司向中国乙公司发出要约,但中国乙公司对此并未做出有效承诺,因此双方之间的合同并未成立。

第一节　国际货物买卖法概述

国际货物买卖法是调整国际货物买卖过程中所产生的卖方和买方之间权利义务关系的法律规范的总称。由于国际货物买卖法调整对象及范围的国际性特征，其所涉及的法律关系复杂、适用法律多样，通常国际货物买卖法主要包括货物买卖的国内立法、国际条约与国际贸易惯例。

一、有关货物买卖的法律

（一）各国有关货物买卖的国内法

1. 大陆法

在大陆法系国家，商事买卖应遵循民法典中的一般原则，除了民法典，商法典专门就商行为、海商、保险、票据或公司等方面分别做出具体的规定。这些国家采取民法与商法分立的做法，把民法与商法分别编纂为两部法典，将民法作为普通法，将商法作为民法的特别法；民法的一般原则可以适用于商事活动，但如属商法另有特别规定的事项，则应适用商法的有关规定。采用这种立法体制的国家除日本外，还有德国、法国等。在民商合一的国家，只有民法典而没有单独的商法典，如意大利就只有民法典，瑞士只有债务法典。它们只在民法典或债务法典中设立有关货物买卖的规定。因此，在民商合一的国家，其货物买卖法的表现形式比较单一。

2. 英美法

在英美法系国家中，关于货物买卖的法律是由两种形式的法律组成的。一种是判例法，货物买卖的一般法律原则均是根据法官的判例确立的；另一种是成文法，具有代表性的是《英国货物买卖法》和《美国统一商法典》。《英国货物买卖法》是英国立法机关于 1893 年在总结英国数百年来货物买卖的判例基础上制定的，现行的是 1979 年的修订本。1893 年《英国货物买卖法》为英美各国制定各自的买卖法提供了一个样本。1906 年《美国统一货物买卖法》就是以 1893 年《英国货物买卖法》为蓝本制定的，现在生效的是 1988 年的修订本，即《美国统一商法典》。该法典第二篇的标题就是"买卖"，这是该法典的中心与重点。该法典结构清晰、内容详尽。

（二）我国有关货物买卖的法律

《中华人民共和国民法典》规定，国际贸易买卖合同成立条件包括当事人有民事行为能力，是真实意思表示，不违反法律、行政法规的强制性规定，不违背公序良俗。

我国《民法典》第一百四十三条规定，具备下列条件的民事法律行为有效：

（1）行为人具有相应的民事行为能力；

（2）意思表示真实；

（3）不违反法律、行政法规的强制性规定，不违背公序良俗。

我国《民法典》第五百九十四条规定，因国际货物买卖合同和技术进出口合同争议提起诉讼或者申请仲裁的时效期间为四年。

二、关于国际货物买卖的国际公约

目前，国际上专门适用于国际货物买卖的国际公约有三项。它们分别是1964年的《国际货物买卖统一法公约》和《国际货物买卖合同成立统一法公约》，以及1980年联合国制定的《国际货物销售合同公约》。其中较为主要和具有影响力的是《国际货物销售合同公约》。

（一）《国际货物销售合同公约》的产生

由于各国在货物买卖法方面存在着不少分歧，在国际经济交往中不可避免地会引起法律冲突，这对国际贸易的发展是不利的。为了解决这个问题，早在1930年，罗马国际私法统一协会就决定拟订一部国际货物买卖统一法，以便协调和统一各国关于国际货物买卖的实体法。1964年，海牙会议正式通过了《国际货物买卖统一法公约》和《国际货物买卖合同成立统一法公约》。前者于1972年8月18日生效，批准或参加该公约的有比利时、冈比亚、德国、以色列、意大利、荷兰、圣马利诺和英国8个国家；后者于同年8月23日生效。在上述8个国家中，除了以色列，其他国家均批准或参加了这项公约。

但是，由于上述两项公约在国际上并没有被广泛承诺和采用，未能达到统一国际货物买卖法的预期目的，联合国国际贸易法委员会于1969年成立了专门工作小组，在1964年两项公约的基础上制定一项统一的国际货物买卖法，力求使它能得到不同社会经济制度和不同法律制度的国家的广泛承认。专门工作小组于1978年完成了起草《国际货物销售合同公约》的任务；1980年3月在维也纳召开的外交会议上，《国际货物销售合同公约》获得通过。《国际货物销售合同公约》于1988年1月1日起生效。我国于1986年12月11日向联合国秘书长递交了关于该公约的核准书，成为该公约的缔约国。

（二）《国际货物销售合同公约》的结构

该公约除序言外，分为四个部分，第一部分：适用范围和总则；第二部分：合同的成立；第三部分：货物买卖；第四部分：最后条款。全文共101条。

（三）《国际货物销售合同公约》的内容

1.《国际货物销售合同公约》的适用范围

《国际货物销售合同公约》适用于国际货物买卖合同。对于什么是国际货物买卖合同，《国际货物销售合同公约》第一条明确规定，该公约适用于营业地在不同国家的当事人之间所订立的国际货物买卖合同。按照这一条的规定，可以认为《国际货物销售合同公约》

第五章　国际货物买卖法

确立了三个适用标准，分别规范合同的性质、合同的国际性标准、合同与缔约国的关系等内容，具体内容如下。

第一，《国际货物销售合同公约》适用的主体必须是营业地位于不同国家的当事人。《国际货物销售合同公约》采用了营业地标准，而不是以国籍为标准，也就是说，《国际货物销售合同公约》调整的应当是跨越国境的货物买卖合同，而不是一国境内主体之间的货物买卖合同。这就意味着，即使当事人国籍相同，只要营业地不同，那么他们所订立的货物买卖合同就属于《国际货物销售合同公约》调整的国际货物买卖合同；反之，如果当事人营业地相同，即使国籍不同，也不能认为他们订立的货物买卖合同属于《国际货物销售合同公约》调整的国际货物买卖合同。对于当事人有多个营业地的或者没有营业地的，《国际货物销售合同公约》规定了如下内容：如果当事人有一个以上的营业地，则以与合同及合同的履行关系最密切的营业地为其营业地，但要考虑双方当事人在订立合同前任何时候或订立合同时所知道或所设想的情况；如果当事人没有营业地，则以其惯常居住地为准。

第二，《国际货物销售合同公约》除了要求当事人的营业地位于不同国家，还要求这些国家都是该公约的缔约国；如果当事人的营业地所在国不是该公约的缔约国，则需要依据国际私法的规则适用某一缔约国的法律。也就是说，如果双方当事人的营业地都位于该公约的缔约国内，则他们之间的货物买卖合同就可以适用《国际货物销售合同公约》，除非当事人排除《国际货物销售合同公约》的适用；如果当事人一方或双方的营业地所在国不是该公约的缔约国，原则上当事人之间的货物买卖合同是不适用《国际货物销售合同公约》的，除非法院或仲裁机构根据国际私法的规则认为应当适用某个缔约国的法律时，《国际货物销售合同公约》才可以适用于该货物买卖合同。但是我国对该条款进行了保留，因此该内容对我国不适用。

第三，《国际货物销售合同公约》适用的对象是货物买卖合同。对于什么是货物买卖，《国际货物销售合同公约》没有专门规定，但《国际货物销售合同公约》中特别指出，该公约不适用于下列买卖合同：供私人和家庭使用的买卖；以拍卖方式进行的买卖；根据法律执行令状或其他令状进行的买卖；股票、投资证券、流通票据或货币的买卖合同；船舶或飞机的买卖；电力的买卖。《国际货物销售合同公约》之所以规定不适用于上述六种买卖合同，主要是因为这六种买卖的性质、标的、买卖形式等具有特殊性，与一般货物交易不同，因此该公约不适用。但是对于第一种买卖，该公约又指出，如果卖方在订立合同前任何时候或订立合同时不知道而且没有理由知道这些货物是供这种买卖使用的，则该公约仍然适用。

此外，《国际货物销售合同公约》还规定不适用于以下合同：订购货物的当事人保证供应这种制造或生产所需的大部分重要材料；或者供应货物一方的绝大部分义务在于供应劳力或其他服务的合同。在实践中，这就意味着来料加工、来件装配合同等都不适用《国际货物销售合同公约》，除非合同属于供应尚待制造或生产的货物的合同。

2. 《国际货物销售合同公约》的适用内容

《国际货物销售合同公约》只适用于货物买卖合同的订立，以及卖方和买方因此种合同而产生的权利和义务。也就是说，对于国际货物买卖合同，《国际货物销售合同公约》并不涉及以下内容：合同的效力，或其任何条款的效力，或任何惯例的效力；合同对所售货物的所有权可能产生的影响。另外，《国际货物销售合同公约》也不适用于卖方对于货物对任何人所造成的死亡或伤害的责任。对于这些《国际货物销售合同公约》未涉及的问题，应当在实践中适用国际私法的规则来处理。由于《国际货物销售合同公约》不涉及所有权争议，因此《国际货物销售合同公约》并没有和国际贸易中广泛使用的 FOB、CIF 及国际多式联运联系起来，这被认为是《国际货物销售合同公约》的局限性之一。

视野拓展

FOB

FOB（Free on Board），中文译名为船上交货价，亦称"离岸价"，是国际贸易术语之一。当货物在指定的装运港越过船舷，卖方即完成交货。这意味着买方必须从该点起承担货物灭失或损坏的一切风险。此外，卖方必须办理货物出口相关手续。本术语仅适用于海运或内河运输。货交承运人是国际贸易价格术语之一。卖方只要将货物在指定的地点交给买方指定的承运人，并办理了出口清关手续，即完成交货。交货地点的选择对于在该地点装货和卸货的义务会产生影响。若交货地点为卖方所在地，则当货物被装上买方指定的承运人或代表买方的其他人提供的运输工具时，即视为已履行了交货义务；否则，当货物在卖方的运输工具上，尚未卸货而交给买方指定的承运人或其他人照管时，即视为已履行了交货义务，卖方不负责卸货。本术语只限于海运、内河运输范围。

视野拓展

CIF

CIF 术语的中文译名为成本加保险费加运费（指定目的港），其原文为 Cost Insurance and Freight（Insert Named Port of Destination）。按此术语成交，货价的构成因素中包括从装运港至约定目的地港的通常运费和约定的保险费，故卖方除具有与 CFR 术语的相同的义务外，还要为买方办理货运保险、支付保险费。按一般国际贸易惯例，卖方投保的保险金额应按 CIF 价加成 10%。如买卖双方未约定具体险别，则卖方只需取得最低限度的保险险别，如买方要求加保战争保险，在保险费由买方负担的前提下，卖方应予加保，卖方投保时，如能办到，则必须以合同货币投保。

总之，《国际货物销售合同公约》并不是一个全面的、广泛的、包含一切内容的条约，

因此在适用时不可避免地会存在一些疑问。对此,《国际货物销售合同公约》要求凡该公约未明确解决的属于该公约范围的问题,应按照该公约所依据的一般原则来解决,在没有一般原则的情况下,则应按照国际私法规定适用的法律来解决;在解释该公约时,要求国内法院考虑到合同的国际性、公约的国际性质、促进公约统一适用,以及在国际贸易上遵守诚信的需要,善意地解释公约,而不要滥用公约。此外,双方当事人已同意的任何惯例和他们之间确立的任何习惯做法,对双方当事人均有约束力。除非另有协议,双方当事人应视为已默示地同意对他们的合同或合同的订立适用双方当事人已知道或理应知道的惯例,而这种惯例在国际贸易上已为有关特定贸易所涉同类合同的当事人所广泛知道并为他们所经常遵守。

3. 《国际货物销售合同公约》的适用不具有强制性

《国际货物销售合同公约》指出,该公约的适用不具有强制性,具体包括如下内容。

第一,当事人可以通过选择法律来排除《国际货物销售合同公约》的适用。合同的双方当事人的营业地分别位于《国际货物销售合同公约》的缔约国境内,在这种情况下,如果双方当事人已选择了法律作为合同准据法,则《国际货物销售合同公约》不再适用于该合同关系。但是如果双方当事人在合同中选择适用了国际贸易惯例,如《国际贸易术语解释通则》《华沙——牛津规则》等,则不能认为排除了《国际货物销售合同公约》的适用,因为这些惯例主要是用来确定买卖双方在交货方面的责任、风险划分、费用如何承担等问题的,其并不涉及合同违约及合同救济等内容,因此选择适用惯例并不排除《国际货物销售合同公约》的适用,二者是相互补充的。

合同准据法

合同准据法用以解决涉外经济合同应适用的特定法律问题。涉外经济合同至少涉及两个国家的法律,当合同发生纠纷时,被选择适用的法律就是合同准据法。合同准据法通常被用来解决合同内容的合法性、合同的解释与效力、合同义务的履行与消灭等问题。有的国家也用合同准据法来解决当事人缔约能力和合同方式的有效性问题。合同准据法的选择,有主观论与客观论之说。前者指根据当事人的意思来选择,即"当事人意思自治"原则;后者则指在当事人缺乏明示的法律选择时,由受理案件的法院或其他机构按照与该合同有关的客观因素,如当事人的国籍与住所、合同缔结地和履行地、物之所在地、法院地或仲裁地等,从而将与合同有实质联系的国家的法律确定为合同准据法。

第二,当事人可以通过法律来部分地排除公约的适用。合同的双方当事人还可以通过选择法律来部分地排除《国际货物销售合同公约》的适用,或者改变《国际货物销售合同公约》中的任何一条规定而代之以合同的规定。但是对于这种选择,《国际货物销售合同公约》要求当事人必须受到其营业地所在国在批准《国际货物销售合同公约》时所做的保留限制，即如果其营业地所在国对有关合同的订立、修改或终止等可以使用书面形式以外的形式提出保留的话，则当事人不能通过选择法律来改变这一保留的内容。

第三，当事人在未选择法律的情况下必须适用《国际货物销售合同公约》。这种情况指的是当事人的营业地分别位于缔约国境内，则当事人在没有选择法律的情况下，《国际货物销售合同公约》自动适用于他们之间的货物买卖合同。

第四，除了《国际货物销售合同公约》规定的适用内容，在实践中，一些法院和仲裁机构还发展出在合同和《国际货物销售合同公约》的缔约国没有关系的情况下适用《国际货物销售合同公约》的情况，主要可以归纳为以下三点。

（1）当事人合意选择该公约作为合同的准据法。即使当事人的营业地不是位于缔约国境内，但是如果当事人在合同中选择《国际货物销售合同公约》作为合同的准据法，则《国际货物销售合同公约》仍然可以适用。这是当事人意思自治原则在实践中的表现，而这一原则又是国际私法中涉外合同法律适用的首选原则，在实践中得到多数国家的承认。

（2）合同的并入条款。在有些国家，如英国，虽然其不是《国际货物销售合同公约》的缔约国，但是如果合同当事人将《国际货物销售合同公约》内容并入合同条款中，也予以承认，这就使得《国际货物销售合同公约》的内容像合同条款一样得到适用。

（3）商人法或商事习惯。在实践中，一些国家和国际仲裁机构认为《国际货物销售合同公约》是商人法或商事习惯，因此即使买卖合同一方或双方都不属于《国际货物销售合同公约》的成员方，也可以适用《国际货物销售合同公约》。

三、关于国际货物买卖的国际贸易惯例

国际贸易惯例是国际贸易法的渊源之一。在国际货物买卖中，双方当事人可以在他们的合同中规定采用某种国际贸易惯例，用以确定他们之间的权利和义务。目前，有关国际货物买卖的国际贸易惯例主要有以下几种。

（一）《国际贸易术语解释通则》

《国际贸易术语解释通则》是国际商会于1936年制定的，后来为使贸易术语适应现代科学技术和国际运输方式发展变化的需要，国际商会对其进行了多次修订和补充。现行的《2020年国际贸易术语解释通则》是国际商会根据国际货物贸易的发展对《2010年国际贸易术语解释通则》的修订版本，于2019年9月10日公布，2020年1月1日开始在全球范围内实施。《2020年国际贸易术语解释通则》在《2010年国际贸易术语解释通则》的基础上进一步明确了国际贸易体系下买卖双方的责任，其生效后对贸易实务、国际结算和贸易融资实务等方面都产生了重要的影响。

（二）美国《1941年对外贸易定义修订本》

美国《1941年对外贸易定义修订本》对美国在对外贸易中经常使用的贸易术语做了解释，具体规定了在各种不同的贸易术语中买卖双方在交货方面的权利和义务。它对FOB这一术语的解释，同国际商会制定的《国际贸易术语解释通则》中所做的解释有较大区别。美国的这项对外贸易定义，对南北美洲各国都有一定的影响。

（三）《华沙——牛津规则》

国际法协会于1928年在华沙制定了《CIF买卖合同统一规则》，其后曾进行了多次修订。最后一次修订是于1932年在牛津进行的。因这一规则首次制定地和最后一次修订地分别是华沙和牛津，故又称《华沙——牛津规则》。该规则共有21条，完全是针对"成本加运费、保险费合同（CIF）"制定的，它对CIF合同中买卖双方所承担的责任、费用与风险做了详尽的规定，曾在国际上有较大的影响，但目前由于《国际贸易术语解释通则》的普遍采纳已经基本失去影响。

（四）《国际商事合同通则》

《国际商事合同通则》（简称《通则》）是国际统一私法协会历经十余年，组织世界各主要法律体系的代表共同研究并于1994年5月制定的，它是一部关于国际商事合同（包括国际货物买卖合同）的重要规则，共有7章、119条。《通则》虽然不是一个国际性公约，不具有强制性，完全由合同当事人自愿选择适用，但是，由于它尽可能地兼容了不同法律体系的一些通用的法律原则，同时还吸收了国际商事活动中广为适用的惯例和规则，因而对于指导和规范国际商事活动具有很大的影响力。

此外，国际商会制定的《跟单信用证统一惯例》和《托收统一规则》也是与国际货物买卖有关的国际贸易惯例。这两项惯例主要涉及国际货物买卖支付中有关当事人的义务，已被世界各国银行广泛接受和采用。必须指出的是，上述各项国际贸易惯例并不具有普遍约束力，双方当事人可以采用，也可以不予采用，这完全由当事人决定。由于国际上对国际贸易惯例的解释已达到相当高度的统一，并且适用国际贸易惯例不仅可使本国的国际货物买卖不受外国法律的管辖，同时也是解决各国法律分歧的基础，因此，接受国际贸易惯例已成为当前国际上的大趋势。

第二节　国际货物买卖合同的成立

货物买卖合同是指卖方为了取得货款而将货物的所有权转移给买方的一种双务合同。根据这种规定，卖方的基本义务是交出货物的所有权，买方的基本义务是支付货款。这是货物买卖合同区别于其他种类合同的一个主要特点。国际货物买卖合同与一般货物买卖合同的区别则在于它具有国际因素。

一、国际货物买卖合同的概念与特征

（一）国际货物买卖合同的概念

国际货物买卖合同是指营业地处在不同国家境内的当事人之间，关于一方提供超越一国边界的出口货物、收取货款，另一方接收货物、支付货款的合同。提供出口货物的一方称为卖方或售方，也称出口商；接收货物的一方称为买方或购方，也称进口商。

（二）国际货物买卖合同的特征

国际货物买卖合同具有如下特征。

（1）国际货物买卖双方当事人的营业地必须位于不同的国家。这是国际货物买卖合同的基本特征。国际货物买卖合同区别于国内货物买卖合同的一个重要特征就是其国际性。如何确定一份货物买卖合同是否具有国际性，各国有不同标准，在国际上也曾引起过争论，如以当事人的国籍为标准、以当事人营业地为标准、以行为发生地为标准，或者以货物是否跨越国境为标准等。《国际货物销售合同公约》以当事人营业地为标准，规定该公约适用于"营业地在不同国家的当事人之间订立的货物销售合同"，而当事人的国籍则不予考虑。在这里，营业地标准是国际货物买卖合同的本质特征。如果双方当事人的营业地分处于两个国家，即使他们的国籍相同，他们之间订立的货物买卖合同仍属于国际货物买卖合同；如果双方当事人的营业地同处一国领域，即使他们的国籍不同，他们之间订立的货物买卖合同仍属于国内货物买卖合同。

（2）国际货物买卖的标的物必须是要进行跨越国境运输的有形动产。在现代国际贸易中，除了各种有形财产可以买卖，某些无形财产，如商标使用权、技术使用权等也可成为买卖的标的物，但是这类交易不属于货物贸易的范围而属于技术贸易的范围，因而要适用其他法律规定。而且，国际货物买卖的标的物要进行跨越国境的运输，才能把货物所有权有偿地从卖方转移到买方，这个特征决定了国际货物买卖的标的物必须是有形动产。

 **视野拓展**

有形动产
有形动产（Tangible Personal Property）是指可以感觉或触摸的，并且可以移动的财产。

 **视野拓展**

无形财产
无形财产（Intangible Assets）是指企业为生产商品、提供劳务、出租给他人，或为管理目的而持有的、没有实物形态的非货币性长期资产。

（3）国际货物买卖双方当事人的权利义务对等。买卖双方的权利义务对等，即卖方提供货物的义务与向买方收取货款的权利对等，买方收受货物的权利与向卖方支付货款的义务对等。双方当事人既是权利的享有者，也是义务的承担者，所以国际货物买卖合同也是双务有偿合同。

二、要约与承诺

（一）要约

1. 要约的概念

《国际货物销售合同公约》第十四条规定，向一个或一个以上特定的人提出的订立合同的建议，如果十分确定并表明要约人在得到承诺时承受约束的意思，即构成要约。

2. 要约的构成要件

要约应具备以下要件：要约应向一个或一个以上的特定人发出；要约的内容必须十分确定。《国际货物销售合同公约》规定，一个建议如果写明货物并且明示或暗示地规定数量和价格或规定如何确定数量和价格，即十分确定；要约人须表明当其要约被承诺时而受约束的意思。

3. 要约生效的时间

《国际货物销售合同公约》第十五条第一款规定，要约于其到达受要约人时生效。

4. 要约的撤回

《国际货物销售合同公约》第十五条第二款规定，一项要约，即使不可撤销的要约，都可以撤回，只要撤回的通知能在该要约到达受要约人之前或与其同时送达受要约人。

5. 要约的撤销

《国际货物销售合同公约》第十六条第一款规定，在合同成立以前，要约得予撤销，但撤销通知须于受要约人做出承诺之前送达受要约人。按照《国际货物销售合同公约》第十六条第二款的规定，在下列两种情况下，要约一旦生效即不得撤销：在要约中已经载明了承诺的期限，或以其他方式表示它是不可撤销的；受要约人有理由信赖该项要约是不可撤销的，并已本着该项要约的信赖行事。

（二）承诺

1. 承诺的概念

按照《国际货物销售合同公约》第十八条第一款的规定，受要约人以做出声明或以其他行为对某一要约表示同意，即承诺。

2. 承诺的构成要件

承诺应具备以下条件：承诺须由受要约人向要约人做出；承诺的方式必须符合要求。

缄默或不行动本身不等于承诺。承诺的实质是对要约表示同意。但是，受要约人在收到要约后，仅保持缄默，不采取任何行动对要约做出反应，则不能认为这是对要约的承诺；承诺的内容应当与要约的内容一致。

关于承诺与要约的一致性问题，《国际货物销售合同公约》第十九条规定，对要约表示承诺但载有添加、限制或其他更改的答复，即拒绝该项要约并构成反要约；但是，对要约表示承诺但载有添加或不同条件的答复，如所载的添加或不同条件在实质上并不变更该项要约的条件，除要约人在不过分迟延的期间内以口头或书面通知反对其间的差异外，仍构成承诺。如果要约人不做出这种反对，合同的条件就以该项要约的条件，以及承诺通知内所载的更改为准；有关货物价格、付款、货物质量和数量、交货地点和时间、一方当事人对另一方当事人的赔偿责任范围或解决争端等的添加或不同条件，均视为在实质上变更要约的条件。《国际货物销售合同公约》把承诺对要约内容的改变行为分为实质性变更和非实质性变更两种，并载明了不同的法律后果；承诺应当在要约的有效期限内做出。

视野拓展

要约与反要约的区别

要约是指希望和他人订立合同的意思表示。

反要约是指受要约人将原要约的内容加以扩张、限制或变更后而予以接受的行为。

3. 承诺生效的时间

《国际货物销售合同公约》对承诺生效的时间，采取的是到达生效的原则。《国际货物销售合同公约》第十八条第二款规定，接受要约于表示同意的通知送达要约人时生效。如果表示同意的通知在要约人所规定的时间内，如未规定时间，在一段合理的时间内，未曾送达要约人，则承诺无效，但须适当地考虑到交易的情况，包括要约人所使用的通信方法的迅速程度。对口头要约必须立即承诺，但情况有别者不在此限。第十八条第三款规定，如果根据该项要约或依照当事人之间确立的习惯做法或惯例，受要约人可以做出某种行为，如与发运货物或支付货款有关的行为，来表示同意，而无须向要约人发出通知，则承诺于该项行为做出时生效，但该项行为必须在上一条款所规定的期间内做出。

4. 逾期的承诺

按照各国的法律，逾期的承诺不能认为是有效的承诺，而应认为是一项新的要约。《国际货物销售合同公约》也认为逾期的承诺原则上是无效的。但是，按照《国际货物销售合同公约》第二十一条第一款的规定，逾期的承诺仍具有承诺的效力，只要要约人毫不迟延地以口头或书面形式将其认为该逾期的承诺仍属于有效的意思通知受要约人即可。《国际货物销售合同公约》第二十一条第二款还规定，如果载有逾期承诺的信件或其他书面文件

表明，依照它寄发时的情况，只要邮递正常，它应当是能够及时送达要约人的（但事实上却由于传递的延误而迟到了），则此项逾期的承诺应认为具有承诺的效力，除非要约人毫不迟延地用口头或书面形式通知受要约人，表示他的要约已因承诺逾期而失效。

5. 承诺的撤回

根据《国际货物销售合同公约》的规定，承诺是可以撤回的，只要撤回的通知于该项承诺生效之前或与承诺通知同时送达要约人即可。

三、国际货物买卖合同的内容与形式

（一）国际货物买卖合同的内容

国际货物买卖合同与其他合同一样，通常由三个部分组成：首部、正文、结尾。

1. 合同的首部

合同的首部是指合同的开头部分，通常由下列部分组成：合同序言；合同的名称；合同的编号；订约的日期；订约的地点；订约当事人的名称、地址等。合同的首部看起来对交易本身不产生直接影响，但在发生争议时，可能会产生严重的法律后果。如公司的全称，是有限责任公司还是合伙企业，就关系到合同主体的法律地位、所负的相应法律责任问题；又如合同中注明的订立合同的时间和地点，如果合同没有规定生效日期，那么就以签订日期为生效日期，如果合同没有明确规定双方当事人所选择的适用法律，那么合同就应受缔约地国家法律的约束。

2. 合同的正文

合同的正文是合同的核心部分，它主要通过基本条款来明确合同当事人之间权利义务关系。合同的正文主要包括以下基本条款：商品名称；品质条款；数量条款；价格条款；包装条款；保险条款；交货条款；支付条款；检验条款；索赔条款；不可抗力条款；仲裁条款；准据法条款（又称法律适用条款）；等等。

3. 合同的结尾

合同的结尾又称合同的尾部，主要包括签约日期、生效日期、双方当事人的签名或盖章、合同的份数及其效力、合同使用的文字及其效力等。

（二）国际货物买卖合同的形式

国际货物买卖合同的形式就是指买卖双方当事人达成买卖协议的意思表示的形式。大多数国家的法律在合同形式问题上都采取不要式原则，即不要求买卖合同必须采用某种法律特定的方式成立。按照这些国家的法律，买卖合同可以用任何方式订立。无论是书面合同、口头合同，还是以行为的方式来订立合同均无不可。德国、英国、瑞士等国法律都有这样的规定。《国际货物销售合同公约》的规定更为典型，其第十一条规定，销售合同无须以书面订立或书面证明，在形式方面也不受任何其他条件的限制。销售合同可以用包括人证在内的任何方法证明。

第三节　卖方和买方的义务

卖方和买方的义务是国际货物买卖法的核心内容。因为买卖双方订立合同之后，双方当事人都要履行合同。履行合同就是有关当事人按合同规定履行各自的义务，行使和实现各自的权利。各国买卖立法和《国际货物销售合同公约》都对卖方和买方的义务做了详细的规定。

一、卖方的义务

货物买卖合同中卖方的义务主要有交付货物、移交一切与货物有关的单据，把货物的所有权转移给买方。

（一）交付货物

各国法律对于交货的时间和地点的基本原则如下：如果合同有明确规定就按照规定执行，如果合同没有做出明确的规定，就应该按照合同所适用的法律办理。《国际货物销售合同公约》规定如下。

1. 关于交货地点

《国际货物销售合同公约》第三十条规定，卖方必须按照合同和本公约的规定交付货物，移交一切与货物有关的单据并转移货物所有权。第三十一条对交货地点做了明确规定。如果合同没有明确规定具体的交货地点，而该合同又涉及货物的运输，即要求卖方把货物运送给买方，则卖方的交货义务就是把货物交给第一承运人。在其他情况下，卖方的交货义务是在订立买卖合同时的营业地点把货物交给买方处置。

2. 关于交货时间

《国际货物销售合同公约》第三十三条对交货时间做了规定，如果合同中规定了交货的日期，或者从合同中可以确定交货日期，则卖方应在该日期交货；在其他情况下，卖方应在订立合同后的一段合理时间内交货。

3. 卖方的附随义务

《国际货物销售合同公约》除了要求卖方按照合同的约定或该公约规定的时间和地点交付货物，还要求卖方在履行该交货义务的同时履行相关的附随义务。《国际货物销售合同公约》第三十二条规定，如果卖方按照合同或本公约的规定将货物交付给承运人，但以货物上加标记或以装运单据或其他方式清楚地注明有关合同，则卖方必须向买方发出列明货物的发货通知；如果卖方有义务安排货物的运输，则其必须用合适的运输工具，把货物运到指定地点；如果卖方没有义务对货物的运输办理保险，则其必须向买方提供一切现有的必要资料，使买方能够办理这种保险。

（二）提交货物单据

在国际货物买卖中，与货物有关的单据很多，如提单、保险单、商业发票、货物原产地证书、商检证书，有时还可能包括领事发票、重量证书或品质检验证书等。这些单据是买方提取货物、办理报关手续、转售货物、向承运人或保险公司请求赔偿所必不可少的文件。

正因为单据如此重要，所以《国际货物销售合同公约》规定了卖方有移交单据的义务。《国际货物销售合同公约》第三十四条规定，卖方必须按照合同规定的时间、地点和方式移交这些单据。《国际货物销售合同公约》还规定，买方有保留按《国际货物销售合同公约》规定请求赔偿的权利。

我国《民法典》第五百九十八条规定，出卖人应当履行向买受人交付标的物或者交付提取标的物的单证，并转移标的物所有权的义务。第五百九十九条规定，出卖人应当按照约定或者交易习惯向买受人交付提取标的物单证以外的有关单证和资料。

领事发票

领事发票是出口方根据进口方国家驻出口国领事馆或其邻近地区领事馆规定的固定格式填制并经领事签证的发票。提供领事发票是有关货物进口报关的前提条件之一。有些国家不要求按固定格式填写，而规定由其领事在普通商业发票上签证，亦具有同等效力。凡要求提供领事发票的国家，在开出信用证时，一般都须加列提交领事发票的特别条款。出口商在向领事馆申请签证时，都要提供进口国的进口许可证，以资核签。各国领事馆计收的签证费不尽相同，有的是按每笔计收固定金额，有的则按货值计收若干成。

（三）卖方的品质担保义务

卖方的品质担保义务是指卖方对其所交的货物的质量、性能和用途方面应与其担保相符。大陆法系国家称之为对货物的瑕疵担保义务，英美法系国家称之为品质担保义务，并都做了相应的法律规定。英美法对于货物品质担保责任的规定比大陆法更加详细。其中有代表性的是《英国货物买卖法》与《美国统一商法典》的有关规定。《英国货物买卖法》第十二条至第十五条规定，卖方所出售的货物必须符合默示条件。《美国统一商法典》与《英国货物买卖法》不同，它不采取条件与担保的区别方法，而是将卖方对货物的担保义务分为明示担保与默示担保。

关于卖方对货物品质担保义务的规定主要体现于《国际货物销售合同公约》第三十五条。根据该条规定，合同对货物的质量、规格与包装方式有规定的，卖方所交付货物必须符合合同规定。此外,卖方交付的货物还必须符合下列要求:第一,货物适用于同一规格货物通常使用的目的;第二,货物适用于订立合同时买方曾明示或默示地通知卖方的任何特定的目的,除非情况表明买方并未依赖或没有理由依赖卖方的技能或判断力;第三,货物的质量与样品或模型相同;第四,货物按此类货物的通常方式装箱与包装,或者无此种通常方式,以一种足以保护货物的方式包装。

但《国际货物销售合同公约》同时规定,若买方在订立合同时知道或没有理由不知道货物与合同不符,则卖方无须按上述第一项和第二项规定承担货物与合同不符的责任。《国际货物销售合同公约》还对卖方承担上述义务的时间做了明确的规定。《国际货物销售合同公约》第三十六条规定,卖方应对货物在风险转移于买方时所存在的任何不符合合同的情形承担责任,即使这种不符合合同的情形是在风险转移于买方之后才明显表现出来的。如果风险转移给买方之后,货物发生腐烂、变质与生锈等情况以至于与合同要求不符,则卖方不承担责任。但也有例外的情况,即如果货物与合同要求不相符的情形要在风险转移给买方之后的一段时间后才能发现或显露出来,则卖方仍应承担责任。《国际货物销售合同公约》还规定,在某些情况下,卖方对货物在风险转移给买方之后发生的任何不符合合同要求的情形也应承担责任,即这种不符合合同情形的发生是由于卖方违反了他的某项义务,包括违反关于货物在一定的期限内将继续适用于其通常用途或某种特定用途的保证。

(四)卖方对货物的权利担保义务

卖方对货物的权利担保是指卖方应保证对其所出售的货物享有合法的权利,没有侵犯任何第三人的权利,并且任何第三人都不会就该项货物向买主主张任何权利。在货物买卖中,卖方最重要的义务就是保证他确实享有出售货物的所有权,或者卖方受货主的委托,作为代理人或受托人享有处分货物的权利。具体来说,卖方的权利担保义务主要包括以下三个方面的内容:卖方保证对其出售的货物享有合法的权利;卖方保证在其出售的货物上不存在任何未曾向买方透露的担保物权,如抵押权、留置权等;卖方应保证其所出售的货物没有侵犯他人的权利,包括商标权、专利权等。按照各国的法律,上述权利担保义务是卖方的法定义务,即使在买卖合同中对此没有做出规定,卖方依法仍应承担这些义务。

留置权

留置权,是指债权人因合法手段占有债务人的财物,在由此产生的债权未得到清偿以前留置该项财物并在超过一定期限仍未得到清偿时依法变卖留置财物,从价款中优先受偿的权利。留置权的效力主要体现为留置权人的占有权和优先受偿权。留置权人的占

> 有权须受一定限制，即除保管上的必要或经债务人同意外不得使用留置物，未经债务人同意不得将留置物出租或抵押。债权人就留置物优先交偿后，如留置物的价值超过应交偿范围，则应将剩余部分的价款返还给债务人；如果留置物的价值不足以清偿，则债权人可以请求补足。留置权人只能从留置财产中优先交偿根据本合同应得的款项，对于其他债务，不得利用本合同的财物行使留置权。

《国际货物销售合同公约》对卖方权利担保义务的规定比许多国家的法律更为详细和具体，主要表现在以下两点：卖方所交付的货物必须是第三方不能提出任何权利或请求的货物；卖方所交付的货物不得侵犯任何第三方的工业产权或其他知识产权。此外，《国际货物销售合同公约》还规定，卖方在已经知道或理应知道第三方对货物的权利或请求后，应在合理时间内通知买方，否则，买方就会丧失援引《国际货物销售合同公约》第四十一条和第四十二条所规定的权利，除非卖方对未及时通知买方能提出合理的理由。

二、买方的义务

买方的主要义务有两项：一是支付价款；二是收取货物。国际货物买卖远比国内贸易复杂，所以《国际货物销售合同公约》对国际货物买卖中买方的义务做了比较详细的规定，如下。

（一）支付货款

按照《国际货物销售合同公约》的规定，买方支付货款的义务涉及许多方面的问题，如履行必要的付款手续、合理确定货物的价格、确定付款的时间和地点等。对于这些问题，《国际货物销售合同公约》的规定比许多国家的国内法更为详细和具体。

（1）买方必须按约定支付货款。根据《国际货物销售合同公约》第五十三条的规定，买方必须按照合同和本公约规定支付货款和收取货物。按此规定支付货款是买方的基本义务。

（2）买方必须履行必要的付款手续。根据《国际货物销售合同公约》第五十四条的规定，买方支付货款的义务包括遵守合同或任何有关法律和规章规定的步骤及手续，以便支付货款。"步骤和手续"这一点在国际贸易中十分重要，因为国际贸易的付款程序远比国内贸易复杂。这些手续主要包括政府机关或银行登记合同；向政府有关部门申请进口许可证，取得所需的外汇；申请买方核准向国外汇款，向银行申请信用证或银行付款保函等。如不履行这些必要手续，届时货款将得不到支付，就会构成违约，卖方可就此行使解除合同和请求损害赔偿的权利。所以，《国际货物销售合同公约》把遵守必要的步骤及手续作为买方付款义务的一部分。

付款保函

付款保函是指担保银行应买方的申请而向卖方出具的,保证买方履行因购买商品、技术、专利或劳务合同项下的付款义务的书面文件。付款保函应买方、业主等的申请,向卖方、施工方保证,在卖方、施工方按合同提供货物、技术服务及资料或完成约定工程量后,如果买方、业主不按约定支付合同款项,则银行接到卖方、施工方索偿后代为支付相应款项。

(3)在价格待定合同中买方的付款义务。在国际货物买卖中,对货物的价格或确定货价的方法,一般都是在合同中做出规定,或者至少以某种默示的方法确定下来(如按上年交易的价格付款),但还会出现在某些情况下价款约定不明确或根本未约定价款,但事实上合同已经成立的情况(有些国家的国内法也允许这样做)。《国际货物销售合同公约》考虑到国际贸易发展的需要,规定只要能确定价格,其他条件已具备的合同就可订立。在此情况下,对于如何确定货物价格,《国际货物销售合同公约》第五十五条做了规定,即应视为双方当事人已经默示地同意按订立合同时此种货物在有关贸易的类似情况下的"通常价格"。

(4)付款地点。如果买卖合同对付款地点没有做出具体的规定,则买方应按《国际货物销售合同公约》第五十七条的规定,在下列地点向卖方支付货款。如果卖方有一个以上的营业地,则买方应在与该合同及合同的履行关系最为密切的那个营业地向卖方支付货款;如果卖方凭移交货物或单据支付货款,则买方应在移交货物或单据的地点支付货款。

(5)付款时间。《国际货物销售合同公约》第五十八条规定了买方支付货款的时间与条件。它包括以下三项内容:根据《国际货物销售合同公约》第五十八条第一款的规定,如果买卖合同没有规定买方应当在什么时候付款,则买方应当在卖方按合同和该公约的要求把货物或把代表货物所有权的装运单据(如提单)移交给买方处置时支付货款;如果合同涉及货物的运输,则买方可以在发货时订明条件,规定必须在买方支付货款时方可把货物或单据交给买方;买方在未有机会检验货物以前没有义务支付货款,除非这种检验的机会与双方当事人约定的交货或支付程序相抵触。

(二)收取货物

买方的另一项基本义务是收取货物。《国际货物销售合同公约》第六十条对买方收取货物的义务规定了两项要求:一是采取一切理应采取的行动,以期卖方能交付货物;二是按合同规定接收货物。

(1)采取一切理应采取的行动,以期卖方能交付货物。所谓理应采取的行动,是指买方必须根据合同的规定，积极采取便于卖方交货的行动。例如，为使卖方交货而规定必须由买方办理一些进口手续或证件；再如，如果买卖合同中规定的交货条件为 FOB 条件，那么买方就要安排货物的运送，并签订必要的运输合同以便让卖方将货物交给第一承运人运送给买方。

（2）按合同规定接收货物。《国际货物销售合同公约》规定的接收货物的要求是买方应在合同规定的时间和地点及时收取货物，不得无理拒收或故意迟延接货。即使买方有理由拒收货物，但只要货物运达目的港，买方便有义务按规定对货物实行保全。

第四节　违反合同的救济方法

在国际货物买卖中，区分不同的违约类型，是因为对于不同类型的违约，守约方可以采取的救济方式或者说违约方承担违约责任的方式是不同的。根本违反合同是指一方当事人因违反合同的结果，使另一方当事人蒙受损害，以至于实际上剥夺了他根据合同规定有权期待得到的东西，即为根本违反合同。是否构成根本违反合同，与当事人可能采取何种救济方法有直接的关系。

一、买卖双方都可以采取的救济方法

（一）损害赔偿

损害赔偿是指一方对其因违约或侵权行为给对方造成利益上的损害采取金钱上的补偿救济措施。在国际货物买卖中，损害赔偿涉及很多问题，《国际货物销售合同公约》《通则》，以及各国法律对此分别做了规定。

《国际货物销售合同公约》第七十四条对确定损害赔偿的范围做了如下规定：一方当事人违反合同应负的损害赔偿额，应与另一方当事人因他违反合同而遭受的包括利润在内的损失额相等。也就是说，损害赔偿的范围应该包括现实损失和利润损失（可得利益损失）两个方面。

《通则》将上述赔偿称为完全赔偿，《通则》本身也赞同这个观点。如《通则》第 7.4.2 条第（1）款规定，受损害方当事人对由于对方当事人违反合同而遭受的损害有权得到完全赔偿。此损害既包括受损害方当事人遭受的任何损失，也包括其被剥夺的任何收益，但应考虑到受损害当事人由于避免发生的成本或损害而得到的任何收益。

完全赔偿原则最大限度地规定了违约方的赔偿范围，但在实践中，有时要求违约方承担全部损失的赔偿是不尽合理的。因此，《国际货物销售合同公约》和各国法律提出了两个限制标准。

> **完全赔偿原则**
>
> 完全赔偿原则,是指因违约方的违约使受害人遭受的全部损失都应当由违约方负赔偿责任。完全赔偿是对受害人的利益实行全面的、充分保护的有效措施。

首先,损害赔偿应以违约方在订立合同时可以预见到的损失为限。因为双方当事人在订立合同时,对合同的效力是预知或理应预知的,正是基于这种认识,双方当事人才做出订立合同、承担合同义务的意思表示。所以,在合同成立后,违约方要对其在订立合同时所预知的违约后果承担责任。反之,如果违约所造成的损失超过了违约一方在订立合同时预知或理应预知的范围,则其不承担范围以外的责任。

其次,损害赔偿应扣除由于受损害方未采取合理措施使有可能减轻而未减轻的损失。根据世界各国法律的规定,当一方当事人违约时,另一方当事人必须及时采取必要的措施减少因违约而造成的损失或防止损失的扩大,否则,他就无权就本可避免的损失向违约方进行索赔。《国际货物销售合同公约》第七十七条规定,声称另一方违反合同的一方,必须按情况采取合理措施,减轻由于另一方违反合同而引起的损失,包括利润方面的损失。如果其不采取这种措施,则违反合同的一方可以要求从损害赔偿中扣除原可以减轻的损失数额。我国相关法律也做了有关规定。

(二) 对预期违约可采取的救济方法

所谓预期违约是指在合同规定的履行期到来之前,已有事实根据预示合同的一方当事人将不会履行其合同义务。《国际货物销售合同公约》规定,当发现一方当事人预期违约时,另一方当事人可采取下列救济方法。

1. 中止履行合同

根据《国际货物销售合同公约》第七十一条第一款的规定,如果订立合同后,另一方当事人由于下列原因显然将不履行其大部分重要义务,一方当事人可以中止履行义务。①他履行义务的能力或他的信用有严重缺陷。②他在准备履行合同或履行合同中的行为显示他将不履行其大部分重要义务。《国际货物销售合同公约》还规定了一方当事人中止履行合同时所必须采取的通知程序。根据《国际货物销售合同公约》第七十一条第三款的规定,中止履行义务的一方当事人不论是在货物发运前还是发运后,都必须立即通知另一方当事人,如另一当事人对履行义务提供了充分的保证,则他必须继续履行义务。

2. 解除合同

根据《国际货物销售合同公约》第七十二条的规定,如果在履行合同日期之前,明显看出一方当事人将根本违反合同,则另一方当事人可以解除合同;如果时间许可,打算宣告合同无效的一方当事人必须向另一方当事人发出合理的通知,使其可以对履行义务提供

第五章　国际货物买卖法

充分保证；如果另一方当事人已声明将不履行其义务，则上一款规定不适用。

（三）对分批交货合同发生违约可采取的救济方法

分批交货合同是指一个合同项下的货物分成若干批交货。《国际货物销售合同公约》第七十三条专门对分批交货合同发生违约的救济方法做了规定，对于分批交付货物的合同，如果一方当事人不履行对任何一批货物的义务，便对该批货物构成根本违反合同，则另一方当事人可以对该批货物解除合同；如果一方当事人不履行对任何一批货物的义务，使另一方当事人有充分理由断定其对今后各批货物将会发生根本违反合同，则另一方当事人可以在一段合理时间内解除合同对以后各批货物的效力；如果各批货物是互相依存的，在一方当事人对一批交货根本违反合同的情况下，另一方当事人可以解除整个合同。

二、卖方违反合同时买方的救济方法

卖方违反合同主要有以下三种情况：不交货；延迟交货；交付的货物与合同规定不符。根据《国际货物销售合同公约》的规定，如果卖方不履行其合同和该公约规定的义务，买方可以采取下列救济方法。

（一）要求卖方履行其合同义务

《国际货物销售合同公约》第四十六条规定，如果卖方不履行合同的义务，买方可以要求卖方履行其合同或该公约中规定的义务。但根据《国际货物销售合同公约》第二十八条的规定，当一方当事人要求另一方当事人履行某项义务时，法院没有义务做出判决要求另一方当事人具体履行此项义务，除非法院依照其本身的法律对不属于该公约范围的类似销售合同愿意这样做。

（二）要求卖方交付替代货物

《国际货物销售合同公约》第四十六条第二款规定，如果卖方所交付的货物与合同规定不符，而且这种不符合同的情形已构成根本违反合同，则买方有权要求卖方另外交付一批符合合同要求的货物，以替代原来那批不符合同的货物。

（三）要求卖方对货物不符合同之处进行修补

《国际货物销售合同公约》第四十六条第三款规定，如果卖方所交付的货物与合同规定不符，买方可以要求卖方通过修补对货物不符合同之处做出补救。

（四）给卖方一段合理的额外时间让其履行合同义务

《国际货物销售合同公约》第四十七条第一款规定，如果卖方不按合同规定的时间履行其义务，买方可以规定一段合理的额外时间，让卖方履行合同义务。

（五）卖方须对不履行义务做出补救

根据《国际货物销售合同公约》第四十八条的规定，除第四十九条的规定（关于解除合同）外，卖方即使在交货日期之后，仍可自付费用，对任何不履行义务做出补救，但这种补救不得给买方造成不合理的迟延，也不得使买方遭受不合理的不便，或买方无法确定卖方是否将偿付预付的费用。但是，买方保留该公约所规定的要求损害赔偿的任何权利。

（六）解除合同

根据《国际货物销售合同公约》第四十九条的规定，当卖方违反合同时，买方在下述情况下可以解除合同：卖方不履行其合同或该公约规定的任何义务，已构成根本违反合同；如果发生不交货的情况，卖方在买方规定的合理的额外时间内仍不交货，或卖方声明他将不在买方规定的合理额外时间内交货。

（七）要求减价

根据《国际货物销售合同公约》第五十条的规定，如果卖方所交的货物与合同不符，不论买方是否已经支付货款，买方都可以要求减价。减价按实际交付的货物在交货时价值与符合合同的货物在当时的价值两者之间的比例计算。但是，如果卖方已按该公约规定对其任何不履行合同义务之处做出了补救，或者买方拒绝接受卖方对此做出的补救，则买方不得减价。

（八）部分交货或部分合规时的救济方法

当卖方只交付部分货物或所交货物只有一部分符合合同规定时，买方可采取救济方法。根据《国际货物销售合同公约》第五十一条的规定，当卖方只交付一部分货物，或者卖方所交付的货物中只有一部分与合同的要求相符合时，买方只能对漏交的货物或对与合同要求不符的那一部分货物采取上述第四十六条至第五十条所规定的救济方法，包括退货、减价及要求损害赔偿等。但一般不能解除整个合同或拒收全部货物，除非卖方不交货，或者不按合同规定交货已构成根本违反合同，买方才可以解除整个合同。

（九）提前交货或超量交货的补救方法

当卖方提前交货或超量交货时，买方可以采取补救方法。根据《国际货物销售合同公约》第五十二条的规定，如果卖方在合同规定的日期以前交货，买方可以收取货物也可以拒绝收取货物。但如果卖方在提前交货遭拒绝后，等到合同规定的交货期临到的时候再次向买方提交货物，买方仍须收取这批货物。该公约还规定，如果卖方所交货物的数量大于合同规定的数量，则买方可以收取全部货物，也可以拒绝收取多交部分的货物，而只收取合同规定数量的货物，但不能拒收全部货物。如果买方收取多交部分的货物，则其必须按合同规定的价格付款。

（十）请求损害赔偿

根据《国际货物销售合同公约》第四十五条的规定，如果卖方违反合同，买方可以要求损害赔偿，而且买方要求损害赔偿的权利，不因其已采取其他补救方法而丧失。《国际货物销售合同公约》第七十五条和第七十六条对在解除合同的情况下，如何计算损害赔偿额的具体办法做了规定,主要有以下两种情形。

第一,如果买方已解除合同,而在解除合同后的一段合理时间内,买方已以合理的方式购买了替代货物,则买方可以取得合同价格和替代货物的交易价格之间的差额,以及因卖方违约而造成的其他损害赔偿,这种做法称为"实际补进"。

第二,如果买方在解除合同之后,没有实际补进原来合同项下的货物,而此项货物有时价,则买方可以取得原合同规定的价格和解除合同时的时价之间的差额,以及因卖方违约造成的任何其他损害赔偿。但是,如果买方在接收货物之后才解除合同,则应按接收货物时的时价与原合同规定的价格之间的差额计算,而不是按解除合同时的时价与原合同规定的价格之间的差额计算。这里所说的时价,是指合同原定交货地点的现行价格;如果该地点没有时价,则指另一合理替代地点的现行价格,但在这种情况下,应适当考虑货物运输费用的差额。

现行价格

现行价格是指现行经济生活中实际执行的价格,是现实的商品价值或价值转化形态的货币表现形式,是传递现实市场信息的媒介,包括现行的农副产品收购价格、工业品出厂价格、国营和供销合作社商业的商品零售价格、城乡集市贸易价格等。在我国,现行价格一般由国家或上级主管机关根据国家的有关方针政策、市场供求关系等因素决定。

三、买方违反合同时卖方的救济方法

买方违反合同主要有以下情形:不付款;延迟付款;不收取货物;延迟收取货物。根据《国际货物销售合同公约》的有关规定,买方出现上述违约情形时,卖方可以采取以下救济方法。

(一)规定一段合理的额外时间让买方履行其义务

如果买方没有在合同规定的时间内履行其合同义务,则卖方可以规定一段合理的额外时间让买方履行其义务。但在这种情况下,除非卖方已收到买方的通知,表明将不在卖方所规定的额外时间内履行其义务,否则卖方不得在这段时间内对买方采取任何救济方法。但卖方并不因此而丧失其对买方延迟履行合同可能享有的根据《国际货物销售合同公约》第七十六条要求损害赔偿的权利。

(二)解除合同

卖方在下列情况下,可以解除合同:如果买方不履行合同或《国际货物销售合同公约》的义务已经构成根本违反合同,即卖方因买方的违约行为遭到重大损失,以致实质上剥夺了卖方根据合同有权得到的东西，在这种情况下，卖方可以解除合同；如果卖方已经给买方规定了一段合理的额外时间，让买方履行其义务，但买方不在这段时间内履行其义务，或买方声明他将不在所规定的时间内履行其义务，则卖方亦可解除合同。但是，如果买方已经支付了货款，卖方在原则上就丧失了解除合同的权利，除非对于买方延迟履行义务，卖方在知道买方履行义务前已解除合同；对于买方延迟履行义务以外的任何违反合同的情事，卖方必须在知道或理应知道这种违约情事后的一段合理的时间内解除合同，否则卖方亦将失去解除合同的权利。根据《国际货物销售合同公约》第八十一条至第八十四条的规定，当买方或卖方解除合同后，就解除了双方在合同中规定的义务，卖方不需要交货，买方也不需要支付货款，如果卖方已经交货，则其可以要求买方归还货物。特别值得注意的是，按照《国际货物销售合同公约》的规定，解除合同并不终止违约一方对其违约所引起的一切损害赔偿责任，也不终止合同中关于解决争议的任何规定。

（三）自行确定货物的具体规格

根据《国际货物销售合同公约》第六十五条第一款的规定，如果买方在合同规定的时间内或在收到卖方要求后的一段合理时间内没有提出具体规格要求，则卖方在不损害其可能享有的权利（如请求损害赔偿的权利）的情况下，可以依照其所知道的买方的要求，自行确定货物的具体规格。

（四）请求损害赔偿

当买方违反其合同义务或《国际货物销售合同公约》所规定的义务时，卖方有权请求损害赔偿。而且根据《国际货物销售合同公约》的规定，卖方请求损害赔偿的权利，不因其已采取上述其他补救方法而受到影响。

（五）要求支付利息

如果买方没有支付货款或任何其他拖欠金额，卖方有权对这些款额收取利息，但这并不妨碍卖方根据《国际货物销售合同公约》第七十四条规定取得损害赔偿。

本章小结

1. 国际货物买卖法是调整国际货物买卖过程中所产生的卖方和买方之间的权利义务关系的法律规范的总称。

2. 在国际货物买卖中，双方当事人可以在他们的买卖合同中规定采用某种国际贸易惯例，用以确定他们之间的权利和义务。

3. 货物买卖合同是指卖方为了取得货款而将货物的所有权转移给买方的一种双务合同。

4. 买卖双方的权利义务对等，即卖方提供货物的义务与向买方收取货款的权利对等，买方收受货物的权利与向卖方支付货款的义务对等。

5. 按照各国的法律，逾期的承诺不能认为是有效的承诺，而只是一项新的要约。

6. 国际货物买卖合同的形式就是指买卖双方当事人达成买卖协议的意思表示的形式。

7. 损害赔偿是指一方对其因违约或侵权行为给对方造成利益上的损害采取金钱上的补偿救济措施。

8. 预期违约是指在合同规定的履行期到来之前，已有事实根据预示合同的一方当事人将不会履行其合同义务。

9. 分批交货合同是指一个合同项下的货物分成若干批交货。

10. 当买方违反其合同义务或《国际货物销售合同公约》所规定的义务时，卖方有权请求损害赔偿。

复习思考题

1. 请介绍《国际货物销售合同公约》的适用内容。
2. 《国际货物销售合同公约》指出该公约的适用不具有强制性，具体包括哪些内容？
3. 什么是国际货物买卖合同？
4. 交付的货物还必须符合哪些要求？
5. 卖方的权利担保义务主要包括哪些内容？
6. 《国际货物销售合同公约》第七十五条和第七十六条对在解除合同的情况下，如何计算损害赔偿额的具体办法做了规定，主要有哪两种情形？

第六章

国际货物运输法和保险法

学习目标

- 了解国际货物运输法
- 理解国际货物保险法
- 了解其他国家国际货物保险法

开篇案例

阿登内斯轮代理人对一批橘子的托运人口头保证:该货轮在西班牙港口塔黑纳装上该批橘子后,将直接驶往伦敦并卸货。但是该货轮并没有直接驶往伦敦,而是驶向了比利时的安特卫普。结果当托运人的橘子到达伦敦时,橘子的进口关税提高了,且由于其他橘子的大量到货,橘子的价格下降。托运人认为如果该货轮是依口头约定直驶伦敦的,则关税的提高和价格的下降都应该是在该货轮到达之后发生。于是托运人向法院起诉,要求承运人承担损失。但是承运人辩称:提单载明承运人可以任意经由任何航线直接或间接到达伦敦。因此,承运人是否应负责?此案将如何判定?

辩证思考:

提单在本案中只能是运输合同的证明,双方的口头约定是当事人双方意思表示一致的体现,即海上货物运输合同,提单通常是在货物装船以后签发的,只是证明海上货物运输合同已经订立并已在履行。因此,提单不能对抗运输合同。

第六章　国际货物运输法和保险法

第一节　国际货物运输法

国际货物运输包括国际海上货物运输、航空货物运输、铁路货物运输，以及多式联运等多种方式。其中，国际海上货物运输是十分重要的国际货物运输方式。国际货物运输是国际货物买卖得以实现的方式，也是将整个国际货物运输保险、国际支付有机联系起来的重要环节。

一、国际货物运输概述

（一）国际货物运输的概念

国际货物运输是指通过一种或多种运输方式，将货物从一国（地区）的某一地点运至另一国（地区）的某一地点。国际货物运输是国际贸易的重要组成部分，它与国际货物买卖具有十分密切的联系，但它又可以独立于国际货物买卖，两者从属于不同的法律关系范畴。

（二）国际货物运输的特征

国际货物运输具有以下几方面的特征：国际货物运输的对象货物要进行跨越国境的运输；国际货物运输一般是通过国际货物运输合同来实现的；风险较大，因此国际货物运输与国际货物运输保险密切相关；在法律适用上，适用的法律主要是国际公约、国际惯例，但往往也受国内海商法、航空运输法、铁路、公路运输法的制约。在国际货物运输中，涉及的运输方式很多，包括海上运输、公路运输、内河（海）运输、邮政运输、管道运输、铁路运输、航空运输、多式联运等。其中，海上运输是十分重要的一种国际货物运输方式，这不仅是因为它的运输量大、成本低，而且从历史上看，国际贸易主要是从航海贸易发展起来的，许多有关国际贸易的法律和惯例也是从长期的航海贸易实践中产生的。

国际公约
国际公约（International Convention）是指国际间有关政治、经济、文化、技术等方面的多边条约。公约通常为开放性的，非缔约国可以在公约生效前或生效后的任何时候加入。

二、主要的国际货物运输法（海上+航空+铁路+多式联运）

（一）国际海上货物运输法

1. 国际海上货物运输的概念

国际海上货物运输是指两个不同国家港口之间的海上货物运输。在国际海上货物运输中，承运人和托运人签订海上货物运输合同，由承运人收取运费，负责将托运人托运的货物经海路由一港运至另一港。在国际贸易实践中，国际海上货物运输有两种方式：一种是班轮运输，另一种是租船运输。

2. 国际海上货物运输合同的种类

国际海上货物运输合同一般可以分为以下三种。

（1）班轮运输合同。班轮运输是指承运人按照固定航线，挂靠固定港口，固定船期，按照固定费率，用指定船舶将托运人的货物从指定的装运港运往预定的目的港的运输方式。在班轮运输中，通常采用船长签发提单的方式，班轮的承运人受有关提单运输的法律和国际公约约束。

（2）租船合同。租船合同包括航次租船合同和定期租船合同，但在实践中，租船合同主要指航次租船合同。航次租船合同适用于不定期运输，承运人不是按照固定的航线、固定的港口运输货物，而是依据租船合同的要求运输货物的。在租船运输中，各国一般允许当事人自由订立租约，不受有关提单运输的法律或国际公约的调整。但是在海运实践中，由于贸易的需要，各国法律都承认租船人可以签发提单。例如，我国《海商法》第七十二条第一款规定了货物由承运人接收或装船后，应托运人的要求，承运人应当签发提单。《统一提单若干法律规则的国际公约》（又称《海牙规则》）、《汉堡规则》中也有类似规定。此时承运人和提单都适用有关提单的法律规定。

（3）货运协议、货运总合同或货运数量合同。此类合同一般适用于大宗货物运输，由托运人或货主与承运人或船东订立货运协议，约定在一定时期内，由承运人负责承运托运人交运的货物数量、每批货批量、船舶吨位、装港和到港、运价等。根据双方的协议，双方做出具体的运输安排，在具体完成每一次装船任务后再签发提单作为运输合同的证明或者签订航次租船合同。

3. 国际海上货物运输合同的成立

国际海上货物运输合同由国际海上货物运输合同的当事人订立。在提单运输中，国际海上货物运输合同的当事人一方是承运人，另一方是与承运人签订运输合同的托运人或发货人，也可能是收货人。具体的权利义务关系，依据提单内容确定。正如我国《海商法》第七十八条第一款的规定，承运人同收货人、提单持有人之间的权利义务关系依据提单的规定确定。在租船合同中，航次租船合同的当事人是承租人和出租人。在货运协议中，合同当事人是托运人和承运人。海上货物运输合同一般采取书面形式订立，承运人或托运人可以要求书面确认海上货物运输合同的成立。航次租船合同也应当书面订立。我国法律还确认，电报、电传和传真具有书面效力。海上货物运输合同一旦成立，就具有法律效力，对各方当事人都具有约束力。任何一方都有义务履行合同项下的义务。

对于国际海上货物运输合同，各国法律中一般都允许当事人意思自治。我国法律中就明确规定，合同当事人可以选择处理合同争议所适用的法律；当事人没有选择的，适用与合同有最密切联系的国家的法律。

4. 调整国际海上货物运输合同的立法

各国都制定了相应的国内立法或者通过相关的判例来调整有关海上货物运输的法律关系。例如，我国《海商法》中具体规定了海上货物运输的法律关系、各方的权利与义务等。

有关调整国际海上货物运输的国际公约包括《海牙规则》、《修改统一提单若干法律规则的国际公约议定书》（又称《维斯比规则》）、《汉堡规则》。为了统一各国有关提单运输的法律规则，国际法协会于1921年在荷兰召开会议，并于1924年在布鲁塞尔通过了《海牙规则》。该规则目前是调整提单运输的重要国际公约。随着科技的发展，集装箱运输方式的出现和迅猛发展使国际海上货物运输方式发生了重大变革，《海牙规则》的内容已无法适应新形势发展的需要。到了20世纪50年代末，要求修改《海牙规则》的呼声日益强烈。国际海事委员会于1968年6月23日在布鲁塞尔外交会议上通过了《维斯比规则》，《维斯比规则》于1977年6月23日生效。《维斯比规则》是《海牙规则》的修改和补充，故常与《海牙规则》一起称为《海牙——维斯比规则》。随着国际贸易和海运的发展，要求修改《海牙规则》的呼声不断。1978年3月，在德国汉堡召开的《联合国海上货物运输公约》外交会议上，联合国国际贸易法委员会拟定了草案，通过了《汉堡规则》，《汉堡规则》于1992年11月1日生效。

（二）国际航空货物运输法

1. 国际航空货物运输的法律调整

国际航空货物运输由于运输快捷、安全而受到较为广泛的应用。国际航空货物运输主要受国际公约调整，包括两个体系：芝加哥公约体系和华沙公约体系。其中，芝加哥公约体系确立了国际航空运输管理体制，使国际民用航空得以安全有序的发展；华沙公约体系则规定了国际民用航空中的责任制度，确立了国际民用航空中的赔偿责任制度。华沙公约体系主要由以下公约组成。

（1）《统一国际航空运输某些规则的公约》（又称《华沙公约》），1929年在华沙签订，1933年2月生效，我国于1958年加入该公约。

（2）《修改1929年统一国际航空运输某些规则的公约议定书》（又称《海牙议定书》），1963年8月1日生效，我国于1975年加入该公约。

（3）《统一非缔约承运人所办国际航空运输某些规则以补充华沙公约的公约》（又称《瓜达拉哈拉公约》），1964年1月生效，我国尚未加入该公约。

（4）《蒙特利尔附加议定书》。1975年，国际民航组织在蒙特利尔召开会议，签订了四个《蒙特利尔议定书》，修改了《华沙公约》的部分内容。

上述公约在内容上互相关联，但在法律上各自独立。一个国家可以加入其中一个公约，也可以同时加入两个或三个公约，或者选择参加其中一个《蒙特利尔议定书》，也可以不参加。各国有权决定其选择参加的公约及其议定书，一旦加入，就受该公约的约束。

2. 航空运货单

航空货运单是当事各方订立国际航空货物运输合同的证明。

1）航空运货单的签发

《华沙公约》规定，货物承运人有权要求托运人填写航空货运单，托运人有权要求承运人接收航空货运单。托运人填写航空货运单正本一式三份，连同货物交给承运人。其中第一份注明"交承运人"，由托运人签字；第二份注明"交收货人"，由托运人和承运人签字，并附在货物上；第三份由承运人在接收货物后签字，交给托运人。

2）航空运货单的性质

在没有相反的证据时，航空货运单是订立契约、接收货物和承运条件的证明。但是航空货运单不具有物权凭证的作用，因此不具有流通性，不可转让。这一点是航空运货单和提单最大的差别。

3）航空运货单的内容

航空货运单上一般包括以下各项：货运单的填写地点和日期；起运地和目的地；当起运地和目的地均在同一缔约国领土内，而在另一个国家有一个或数个约定的经停地点时，注明至少一个此种经停地点；托运人的名称和地址；第一承运人的名称和地址；必要时应写明收货人的名称和地址；货物的性质；包装件数、包装方式、特殊标志或号数；货物的重量、数量、体积或尺寸；货物和包装的外表情况；如果运费已经议定，则应写明运费金额、付费日期和地点，以及付费人；如果是货到付款，则应写明货物的价格，必要时还应写明应付的费用。

3. 托运人的责任

（1）托运人应保证航空货运单上所填写的关于货物的各项说明和声明的正确性。由托运人所提供的说明及声明不符合规定、不正确或不完全导致的一切损害，应由托运人负责赔偿。

（2）托运人有权在起运地航空站或目的地航空站将货物提回，或在途中经停时中止运输，或在目的地或运输途中交给非航空货运单上所指定的收货人，或要求将货物退回起运地航空站，但不得因为行使这种权利而使承运人或其他托运人遭受损害，并且应该偿付由此产生的一切费用。

（3）托运人应该提供各种必需的资料，以便在货物交付收货人以前完成海关、税务或公安手续，并且应该将必需的有关证件附在航空货运单后面。

4. 承运人的责任

1）责任期间

对于任何已登记货物因毁灭、遗失或损坏，以及延迟而产生的损失，如果造成这种损失的事故发生在航空运输期间，包括货物由承运人保管期间，则不论是在航空站内、在航空器上还是在航空站外降落的任何地点，承运人都应承担责任。

2）责任限额

在载运货物时，承运人的责任限额不得超过有关规定，除非托运人在交运包件时，曾特别声明在目的地交付时的利益并缴付必要的附加费。在后一种情况下，除非承运人能证明托运人声明的金额高于托运人在目的地交付时的实际利益，否则承运人应在不超过声明金额的范围内负赔偿责任。

3）责任豁免

在下列情况下，承运人可以要求免除其对货物损害或灭失等的责任：承运人如果可以证明自己和他的代理人为了避免损失的发生，已经采取一切必要的措施，或不可能采取这种措施，则其可以不负责任；在运输货物和行李时，承运人如果可以证明损失是由驾驶上、航空器的操作上或领航上的过失所致的，而在其他一切方面承运人和他的代理人已经采取了一切必要的措施以避免损失，则其可以不负责任（但该条款后来被《海牙议定书》删除）；承运人如果可以证明损失是由受害人的过失所引起或助成的，则法院可以按照本国法律规定免除或减轻承运人的责任；承运人如果可以证明损失是由所运货物的属性或本身质量缺陷造成的，则其可以不负责任。

5. 索赔通知和诉讼

1）索赔通知

如果货物有损坏，收件人应该在发现损坏后，立即向承运人提出异议，最迟应该在收到货物后 14 天内提出。如果有延迟，最迟应该在货物交由收件人处置之日起 21 天内提出异议。由几个连续承运人办理的运输，托运人有向第一承运人提出诉讼的权利，有权提取货物的收货人也有向最后承运人提出诉讼的权利。此外，托运人和收货人都可以对发生毁灭、遗失、损坏或延迟的一段运输的承运人提出诉讼。这些承运人应该对托运人和收货人负连带责任。

2）诉讼时效期间

诉讼应该在航空器到达目的地之日起，或应该在到达之日起，或从运输停止之日起两年内提出，否则就丧失追诉权。

3）管辖法院

有关赔偿的诉讼，货主可以根据自己的意愿选择以下缔约国的法院提出诉讼请求：承运人的住所地；承运人的总管理处所在地；签订合同的机构所在地；目的地。诉讼程序应根据受理法院的法律规定办理。

（三）国际铁路货物运输法

国际铁路货物运输是一种仅次于国际海上货物运输的主要运输方式。与其他运输方式相比，国际铁路货物运输具有如下特点：运输量大，适合大宗货物的运输；运输速度快、成本低，因此适合体积大、价值低、路途长的货物的运输；准确性高，受天气影响小。目前，调整国际铁路货物运输的国际公约有两个：一个是《关于铁路货物运输的国际公约》（简称《国际货约》），1961 年在伯尔尼签订，1975 年生效，其主要成员是欧洲的一些国家；另外一个是《国际铁路货物联合运输协定》（简称《国际货协》），1951 年在华沙签订，其主要成员是东欧的一些国家，以及朝鲜、越南等国，该公约于 1974 年 7 月 1 日生效。我国于 1953 年加入《国际货协》。

在实践中，参加《国际货协》的部分成员同时也是《国际货约》的成员，这就为国际铁路货物联运的发展提供了便利的条件。所谓的国际铁路货物联运是指经由两个或两个以上的国家的铁路货物运输，运送人使用一份统一的单据，并承担连带责任。在实践中，散杂货运输也可以采取国际铁路货物联运的方式进行。考虑到我国是《国际货协》的成员，这里主要介绍该协定的主要内容。

1. 《国际货协》的适用范围

《国际货协》适用于各缔约国间的铁路货物运输，对铁路、发货人和收货人都有约束力。但是《国际货协》不适用于以下情况：发、到站都在一国境内，而用发送国的列车只通过另一国家过境运送时；两国车站间，用发送国或到达国列车通过第三国过境运送时；两邻国车站间，全程都用某一方铁路的列车，并按照该国的国内规章办理货运时。

2. 运输合同的订立

发运人在托运货物的同时，应针对每批货物按规定的格式填写运单和运单副本，由发货人签字后向始发站提出。从始发站承运货物（连同运单）时起，运输合同成立。在发货人提交全部货物和付清其所负担的一切费用后，货物的承运以运单上加盖戳记为凭，证明货物已经承运，运输合同已经缔结。运单是运输合同的凭证，同时也是铁路在终点站向收货人核收运杂费用和点交货物的依据。但运单和海运中的提单不同，运单不是物权凭证，不能转让。

 视野拓展

物权凭证

物权凭证是指代表所有权的凭证，如仓库、提单（B/L）、提货单、债券（Bonds）、股票及息票等，以及在通常商业或融资过程作为证明持有人有权受领、占有及处分该凭证及其有关货物的任何其他凭证。一般提单是货物所有权的凭证（物权凭证），谁持有提单，谁就可以提货。对于提单持有人，不管其是否为该货的主人，只要其能递交提单，就可提货。物权凭证可分为流通或转让与不流通或不转让两类，我们一般使用的物权凭证属于可转让凭证。

3. 发货人对运单中记载事项的责任

发货人应对其在运单中所填报和声明事项的正确性负责。由记载和声明事项的不正确、不确切或不完备，以及由于未将应填报事项记入运单相应栏内导致的一切后果，均由发货人负责。铁路有权检查发货人在运单中所记载的事项是否正确，但铁路一般不得在途中检查货物的内容。

4. 有关运费的计算、货物的交付和拒收

《国际货协》规定了运费的计算方法，以及各国铁路之间的清算办法，同时还规定了货物的交付和拒收，以及铁路对货物的留置权。按照《国际货协》的规定，货物运抵到达站，在收货人付清运单所载的一切应付的运送费用后，铁路必须将货物连同运单一起交给收货人；收货人则应付清运送费用并领取货物。收货人只有在货物因毁损或腐坏而使质量发生变化，致使全部或部分货物不能按原有用途使用时，才可以拒绝领取货物；否则，即使运单中所载的货物部分短少，也应按运单向铁路支付全部款额。如果铁路在货物运到期限期满后 30 天内未将货物交付收货人或未交由收货人处理，则收货人可不提出证据即认为货物已经灭失。但是，如果货物在上述期限届满后运抵到达站，则到达站应将此事通知收货人。如果货物在运到期限届满后 4 个月到达，则收货人应当领取，并将铁路所支付的货物灭失赔款和运送费用退还给铁路，但收货人保留提出赔偿请求的权利。

5. 承运人的责任

（1）承运人的基本责任：按运单承运货物的铁路，应对货物负连带的责任；铁路还应对发货人在运单内所记载并填附的文件由于铁路的过失而遗失的后果负责，并应对由于铁路的过失未能执行有关要求变更运输合同申请书的后果负责。

（2）铁路的免责事项：如果承运的货物由于铁路不能预防和不能消除的情况，或者由于发货人或收货人的过失或由于其要求，而不能归咎于铁路的；或者由于铁路的特殊自然性质，以致引起自燃、损坏、生锈、内部腐坏及类似的后果造成全部或部分灭失、减量或毁损时，铁路不负责任。

（3）铁路的赔偿限额：铁路对货物赔偿损失的金额，在任何情况下，都不得超过货物全部灭失时的金额。如果货物发生全部或部分灭失，则铁路的赔偿金额应按外国售货者在账单上所开列的价格计算；如果发货人对货物的价格另有声明，则铁路应按声明的价格予以赔偿。如果货物遭受毁损，则铁路应赔付相当于货物价格减损时的款额，而不赔偿其他损失。如果货物运到逾期，则铁路应以所收运费为限，按超逾期限的长短，向收货人支付规定的逾期罚款。

6. 赔偿请求

发货人和收货人有权根据运输合同提出赔偿请求。在提出赔偿请求时，应附有相应根据并注明款额，以书面方式由发货人向发站提出，或由收货人向到达站提出。

7. 诉讼时效

有关当事人依据运输合同向铁路提出的赔偿请求和诉讼，以及铁路对发货人和收货人关于支付运送费用、罚款和赔偿损失的要求和诉讼，应在货物运达后 9 个月期间内提出；但关于货物运到逾期的赔偿请求和诉讼，应在货物运达后 2 个月期间内提出。

8. 管辖权

凡有权向铁路提出赔偿请求的人，只有在提出赔偿请求后，才可以向受理赔偿请求的铁路所属国家有管辖权的法院提起诉讼。

（四）国际货物多式联运的相关法律制度

1. 国际货物多式联运的法律问题

由于集装箱、滚装船等运输方式大大降低了国际货物运输的成本，减少了国际货物运输的风险，因此在近年来得到广泛的发展。同时，其中贯彻的门到门的概念促进了国际货物多式联运的发展。尽管国际多式联运经营人原则上依据合同对货物的权利人承担责任，无论货物损失发生在海上还是陆地上，但是国际货物多式联运也出现了一些法律问题，其中比较典型的问题如下。

（1）在国际货物多式联运合同中，如何适用法律？不同的运输模式适用不同的公约或法律规则，如海上货物运输适用《海牙规则》《维斯比规则》《汉堡规则》、航空货物运输适用《华沙规则》、铁路货物运输适用《国际货约》等。如果货物在运输阶段发生货损，则应适用哪一个公约，又应如何确定当事人的权利义务、责任免除，以及责任限制呢？如果要依据货物运输时处于哪一个运输阶段来适用法律、确定责任，那么国际货物多式联运就失去了意义。

（2）关于运输单据的法律性质。传统上只有承运人签发的提单才作为货物的物权凭证，而航空货运单和铁路运单不能作为货物的物权凭证，在货物装船前签发的货物收据或其他多式联运单据也不能作为货物的物权凭证，这样就使国际货物多式联运单据的法律性质处于不确定状态，不能解决国际货物运输中的法律问题。

2. 《联合国国际货物多式联运公约》

为了解决上述问题，国际社会希望达成一个统一的公约，制定统一的法律。由于发展中国家的兴起，最终促成了联合国贸易和发展会议制定通过了《联合国国际货物多式联运公约》。该公约是发展中国家和发达国家之间协调的产物，也反映了《汉堡规则》对其制定的影响。

1）国际货物多式联运的定义

国际货物多式联运是指按照多式联运合同，以至少两种不同的运输方式，由多式联运经营人将货物从一国境内接管货物的地点运送到另一国境内指定交付货物的地点。《联合国国际货物多式联运公约》的各项规定适用于两国境内各地之间所有的多式联运合同，条件是多式联运合同规定的多式联运经营人接管货物的地点在一个缔约国境内，或多式联运合同规定的多式联运经营人交付货物的地点在一个同缔约国境内。但为履行单一方式运输合同而进行的该合同所规定的货物接送业务不应视为国际货物多式联运。

2）国际货物多式联运单据

多式联运单据是指证明多式联运合同，以及证明多式联运经营人接管货物并负责按照合同条款交付货物的单据。多式联运单据应由多式联运经营人或经他授权的人签字。多式联运经营人在接管货物时应签发一项多式联运单据，该单据应依发货人的选择，或为可转让多式联运单据或为不可转让多式联运单据。所谓的可转让多式联运单据，是指多式联运单据以可转让的方式签发时，应列明按指示或向持票人交付。如列明按指示交付，须经背书后转让；如列明向持票人交付，无须背书即可转让；如签发一套一份以上的正本，应注明正本份数；如签发任何副本，每份副本均应注明"不可转让副本"字样。只有交出可转让多式联运单据，并在必要时经正式背书，才能向多式联运经营人或其代表提取货物。如果签发一套一份以上的可转让多式联运单据正本，而多式联运经营人或其代表已正当地按照其中一份正本交货，则该多式联运经营人已履行其交货责任。所谓的不可转让多式联运单据，是指多式联运单据以不可转让的方式签发时，应指明记名的收货人。多式联运经营人将货物交给此种不可转让的多式联运单据所指明的记名收货人或经收货人通常以书面正式指定的其他人后，该多式联运经营人即已履行其交货责任。多式联运单据应是该单据所载明的货物由多式联运经营人接管的初步证据。如果多式联运单据以可转让方式签发，而且已转让给正当地信赖该单据所载明的货物状况的、包括收货人在内的第三方，则多式联运经营人提出的反证不予接受。

3）多式联运单据的记载内容

一般来讲，多式联运单据应当载明下列事项：货物品类、识别货物所必需的主要标志（如属危险货物则应载明其危险特性的明确声明）、包数或件数、货物的毛重或其他方式表示的数量；货物外表状况；多式联运经营人的名称和主要营业所；发货人名称；收货人名称（如经发货人指定收货人）；多式联运经营人接管货物的地点和日期；交货地点；关于遵守公约的声明等。多式联运单据记载事项的缺少，并不影响该单据作为多式联运单据的法律性质。

4）多式联运经营人的赔偿责任

（1）责任期间。多式联运经营人对于货物的责任期间，自其接管货物之时起到交付货物时为止。

（2）责任承担。多式联运经营人对他的受雇人、代理人和其他人负赔偿责任。多式联运经营人应对他的受雇人或代理人在其受雇范围内行事时的行为或不行为负赔偿责任，或对他为履行多式联运合同而使用其服务的任何其他人在履行合同的范围内行事时的行为或不行为负赔偿责任。

（3）赔偿责任的基础。多式联运经营人对于发生在其掌管期间的货物的灭失、损坏和延迟交付所引起的损失承担完全过失责任，除非多式联运经营人证明其本人、受雇人或代理人等为避免事故的发生及其后果已采取一切必要的措施。如果货物的灭失、损坏或延迟交付是由多式联运经营人、其受雇人或代理人或任何其他人的过失或疏忽与另一原因结合造成的，则多式联运经营人仅对灭失、损坏或延迟交货等可以归于此限度内的过失或疏忽负赔偿责任。

（4）赔偿责任限制。如果多式联运经营人对货物的灭失或损坏造成的损失负有赔偿责任，则其赔偿责任按灭失或损坏的货物的每包或其他货运单位计，不得超过920特别提款权，或按毛重每千克计，不得超过2.75特别提款权，以较高者为准。国际多式联运如果根据合同不包括海上或内河运输，则多式联运经营人的赔偿责任按灭失或损坏货物毛重每千克计，不得超过8.33特别提款权。多式联运经营人对延迟交货造成损失所负的赔偿责任限额，相当于对延迟交付的货物应付运费的2.5倍，但不得超过多式联运合同规定的应付运费的总额。多式联运经营人赔偿责任的总额不得超过货物全部灭失的赔偿责任限额，但经多式联运经营人和发货人协商，多式联运单据中可规定《联合国国际货物多式联运公约》所规定的赔偿责任限额。

（5）赔偿责任限制权利的丧失。如果能证明，货物的灭失、损坏或延迟交付是由多式联运经营人有意造成或明知可能造成而毫不在意的行为或不行为所引起的，或者是由多式联运经营人的受雇人或代理人或为履行多式联运合同而使用其服务的其他人有意造成或明知可能造成而毫不在意的行为或不行为所引起的，则多式联运经营人及其受雇人、代理人或其他人无权享受《联合国国际货物多式联运公约》所规定的赔偿责任限制权利。

5）索赔与诉讼时效

（1）通知义务。收货人应在货物交给他的下一工作日，将说明此种灭失或损坏的一般性质的灭失或损坏书面通知送交多式联运经营人。对于延迟交货，应在货物交付收货人之日后连续60日内，或者在收货人得到通知，货物已按相关规定交付之日后连续60日内，向多式联运经营人送交书面通知，否则承运人对延迟交货所造成的损失无须给予赔偿。多式联运经营人应在灭失或损坏发生后连续90日内，或在交付货物后连续90日内，以其较迟者为准，将说明此种灭失或损坏的一般性质的灭失或损坏书面通知送交发货人，否则，未送交这种通知即为多式联运经营人未由于发货人、其受雇人或代理人的过失或疏忽而遭受任何灭失或损失的初步证据。

（2）诉讼时效。有关国际多式联运的任何诉讼，时效期间都是两年。但是，如果在货物交付之日后6个月内，或于货物未交付时，在应当交付之日后6个月内，没有提出书面索赔通知以说明索赔的性质和主要事项，则在此期限届满后即超过时效。但是当事人可以向索赔人提出书面声明，延长时效期间。

6）管辖法院

根据《联合国国际货物多式联运公约》，原告可以选择法院提起有关国际货物多式联运的诉讼。其可选择的范围如下：被告主要营业所地法院，如无主要营业所，则选择被告的经常居所地法院；多式联运合同订立地法院，而且合同是通过被告在该地的营业所、分支或代理机构订立的；接管货物或交付货物所在地法院；或者合同中载明的任何其他地点法院。

7）仲裁

当事各方可以协议用书面形式将任何争议交付仲裁。此外，《联合国国际货物多式联运公约》还规定了危险货物条款、托运人的责任条款、该公约与其他公约的关系条款等。《联合国国际货物多式联运公约》虽然没能解决国际货物多式联运中的所有问题，但也代表了国际货物多式联运立法的突破和发展，对于未来国际货物多式联运法律规则的发展起到了重要的推动和促进作用。

第二节　国际货物保险法

国际货物运输保险是国际货物买卖中一个重要的保障环节，根据国际货物运输方式的不同，国际货物运输保险也分为国际海上货物运输保险、国际航空货物运输保险和国际陆上货物运输保险等几类。在实践中，由于各个保险公司的条款不同，因此具体的保险条款和内容也不完全相同。

一、国际货物保险法概述

国际货物运输保险指贸易当事人对进出口货物按照一定的险别向保险人投保、交付保险费，在货物遭遇保险人承保的危险事件时，由保险人对被保险人受到的损失和产生的责任承担赔偿责任的法律关系。在国际贸易中，货物通常需要经过长途运输。在运输过程中，货物可能会遇到各种风险从而遭受损失。为了在货物遭受损失时能得到一定的补偿，贸易当事人一般都要向保险公司投保货物运输保险。

国际货物运输保险的种类因运输方式的不同可分为国际海上货物运输保险、国际航空货物运输保险、国际陆上货物运输保险等，其中历史最悠久、业务量最大、影响最深远的是海上货物运输保险，航空货物运输保险合同和陆上货物运输保险合同基本上都是参照海上货物运输保险合同订立的。

现代意义上的海上货物运输保险始于14世纪，最早的海上保险法是西班牙于1435年颁布的《巴塞罗那海上保险法》，大陆法系国家一般都把海上保险作为海商法的重要组成部分，编入商法典内。但是，对现代海上保险影响最大的是英国于1906年颁布的《海上保险法》。目前，调整国际货物运输保险的法律主要是各国国内的保险法，国际上尚无统一的国际公约或国际惯例，在发生争议后的法律适用上，一般适用保险人营业所在地国家的法律，如果当事人对法律适用有约定，可从其约定。

我国海上货物运输保险主要适用1992年11月7日第七届全国人民代表大会常务委员会第二十八次会议通过的《海商法》，如果《海商法》未做规定，则适用《中华人民共和国保险法》的有关规定。

二、国际货物保险法条例

（一）国际海上货物运输保险法

1. 国际海上货物运输保险合同的性质

保险合同是投保人与保险人约定保险权利义务关系的协议，其中投保人是指与保险人订立保险合同，并按照保险合同负有支付保险费义务的人；保险人是指与投保人订立保险合同，并承担赔偿或给付保险金责任的保险公司。

保险合同是一种补偿合同，也是一种射幸合同，其目的是当保险标的因遭受承保范围内的风险而遭受损失时，由保险人负责赔偿约定的保险金额，从而使被保险人减少损失。而海上货物运输保险合同是指，保险人按照约定对被保险人遭受保险事故造成保险标的损失和产生的责任负责赔偿，并由被保险人支付保险费的合同。这里的保险事故是指，保险人与被保险人约定的任何海上事故，包括与海上航行有关的发生于内河或陆上的事故。海上保险合同必须承保的是由海上风险导致的损失，这既可能是遭受海上风险的船舶或货物的损失，也可能是和遭受海上风险的财产有关的期待收入的损失，或者是遭受海上风险的财产所有权人对任何第三方的责任。这里的海上风险指的是在海上运输过程中遭受的海上的自然灾害、意外事故、火灾、战争、海盗、投弃、偷窃、捕获、航运限制、船长和船员的不法行为等风险。

视野拓展

射幸合同

射幸合同（Aleatory Contract）：合同当事人一方支付代价所获得的只是一个机会。对投保人而言，他有可能获得远远大于其所支付的保险费的效益，但也可能没有利益可获；对保险人而言，他所赔付的保险金可能远远大于其所收取的保险费，但也可能只收取保险费而不承担支付保险金的责任。保险合同的这种射幸性质是由保险事故的发生具有偶然性的特点决定的，即保险人承保的危险或者保险合同约定的给付保险金的条件的发生与否均不确定。在法律史上，早在罗马法时期就有对射幸合同进行调整的记录，而且在现代各国民法中，也多有对射幸合同进行明文规定的。

---

2. 保险险别

海上货物运输保险的险别，是指保险人在保险单中列明的保险人对所承保的海运货物遭受损失时的责任范围，一般分为主险、附加险、专门险等大类，其中主险是指可以单独承保的风险，附加险是不能单独承保的风险。按照中国人民保险公司的《海上货物运输保险条款》，其所承保的海上风险包括如下内容。

1）主险

按照中国人民保险公司的保险条款，主险分为平安险、水渍险及一切险三种。当被保险货物遭受损失时，保险人按照保险单上订明承保险别的条款规定负赔偿责任。根据保险法的原理，保险人在风险发生后，并不必然承担赔偿责任，而是在下列条件下才承担赔偿责任：一是保险人只对海上保险合同承保范围内的保险事故造成的损失承担赔偿责任，如投保人投保的是平安险，则保险人对于在海上运输过程中由外来原因造成的货物损害不承担赔偿责任；二是保险人只对海上保险合同中承保的标的承担赔偿责任；三是保险人只对保险期限内发生的保险事故承担责任；四是保险人只在约定的保险金额内承担责任。

（1）平安险。平安险的意思是"单独海损不赔"，即对由自然灾害造成的单独海损不承担赔偿责任。其责任范围为货物在运输途中由于遭受恶劣气候、雷电、海啸、地震、洪水自然灾害造成的整批货物的全部损失或推定全损。当被保险人要求赔付推定全损时，须将受损货物及其权利委付给保险人。被保险货物用驳船运往或运离海轮的，每一艘驳船所装的货物可视作一个整批。推定全损是指被保险货物的实际全损已经不可避免，或者恢复、修复受损货物以及运送货物到原定目的地的费用超过被保险货物的价值；由运输工具遭受搁浅、触礁、沉没、互撞、与流水或其他物体碰撞，以及失火、爆炸意外事故造成的货物全部损失或部分损失；在运输工具已经发生搁浅、触礁、沉没、焚毁意外事故的情况下，货物在此前后又在海上遭受恶劣气候、雷电、海啸等自然灾害所造成的部分损失；在装卸或转运时由一件或数件整件货物落海造成的全部或部分损失；被保险人对遭受承保责任内危险的货物采取抢救、防止或减少货损的措施而支付的合理费用，但以不超过该批被救货物的保险金额为限；运输工具遭遇海难后，在避难港由卸货引起的损失，以及在中途港、避难港由卸货、存仓及运送货物所产生的特别费用；共同海损牺牲、分摊和救助费用；运输合同中订有"船舶互撞责任"条款，根据该条款应由货方偿还船方的损失。

（2）水渍险。水渍险的意思是"单独海损包括在内"，其责任范围除了包括上述平安险的责任范围，还包括被保险货物由于遭受恶劣气候、雷电、海啸、地震、洪水等自然灾害所造成的部分损失。

（3）一切险。一切险的责任范围除了包括水渍险的范围，还包括由外来原因所造成的被保险货物的全部或部分损失。所谓的外来原因主要是指一般附加险所承保的责任，主要包括偷窃提货不着险、淡水雨淋险、短量险、混杂沾污险、渗漏险、碰损破碎险、串味险、受潮受热险、钩损险、包装破裂险、锈损险等。

2）附加险

根据投保的风险不同，附加险又分为一般附加险、特别附加险、特殊附加险。

一般附加险、特别附加险、特殊附加险不能单独承保，只有在投保了主险的情况下，才能投保附加险。

（1）一般附加险。一般附加险主要包括以下几项：偷窃提货不着险，包括偷窃行为所导致的损失及整件货物提货不着；淡水雨淋险，包括被保险货物由于直接遭受雨淋或淡水所造成的损失；短量险，包括被保险货物在运输过程中，由外包装破裂或散装货物发生数量散失和实际重量短缺造成的损失，但正常的损耗除外；混杂沾污险，包括被保险货物在运输途中由于混杂、沾污所造成的损失；渗漏险，包括被保险货物在运输过程中，由于容器损坏而引起的渗漏损失，或者用液体储藏的货物因为液体的渗漏而引起的货物腐败等损失；碰损破碎险，包括被保险货物在运输途中由于震动、碰撞、受压所造成的破碎和碰撞损失；串味险，包括被保险食用物品、中药材、化妆品原料等货物在运输过程中，由于受到其他物品的影响而引起的串味损失；受潮受热险，包括被保险货物在运输途中由于气温突然变化或船上通风设备失灵致使船舱内水汽凝结、发潮或发热所造成的损失；钩损险，包括被保险货物在装卸过程中因遭受钩损而引起的损失，以及对包装进行修补或调换所支付的费用；包装破裂险，包括对被保险货物在运输过程中因为搬运或装卸不慎导致包装破裂所造成的损失，以及为继续保障运输安全对包装进行修补或调换所支付的费用；锈损险，对被保险货物在运输过程中发生锈损的，保险公司进行赔偿。一般附加险包括在一切险的范围内，被保险人在投保了一切险的情况下，就不用再投保一般附加险了。但被保险人在投保平安险和水渍险的情况下，可以根据情况选择所要投保的一般附加险。

（2）特别附加险。特别附加险和特殊附加险都不包括在一切险之内，投保人必须与保险人约定，并经过保险人特别同意后，才能将特别附加险列在承保范围之内。按照中国人民保险公司的保险条款，特别附加险主要包括交货不到险、进口关税险、舱面险、拒收险、黄曲霉素险，以及出口到中国香港和中国澳门的存仓火险、卖方利益险等。

（3）特殊附加险。特殊附加险是指战争险、罢工险等。其中，在战争险条款中，保险人的责任包括以下几项。①由战争、敌对行为或武装冲突，以及由此引起的拘留、扣押、没收或封锁造成的损失。②由各种常规武器造成的损失，以及由上述原因所引起的共同海损牺牲、分摊和救助费用，但对于原子弹、氢弹等核武器造成的损失不负赔偿责任。在罢工险条款中，保险人的责任包括由罢工、被迫停工、工潮、暴动等造成的损失，由保险人根据有关的保险条款负责赔偿。在实践中，如果投保人投保了战争险，仅需在保单上注明包括罢工险，并粘贴罢工险条款。

视野拓展

共同海损牺牲

共同海损牺牲，是指同一航程中的船舶、货物和其他财产遭遇共同危险，为了共同安全有意而合理地采取措施所直接造成的损失，包括由货物的牺牲引起的由承运人承担风险的运费的损失。例如，船舶因意外事故而搁浅，为了解除共同危险，抛货或过度使用机器起浮船舶。这些被抛弃的货物，以及与此有关的运费损失和机器的损坏是共同海损行为本身所造成的牺牲或损失。共同海损牺牲连同其利息应受补偿。

3. 除外责任

除外责任，又称"不保事项"，指的是根据法律或保险合同的约定，保险人不予承保的风险。除外责任包括法定除外责任和约定除外责任。

我国《海商法》规定了保险人对下列损失不负赔偿责任：对于被保险人故意造成的损失，保险人不负赔偿责任；对于由航行迟延、交货迟延或者行市变化或货物的自然损耗、本身的缺陷和自然属性或包装不当造成的货物损失，除合同另有约定外，保险人一般不负赔偿责任；对于由船舶开航时不适航或船舶自然磨损或锈蚀造成的保险船舶损失，除合同另有约定外，保险人不负赔偿责任。

中国人民保险公司海洋运输货物保险的除外责任包括以下几项：由被保险人的故意行为或过失所造成的损失；属于发货人责任引起的损失；由在保险责任开始前，被保险货物已存在的品质不良或数量短差所造成的损失；由被保险货物的自然损耗、本质缺陷、特性，以及市价跌落、运输延迟引起的损失和费用；海洋运输货物战争险条款和货物运输罢工险条款规定的责任范围和除外责任。

被保险人应按照以下规定的应尽义务办理有关事项，如因未履行规定的义务而影响保险人利益时，保险公司对有关损失，有权拒绝赔偿。

当被保险货物运抵保险单所载明的目的港（地）后，被保险人应及时提货，当发现被保险货物遭受任何损失，应立即向保险单上所载明的检验、理赔代理人申请检验，如发现被保险货物整件短少或有明显残损痕迹应立即向承运人、受托人或有关当局（海关、港务当局等）索取货损货差证明。如果货损货差是由承运人、受托人或其他有关方面的责任所造成的，则应以书面方式向他们提出索赔，必要时还须取得延长时效的认证。中国人民保险公司的保险条款还特别指明，如未履行上述规定义务，则保险人对有关损失不负赔偿责任。

对遭受承保责任内危险的货物，被保险人和本公司都可迅速采取合理的抢救措施，防止或减少货物的损失。被保险人采取此项措施，不应视为放弃委付的表示，公司采取此项措施，也不得视为接受委付的表示。中国人民保险公司的保险条款还特别指明，对由被保险人未履行上述义务所造成的扩大的损失，保险人不负赔偿责任。

如遇航程变更或发现保险单所载明的货物、船名或航程有遗漏或错误，被保险人应在获悉后立即通知保险人并在必要时加交保险费，本保险才继续有效。

在向保险人索赔时，必须提供下列单证：保险单正本、提单、发票、装箱单、磅码单、货损货差证明、检验报告及索赔清单。如涉及第三者责任，还须提供向责任方追偿的有关函电及其他必要单证或文件。中国人民保险公司的保险条款还特别指明，被保险人未履行前款约定的单证提供义务导致保险人无法核实损失情况的，保险人对无法核实的部分不承担赔偿责任。

在获悉有关运输契约中"船舶互撞责任"条款的实际责任后，应及时通知保险人。中国人民保险公司的保险条款还特别指明，若未尽到及时通知义务，保险人对有关损失不负赔偿责任。

（二）国际航空货物运输保险法

按照中国人民保险公司制定的《航空货物运输保险条款》的规定，国际航空货物运输保险的基本内容如下。

1. 保险险别

航空货物运输保险分为航空运输险和航空运输一切险两种。

航空运输险承保如下风险：被保险货物在运输途中遭受雷电、火灾、爆炸或由于飞机遭受恶劣气候或其他危难事故而被抛弃，或由于飞机遭受碰撞、倾覆、坠落或失踪等意外事故所造成的全部或部分损失；被保险人对遭受承保范围内危险的货物采取抢救、防止或减少货损的措施而支出的合理费用，但以不超过该批被救货物的保险金额为限。

航空运输一切险除了包括上述航空运输险的责任，还包括被保险货物由外来原因导致的全部或部分损失。

2. 责任期间

航空货物运输保险适用仓至仓责任期间，自被保险货物远离保险单所载明启运地仓库或储存处所开始运输时生效，包括正常运输过程中的运输工具在内，直到该批货物到达保险单所载明目的地收货人的最后仓库或储存处所或被保险人用作分配、分派或非正常运输的其他储存处所为止。

3. 被保险人的义务

当被保险货物运抵保险单所载目的地后，被保险人应及时提货；当发现被保险货物遭受任何损失，应立即向保险单上所载明的检验、理赔代理人申请检验。如果发现被保险货物整件短少或有明显残损痕迹，则应即向承运人、受托人或有关当局索取货损货差证明；如果货损货差是由承运人、受托人或其他有关方面的责任造成的，则应以书面方式向他们提出索赔，必要时还须取得延长时效的认证。

4. 除外责任

保险公司对下列损失不负赔偿责任：由被保险人的故意行为或过失所造成的损失；属于发货人责任所引起的损失；由在保险责任开始前，被保险货物已存在的品质不良或数量短差所造成的损失；由被保险货物的自然损耗、本质缺陷、特性，以及市价跌落、运输延迟所造成的损失或费用；航空货物运输战争险条款和货物运输罢工险条款规定的责任范围和除外责任。

对于遭受承保责任内危险的货物，应迅速采取合理的抢救措施，防止或减少货物损失。

在向保险人索赔时，必须提供下列单证：保险单正本、提单、发票、装箱单、磅码单、货损货差证明、检验报告及索赔清单。如涉及第三者责任，还须提供向责任方追偿的有关函电及其他必要单证或文件。

5. 索赔期限

索赔期限从被保险货物在最后卸载地卸离飞机后起计算，且不超过两年。

（三）国际陆上货物运输保险法

根据中国人民保险公司制定的《陆上货物运输保险条款》的规定，陆上货物运输保险分为陆运险和陆运一切险两种。被保险货物遭受损失时，保险公司按保险单上订明的所承保险别条款的有关规定负赔偿责任。

1. 保险险别

（1）陆运险。陆运险包括以下几项：被保险货物在运输途中遭受暴风、雷电、洪水、地震等自然灾害；运输工具遭受碰撞、倾覆、出轨；或在驳运过程中因驳运工具遭受搁浅、沉没，或由隧道坍塌、崖崩或失火、爆炸等意外事故所导致的全部或部分损失；被保险人对遭受承保范围内危险的货物采取抢救、防止或减少货损的措施而支付的合理费用，但以不超过该批被救货物的保险金额为限。

（2）陆运一切险。陆运一切险除了包括上述陆运险的责任，还包括被保险货物在运输途中由于外来原因造成的货物全部或部分损失。

2. 责任期间

《陆上货物运输保险条款》规定，保险人的责任期间适用"仓至仓"条款。自被保险货物运离保险单所载明的起运地仓库或储存处所开始运输时生效，包括正常运输过程中的陆上和与其有关的水上驳运在内，直至该项货物运达保险单所载目的地收货人的最后仓库或储存处所或被保险人用作分配、分派的其他储存处所为止，如果未运抵目的地仓库或储存处所，则以被保险货物运抵最后卸载的车站满60天为止。

3. 被保险人的义务

被保险货物运抵目的地后，被保险人应及时提货，当发现保险货物遭受任何损失，应立即向保险单上所载明的检验、理赔代理人申请检验。如果发现被保险货物整件短少或有明显残损痕迹，则应立即向承运人、受托人或有关当局索取货损货差证明。如果货损货差是由承运人、受托人或有关方面责任造成的，则应以书面方式向他们提出索赔，必要时须取得延长时效的认证。

对遭受承保责任范围内危险的货物，被保险人应迅速采取合理的抢救措施，防止或减少货物损失。

在向保险人索赔时，被保险人须提供下列单证：保险单正本、运单、发票、装箱单、磅码单、货损货差证明、检验报告及索赔清单。但涉及第三者责任时，还须提供向第三者追偿的有关函电及其他必要单证或文件。

4. 除外责任

保险公司对由下列原因造成的货物损失不负赔偿责任：由被保险人的故意或过失造成的损失；属于发货人责任引起的损失；由在保险责任开始前，被保险货物存在的品质不良或数量短差造成的损失；由被保险货物的自然损耗、本质缺陷、特性，以及市价跌落、运输延误造成的损失和费用；战争险条款和罢工险条款规定的责任范围，以及除外责任。

5. 诉讼时效期间

诉讼时效期间自被保险货物在最后目的地车站全部卸离车辆后计算,且不超过两年。

三、其他国家国际货物保险法

英国伦敦保险协会所制定的《协会货物保险条款》是国际上重要的保险条款,是许多国家的保险公司制定保险条款的样本,因此,了解该条款在实践中具有极为重要的意义。按照目前现行的英国伦敦保险协会《协会货物保险条款》的规定,协会的保险险别有以下几种。

(一)协会货物A险条款

该保险条款承保的责任范围较大,除除外责任外的一切风险所造成的保险标的损失,都在该险别之内。其除外责任包括以下几项。

1. 一般除外责任

一般除外责任包括以下几项:由被保险人的故意行为造成的损失和费用;保险标的的自然渗漏,重量或容量的自然损耗或自然磨损;由于保险标的包装及准备不足或不当造成的损失或费用(这里的"包装"包括用集装箱或海运集装箱装载,但该项装载以本保险开始生效前或由被保险人或其受雇人完成为限);由保险标的本质缺陷或特性造成的损失和费用;直接由延迟引起的损失或费用,即使延迟是由承保风险所引起的(上述第二条可以赔付的费用除外);由船舶所有人、经理人、租船人或经营人破产或不履行债务造成的损失或费用;由任何个人或数人非法行动故意损坏或故意破坏保险标的或其任何部分造成的损失;由于使用任何原子或核裂变或核聚变或其他类似反应或放射性作用或放射性物质的战争武器造成的损失或费用。

2. 不适航与不适货除外责任

不适航与不适货除外责任主要是指由于被保险人在保险标的的装船时已经知道船舶不适航,或者船舶、运输工具等不适货。

3. 战争除外责任条款

战争除外责任包括由于战争、内战、革命、叛乱、造反或由此引起的内乱,或交战国针对交战国的任何敌对行为;捕获、逮捕、禁制或拘留,以及这种行为产生的后果或这方面的企图;遗弃的水雷、鱼雷、炸弹或其他遗弃的战争武器等造成的损失或费用。

4. 罢工除外责任条款

罢工除外责任包括罢工者、被迫停工工人或参与工潮、暴动或民变人员,罢工、被迫停工、工潮、暴动或民变,恐怖主义分子或任何人出于政治目的采取的行动等造成的损失或费用。

（二）协会货物 B 险条款

该条款列明了风险，即凡是属于承保责任范围内的损失，无论是全损还是部分损失，保险人均负责赔偿，只要保险标的物的损失可合理归因于以下几方面。①火灾或爆炸。②船舶或驳船遭受搁浅、触礁、沉没或倾覆。③陆上运输工具的倾覆或出轨。④船舶、驳船或其他运输工具同除水外的任何外界物体碰撞或接触。⑤在避难港卸货。⑥地震、火山爆发或雷电。或者由下列原因引起的保险标的物的损失：共同海损牺牲、分摊和救助费用；抛货或浪击落海；海水、湖水或河水进入船舶、驳船、其他运输工具、集装箱或海运集装箱贮存处所。货物在船舶或驳船装卸时落海或跌落造成任何整件的全损，保险人均承担赔偿责任。至于该条款下的除外责任，除了对海盗行为和恶意损害造成的损失不负责任，其余与 A 险条款相同。

全损
全损即全部损失，是指被保险货物全部遭受损失。全损有实际全损（Actual Total Loss）和推定全损（Constructive Total Loss）之分。

（三）协会货物 C 险条款

该条款仅对由重大意外事故所造成的货损负责，对由非重大意外事故或者自然灾害所导致的货损不负责任。该条款承保的风险包括以下几种：火灾或爆炸；船舶或驳船遭受搁浅、触礁、沉没或倾覆；陆上运输工具的倾覆或出轨；船舶、驳船或其他运输工具同除水外的任何外界物体碰撞或接触；在避难港卸货；共同海损牺牲；抛货等。该条款下的除外责任与 B 险条款相同。

（四）协会战争险条款

该条款主要承保由下列原因造成的货物损失风险：由于战争、内战、革命、叛乱、造反或由此引起的内乱，或交战国针对交战国的任何敌对行为；捕获、逮捕、禁制或拘留，以及这种行为产生的后果或这方面的企图；遗弃的水雷、鱼雷、炸弹或其他遗弃的战争武器。该条款下的除外责任与 A 险条款的一般除外责任、不适航与不适货除外责任大体相同。

（五）协会罢工险条款

该条款主要承保由下列原因造成的货物损失风险：罢工者、被迫停工的工人或参与工潮、暴动或民变的人员；罢工、被迫停工、工潮、暴动或民变；恐怖主义分子或任何人出于政治目的采取的行动等造成的货损或者费用。该条款下的除外责任与 A 险条款的一般除外责任、不适航与不适货除外责任大体相同。

（六）恶意损害险条款

该条款承保被保险人以外的其他人的故意破坏行为所导致的被保险货物的灭失或损

坏风险，但出于政治动机的人的行为除外。该险别属于附加险，包含在 A 险条款中，只有在投保 B 险条款或 C 险条款的情况下，才能投保该条款。

（七）除外责任

英国伦敦保险协会制定的《协会货物保险条款》A 险条款中规定的除外责任条款包括普通除外责任条款、不适航与不适货例外条款、战争除外条款，以及罢工除外条款。其中，普通除外责任条款规定了本保险不承保以下几项：可归咎于被保险人的蓄意恶行的损失、损害或费用；保险标的通常渗漏、通常重量或体积损失、通常磨损；保险标的包装或准备不足或不当引起的损失、损害或费用；保险标的固有的缺陷或性质引起的损失、损害或费用；迟延直接造成的损失、损害或费用，即使该迟延是由承保风险引起的；因船舶的所有人、经理人、承租人或经营人的破产或经济困境产生的损失、损害或费用；因使用原子或核裂变或核聚变或其他类似反应或放射性力量或物质所制造的战争武器产生的损失、损害或费用。其中，前五款是在重申英国 1906 年《海上保险法》的内容。

本章小结

1. 国际货物运输包括国际海上货物运输、航空货物运输、铁路货物运输，以及多式联运等多种方式。其中，国际海上货物运输是十分重要的国际货物运输方式。

2. 国际货物运输是指通过一种或多种运输方式，把货物从一国（地区）的某一地点运至另一国（地区）的某一地点。

3. 国际海上货物运输是指两个不同国家港口之间的海上货物运输。

4. 国际航空货物运输主要受国际公约调整，包括两个体系：芝加哥公约体系和华沙公约体系。

5. 国际铁路货物联运是指经由两个或两个以上的国家的铁路货物运输，运送人使用一份统一的单据，并承担连带责任。

6. 《国际货协》规定了运费的计算方法，以及各国铁路之间的清算办法，同时还规定了货物的交付和拒收，以及铁路对货物的留置权。

7. 多式联运单据是指证明多式联运合同，以及证明多式联运经营人接管货物并负责按照合同条款交付货物的单据。

8. 保险人是指与投保人订立保险合同，并承担赔偿或给付保险金责任的保险公司。

9. 根据中国人民保险公司制定的《陆上货物运输保险条款》的规定，陆上货物运输保险分为陆运险和陆运一切险两种。

10. 诉讼时效期间自被保险货物在最后目的地车站全部卸离车辆后计算，且不超过两年。

复习思考题

1. 国际海上货物运输合同一般可以分为哪几种?
2. 什么是国际货物多式联运?
3. 陆运险包括哪些内容?
4. 国际航空货物运输保险的基本内容有哪些?
5. 被保险人的义务是什么?
6. 战争除外责任条款有哪些?

第七章

国际产品责任法

学习目标

- 了解产品责任法的概念
- 理解产品责任法的特征
- 熟悉产品责任的规则原则
- 熟悉损害赔偿的形式与范围
- 了解各国的产品责任立法

开篇案例

北京的一名消费者在北京的一家医院接受了心脏起搏器的安装手术,术后发现心脏起搏器的导管存在裂痕,但无证据表明其对该消费者的人身造成了伤害。经查,心脏起搏器的导管是该医院从一美国制造商处购买的,该消费者即对该美国制造商提起有关产品质量的诉讼,要求美国制造商赔偿由于其产品缺陷给其造成的精神损害进行赔偿。后经北京海淀区法院调解,美国制造商向该消费者支付了2万元人民币的赔偿。

辩证思考:

中国实行的是类似于美国的"严格产品责任"的产品责任制度,相应的法规依据如下:(1)《民法典》第一千二百零五条:"因产品缺陷危及他人人身、财产安全的,被侵权人有权请求生产者、销售者承担停止侵害、排除妨碍、消除危险等侵权责任。"(2)《最高人民法院关于贯彻执行〈中华人民共和国民法通则〉若干问题的意见(试行)》第一百五十三条:"消费者、用户因为使用质量不合格的产品造成本人或者第三人人身伤害、财产损失的，受害人可以向产品制造者或销售者要求赔偿。"（3）《中华人民共和国产品质量法》（简称《产品质量法》）和《中华人民共和国消费者权益保护法》（简称《消费者权益保护法》）对此各有详尽的规定。

谁可以提起诉讼？根据我国的有关法律，受害人可以直接向产品的制造者提起有关产品责任的诉讼。受害人的范围不仅包括产品的购买者，还包括产品的实际消费者和受到伤害的第三人。

产品制造者可提出免责的情形。根据《产品质量法》第四十一条的规定，生产者能够证明有下列情形之一的，不承担赔偿责任：（一）未将产品投入流通的；（二）产品投入流通时，引起损害的缺陷尚不存在的；（三）将产品投入流通时的科学技术水平尚不能发现缺陷的存在的。

损害赔偿责任的范围。根据我国相关法律规定，生产者赔偿责任范围包括受害人的财产损失（不包括缺陷产品本身，因为产品由其本身缺陷造成的价值的减少，应通过合同责任解决），以及受害人的人身受到的伤害。根据《消费者权益保护法》的规定，制造商对其提供的缺陷产品致人伤残、致人死亡的，应当支付有关的医疗费、护理费、误工收入、残疾器具费、生活补助费、残疾赔偿金，以及由其抚养的人所必需的生活费用等；致人死亡的还应支付丧葬费、死亡赔偿金，以及由死者生前扶养的人所必需的生活费等费用。

该案中受害人仅能证明导管有裂痕的事实，但却提不出证据证明其人身因此受到伤害。这样的情况对受害人非常不利，因为导管有裂痕属于缺陷产品自身损失，不能要求赔偿，而受害人又提不出有说服力的人身伤害赔偿请求，所以受害人转向要求精神损害赔偿。

精神损害赔偿在我国法律中并无明文规定，但审判实践中受害人经常会提出精神赔偿的请求，而法院也往往会承认这种请求权的合法性，在一些重大的巨额产品责任赔偿案件中，精神损害赔偿金往往占了损害赔偿金的很大比例。可以预测，在今后的产品责任案中，精神损害赔偿金会成为决定赔偿金高低的主要因素之一。

依照我国法律，精神损害赔偿必须与人身损害赔偿一并提出，即精神损害是由于受害人人身受到伤害而引起的，并非纯粹的精神损害。如该案中受害人在没有证据证明人身伤害的情况下，单独提出精神损害赔偿是不会得到支持的。

第一节　产品责任法概述

产品责任法主要调整产品的制造者、销售者与消费者之间基于侵权行为引起的人身伤害和财产损害的责任。它是随着现代工业生产的发展，大量新产品被投入市场，由于产品存在缺陷致使消费者受到伤害的案件不断增多而形成和发展起来的。而国际贸易的日益频繁与迅速发展，使各国将越来越多的产品投入国际市场，进行着广泛的流通，也使各国之间有关产品责任的争端随之增多。因而,对产品责任进行国际调整,越来越受到国际社会的重视。

一、产品责任法的概念

(一)产品责任

产品责任是指经过生产或加工的产品在进入市场流通后,因具有缺陷而致他人人身或财产受到损害的,由该产品生产与销售环节中诸多相关的人对受害者所遭受的损害承担的赔偿责任。从广义上讲,产品责任包括合同关系的产品责任和侵权行为的产品责任两种。合同关系的产品责任即违约责任。通常所讲的产品责任主要是指产品的侵权责任,这是狭义上的产品责任,是因产品存在缺陷对他人造成损害所应承担的产品责任。

(二)产品责任法

产品责任法是指调整制造商、销售商,以及其他有关经济主体与消费者、使用者之间因产品缺陷所形成的侵权赔偿关系的法律规范的总称。它先是以判例的形式出现在工业发展比较早的英国,后在欧美国家尤其是美国有了很大发展。随着国际贸易的日益频繁与迅速发展,各国越来越多的产品涌入国际市场,进行着广泛的流通,各国之间有关产品责任的争端随之增多。因而,对产品责任进行国际调整,越来越受到国际社会的重视,加之有关国际条约相继问世,所以国际产品责任法应运而生。产品责任是消费者保护法的重要内容之一,因而产品责任法与消费者保护法具有密切联系。

产品责任法是消费者保护法的基本内涵,消费者保护法包含了产品责任法的主要内容,两者维持着共同的经济秩序,并且具有共同的立法原则和目的,即保护消费者的利益。消费者保护法涉及的范围更为广泛,从一些国家的立法来看,消费者保护法所包括的内容并非仅限于如何追究产品提供者的产品责任。如1962年《日本消费者保护基本法》对消费者的保护涉及产品危害的防止、计量的标准化、规格的标准化、表示的正确化、公正自由的市场秩序竞争的维护、消费生活启发与教育活动的扩展、消费意见的反映与处理、各种实验检查设备的充实,以及消费者受害诉讼的处理九大项目。1979年《泰国消费者保护法》除了包括消费者应享受保护的权利的规定,还包括关于消费者保护机构的组成、权限、职责、工作程序方面的规定、关于广告方面的规定、关于罚则方面的规定。

相比较而言,产品责任法的范围较为狭窄,主要涉及由产品具有缺陷导致的损害赔偿责任,以及相关的产品责任保险及诉讼方面的内容。对于产品责任问题的处理,当前世界各国有几种不完全相同的立法形式。一是在民法中规定产品责任,即通过扩大解释民法中的合同法、侵权法的有关规则,作为处理产品责任的主要法律依据,如法国、荷兰、比利时、澳大利亚等。二是在刑法中规定对于劣质产品产销责任者的处罚,如我国《刑法》第一百四十二条规定,生产、销售劣药,对人体健康造成严重危害的,处三年以上十年以下有期徒刑,并处销售金额百分之五十以上二倍以下罚金;后果特别严重的,处十年以上有期徒刑或者无期徒刑,并处销售金额百分之五十以上二倍以下罚金或者没收财产。三是在相关的专门立法中规定,如韩国、泰国、加拿大等国颁布的消费者权益保护法。四是通过单行法规,专就产品责任予以规定,如德国、挪威、丹麦、日本等国均颁布了单行的产品责任法。五是由法院创设判决先例来确定产品责任法律规则,如美国。六是由共同制定的国际公约来规范。在产品责任方面的有关公约有《产品责任法律适用公约》《关于涉及人身伤害与死亡的产品责任欧洲公约》《欧洲经济共同体产品责任指令》等。

随着改革开放的深入和经济的快速发展,我国产品责任立法也从无到有,从粗疏到细致,从单行立法到全面立法,初步建立起产品责任的法律框架体系。我国产品责任立法具体包括以下内容:一是《民法典》的有关规定;二是《产品质量法》与《消费者权益保护法》的有关规定;三是有关单行法中关于产品责任的规定,如《中华人民共和国食品安全法》《中华人民共和国药品管理法》等。

(三)产品责任法的产生及发展

1. 产品责任法的产生

早在古罗马时期,市民法的一项基本原则为"买主当心",除非出卖人欺诈或经口头契约明示担保,否则出卖人并不对物件瑕疵承担任何责任。大陆法系国家遵循罗马法的基本规则,扩大了卖方的责任范围——卖方需要承担瑕疵担保责任,一旦买方购买了瑕疵物品,便可以要求卖方承担该担保责任。早期,英美法系国家也采取罗马法的"买主当心"规则,法律对卖方的保护大大超过对买方的保护,在英美合同法出现以后,产品责任法开始萌芽。

"19世纪是劳动者运动,20世纪是消费者运动"。自20世纪以来,现代工业迅速发展,消费者保护的问题日益突出,消费者的利益越来越得不到保护,从而要求产品的制造商参加产品保险。产品的保险费用急剧增加,导致消费品工业品价格上涨,引起消费者不满。由于生产力水平不断提高、生产的技术化加强,产品的内在危险性和致害性的可能性大大增加。而新产品的不断出现、产品竞争激烈,已使原来"以制造者为中心"渐渐转变为"以消费者为中心"。保护消费者利益已成为当今社会发展的重要问题。产品责任法旨在调整生产者与消费者之间因产品缺陷而产生的损害赔偿的社会关系。现代意义上的产品责任法源于20世纪初美国的"麦克弗森诉别克汽车公司"这一判例。该判例突破合同关系之限,确立了疏忽责任原则,使合同关系以外的第三者也可以对生产者或销售者提起诉讼。

在20世纪60年代,疏忽责任原则对消费者的保护并不充分,又因制造者侵权责任和担保责任有所发展,特别是美国1963年"格林曼诉尤巴电力公司"一案,确立了严格责任原则,使产品责任法得到飞速发展。1965年,美国法学会在《第二次侵权法重述》中明确承认了严格责任原则。严格责任原则对世界各国解决产品责任纠纷、保护消费者的利益产生了巨大影响。

1962年3月15日,美国前总统肯尼迪提出了"关于保护消费者利益的国情咨文",

指出为保护消费者合法权益,应采取立法和行政措施,使其权利得以实现。这些权利具体包括:安全的权利,即保护消费者的生命及健康权利免受危险商品的侵害;了解的权利,即保护消费者免受广告欺诈及虚伪陈述的侵害,消费者有权要求明了真相,并使其具备选择商品所必备的知识;选择的权利,即保护消费者能够自由选择并得以以合理公正的价格获得达到一定规格的商品和服务的权利;意见被尊重的权利,即要求政府在决定某项经济政策时,应保证消费者的意见被充分考虑或采纳。1969年,尼克松又提出了第五项权利——求偿的权利,即消费者受到不法损害时,有要求惩罚不法制造商并获得赔偿的权利。正是在这种背景下,以保护消费者利益和确定生产者义务为宗旨的产品责任法应运而生。

2. 产品责任法的发展

产品责任法是一个新兴的、正在形成的法律部门,最初反映在英国习惯法中。1842年英国最高法院判决的"温特博特姆诉赖特"一案是英国有关产品责任问题方面十分古老、著名的案例,通过这一案例确立了无合同无责任原则,即规定生产者和销售者对因其产品存在瑕疵给消费者的人身或财产造成损害时所承担的责任以其与消费者订有合同为前提,如果生产者或销售者没有与消费者订立合同,则对其生产或销售的产品的瑕疵给消费者造成的损害一律不负责任。

这一原则在英美法系国家被奉行了近百年之久。随着生产的日益社会化、现代化,从20世纪二三十年代开始,产品责任不再作为附属于合同的准合同关系,而被纳入侵权行为的范畴来进行处理。不过对于生产者和销售者的这种疏忽大意,必须由消费者承担举证责任。到了20世纪六七十年代,世界上许多国家,特别是发达国家都纷纷制定国内立法,并通过国际社会的共同努力签订了一些有关的国际公约,开始形成了一个新兴的法律部门,且多数将严格责任原则作为这个法律部门的基本原则。

20世纪七十年代开始,许多国家开始研究并着手制定产品责任法。例如,联邦德国1976年颁布了《药物伤害法》、1976年欧洲理事会通过了《关于人身伤害的产品责任公约》、1972年海牙国际私法会议通过了《产品责任法律适用公约》、1985年原欧洲共同体(简称欧共体,现称欧盟)通过了《欧共体产品责任指令》等。欧盟对产品责任的统一立法要求其各成员国均按照指令制定产品责任法或法律草案,实行严格责任规则。截至目前,世界上许多国家深受《欧共体产品责任指令》的影响,纷纷制定本国的产品责任法。

二、产品责任法的特征

产品责任法属于社会经济立法的范畴,主要调整制造者、销售者与消费者之间基于侵权行为引起的人身伤害和财产损失的责任。它的规定大多是强制性的,不允许当事人事先在合同中加以排除或变更。

(一)从法律性质看产品责任法的特征

所谓产品责任法,是指国家制定和认可的,调整产品的制造者、销售者与消费者和用户之间因产品质量问题而发生的社会关系的法律规范。该法的主要目的是加强生产者的责任，保护消费者的利益。产品责任法具有以下几个特征。①具有强制性。产品责任法的原则和规定大多是强制性的，不允许当事人事先在合同中加以排除或变更。②具有特定性。产品责任法调整的社会关系是特定的，仅调整产品的制造者、销售者与产品的消费者之间的法律关系，即民事侵权法律关系。③具有补偿性。产品责任是基于侵权所引起的一种财产责任，即产品的制造者、销售者给消费者造成的人身伤害和财产损失进行赔偿，这种赔偿以对消费者造成的损失为限，具有补偿性的特征。

（二）从调整对象看产品责任法的特征

它调整产品责任引起的人身伤害或财产损失，不包括单纯的产品本身的损害；它主要调整没有任何合同关系的产品责任侵权行为。

（三）从调整范围看产品责任法的特征

产品责任法所调整的是因为其产品存在瑕疵而引起他人人身或财产损害时所发生的权利义务关系。

产品责任法主要调整的是没有任何合同关系，且因产品存在瑕疵而引起的产品责任，即完全的侵权行为责任。

产品责任法一般都主张严格责任理论，规定了极为严格的责任原则。而且，很多国家的产品责任法都加大了责任人的责任程度，为受害人规定了较高的损害赔偿金额。

三、有关产品责任的国际公约

随着产品生产和销售的国际化，国际间涉及不同国家当事人的产品责任案件频繁发生。但由于各国政治、经济发展水平存在差异，各国有关产品责任的法律制度互有分歧，在一定程度上阻碍了国际商品流通和自由竞争的发展。为了减少不同国家之间在产品责任问题上的立法冲突，并妥善解决在这种法律冲突背景下所发生的具有国际性的产品责任纠纷，20世纪70年代以来，越来越多的国家开始重视产品责任法的国际协调与国际合作。有关的国际组织，如欧洲理事会、欧洲经济共同体积极致力于统一产品责任的国际立法活动，进而缔结了专门性的国际公约，主要包括《关于涉及人身伤害与死亡的产品责任欧洲公约》（或称《关于人身伤亡的产品责任公约》）。该公约由欧洲理事会拟订并于1976年召开的理事会会议上获得通过，欧洲理事会各成员国于1977年1月27日在斯特拉斯堡正式签订，所以通常又称其为《斯特拉斯堡公约》。该公约适用严格责任原则，产品责任的范围仅限于对人的伤害、致死方面的案件，调整由于缺陷产品造成人身伤害和死亡所引起的赔偿责任问题，不包括缺陷产品对财产造成的损害所引起的产品责任。

> **斯特拉斯堡**
>
> 斯特拉斯堡位于法国东北部,既是大东部大区首府和下莱茵省省会,也是法国第七大城市之一和最大的边境城市。斯特拉斯堡的市区位于莱茵河西岸,东侧与德国巴登—符腾堡州隔河相望,西侧则为孚日山区。斯特拉斯堡远离海岸线,但仍然受到北大西洋暖流的影响,属于非典型性的温带海洋性气候。

《欧共体产品责任指令》全称为《使成员国有关缺陷产品责任的法律、法令及行政规定一致的理事会指令》或《使成员国产品责任法互相接近的指令》或《关于有缺陷产品责任的指令》。为了协调统一成员国之间有关产品责任的法律,原欧共体部长理事会于 1973 年组织了一个专家委员会,着手研究制定一个欧共体成员国统一的产品责任法。经过几年的努力,该专家委员会于 1976 年 9 月向原欧共体部长理事会提交了一份公约草案,即《关于使成员国产品责任法互相接近的指令草案》,经过几次修改,最后于 1985 年 6 月获得各成员国主管部长的批准,并于同年 7 月 25 日获得原欧共体部长理事会全体通过。该指令对产品责任采取了严格责任原则,规定产品生产者应对其产品的缺陷承担责任。

《产品责任法律适用公约》(又称《海牙公约》),由 1964 年第 10 届海牙国际私法会议后组织成立的一个特别委员会主持起草,1972 年第 12 届由海牙国际私法会议制定通过,1973 年 10 月 2 日由海牙国际私法会议各成员方签署,1977 年 10 月 1 日起正式生效。《海牙公约》的宗旨是在国际范围内解决产品责任法律适用的问题,它主要适用于有关产品责任的国际性诉讼案件,而且仅适用于无合同关系的当事人之间所发生的纠纷。

以上公约均是关于产品责任国际立法方面的专门公约,前两个是区域性公约,内容涉及产品责任的实体性问题;后一个是世界性公约,内容涉及国际产品责任的法律适用问题。这些公约连同欧洲经济共同体对一些有关人生命和安全的产品的指示,对于国际产品责任问题的法律调整非常有益,为国际上进一步制定和完善产品责任方面的法律制度打下了基础及提供了有益的经验。

此外,与产品责任有关的国际性立法还有联合国《保护消费者准则》及欧洲理事会《消费者保护宪章》等。关于前者,1985 年 4 月 9 日联合国大会通过了第 39/248 号决议,核准了《保护消费者准则》,作为各国尤其是发展中国家保护消费者利益的指导原则和示范性文件,它是目前影响巨大的全球性消费者保护方面的综合性国际立法。《消费者保护宪章》是欧洲理事会通过的与前者类似的国际性立法,作为欧洲理事会成员国的消费者保护准则。

> **欧洲理事会**
>
> 欧洲理事会（The European Council），又称欧盟首脑会议或欧盟峰会，是欧洲联盟（简称欧盟）最高决策机构，由欧盟成员国国家元首或政府首脑及欧洲理事会主席、欧盟委员会主席组成。

第二节　产品责任法的理论

产品责任法主要确定产品的制造者和销售者对其生产或出售的产品所承担的责任。在研究产品责任法时，首先应了解产品责任的责任主体。责任主体是指当缺陷产品给消费者造成人身伤害和财产损失时，依法应承担赔偿责任的自然人和法人，也就是通常所说的被告。对于责任主体的范围，世界各国的规定各不相同。除了责任主体，产品责任还涉及产品及产品的缺陷等要素。

一、产品责任的归责原则

产品责任的归责原则是确定产品责任归属的准则，即要求行为人承担产品责任的根据、标准和理由。归责原则与社会的经济因素、政治因素和思想因素息息相关，为了适应经济发展的要求，产品责任的归责原则在不同时期表现出了不同的特点，经历了一个发展演变的过程，主要出现了四种形式，即无合同无责任原则、疏忽责任原则、担保责任原则和严格责任原则。

（一）无合同无责任原则

19世纪，合同在西方国家整个经济生活中占有十分重要的地位。合同在缔约当事人之间具有相当于法律的效力，而且这种效力几乎是绝对的，使合同仅在当事人之间生效，非合同当事人不能根据合同取得利益或者负有任何义务，这就是无合同无责任原则。由于早期的产品责任属于合同法范畴，因此人们借助这一合同理论实现对受害者权利的救济。

无合同无责任原则在产品责任上的表现最初发端于1842年英国的"温特博特姆诉赖特"一案。该案原告是受雇于驿站长的马车夫，因驾驶雇主从被告处买来的有缺陷的马车而受伤，遂向被告提起求偿诉讼。被告辩称原告与他无直接合同关系，不负赔偿责任。法院认为被告抗辩有效，判决原告败诉。该判例被进一步解释为，无合同关系的第三人因产品缺陷而受损害，制造商既无合同责任也无侵权责任。这一原则的目的在于保护处于初期阶段的制造商的利益，限制他们负责赔偿的范围。因此，在20世纪之前，这一原则是产品制造商推卸责任的有效挡箭牌。

视野拓展

> **合同关系**
>
> 根据我国《民法典》的相关规定，合同是发生在当事人之间的一种法律关系。合同关系和一般民事法律关系一样，也是由主体、内容、客体三个要素组成的。

虽然无合同无责任原则对产品责任制度有过重要贡献，但由于社会经济生活的多变性和复杂性，其自身也有相当的局限性，无法满足社会经济进一步发展的需要。首先，能请求救济的人即权利主体的范围过窄。依此原则，请求救济的人仅以缔结合同的一方当事人即买受人为限，如果购买人与使用人不是同一人，如买受人以外的家人、亲戚、朋友及其他实际使用产品的人遭受产品损害的，则不在保护之列，不能行使请求权以获得救济，这对购买人以外的其他受害人而言极不公平。其次，承担责任的人即责任主体的范围过窄。依此原则，承担产品责任的主体仅限于与买受人有直接合同关系的产品的制造商或销售商，如果没有这种直接的合同关系，制造商或销售商即使已经对受害人造成了一定的损害，也不承担损害赔偿责任，这显然有悖于法律的公平精神。最后，免责条款会被滥用。依照契约自由的原则，在不违反公序良俗的前提下，契约如何签订由当事人自由约定，这使得制造商和销售商有机可乘，他们可以凭借自身的优势制定"标准契约"，规定对自己有利的条件和不合理的免责条款，以逃避承担产品损害赔偿责任。

无合同无责任原则的确立，从根本上否定了缺陷产品侵权诉讼独立存在的必要性，极大地限制了缺陷产品侵权诉讼的产生。美国早期的产品责任归责原则采取的也是无合同无责任原则，但适用后不久，美国法官即发现其弊端，所以竭力在司法实践中创设例外以弥补其不足。到了20世纪，单纯地通过合同为当事人提供救济的做法已在一定程度上遭到摒弃。一些法官和学者认为，产品的制造者与提供者应尽可能避免给消费者与使用者造成身体伤害与经济损失，而被告之所以承担这样的义务并不是因为被告与原告之间存在合同，而是出于法律公正性的要求。这种思想突破了合同关系的束缚，为侵权理论赢得了一席之地。

（二）疏忽责任原则

1. 疏忽责任原则的适用

疏忽责任是指产品的制造商或销售商在生产或销售过程中因主观上的疏忽导致产品存在缺陷，而造成产品的消费者或使用者遭受损害所应承担的责任。疏忽责任在理论上属于侵权责任，其法理基础是合理注意学说，即任何人在进行某种行为时，都应当合理地注意并控制自己的行为，以防止对他人造成损害。疏忽的前提是存在法律已经规定的注意义务，没有尽到这种注意义务即构成疏忽的存在。所以，疏忽责任不是来自当事人之间的约定义务，而是来自法律规定的义务，理所当然属于侵权责任。

2. 疏忽责任原则的意义

疏忽责任的产生是产品责任发展史上的一大进步,其目标是更公平、合理地保护产品受害人的合法权益。它的形成具有以下意义。

疏忽责任原则突破了传统的合同关系原则,扩大了产品责任的适用范围。按照疏忽责任原则,不论受害人与产品的制造商或销售商之间有无合同关系,只要受害人因使用产品遭受了损害,就可以提起诉讼并要求赔偿;只要受害人能够证明被告没有尽到合理注意义务导致产品有缺陷,并且损害是因为其使用有缺陷的产品所造成的,就可以胜诉并且获得合理的赔偿。因此,疏忽责任原则为一切产品的受害人提供了获得法律救济的机会,对于不是购买人的产品受害人而言,这无疑是一个更为公平合理的法律制度。

视野拓展

法律救济

法律救济:公民、法人或者其他组织认为自己的人身权、财产权因行政机关的行政行为或者其他单位和个人的行为而受到侵害,依照法律规定向有权受理的国家机关提出诉讼并要求解决、予以补救,有关国家机关受理并做出具有法律效力的活动。

疏忽责任原则将侵权责任引入产品责任领域,使产品责任的适用更为科学合理。按照传统的合同关系原则,产品责任领域只包括合同责任,而合同责任对受害人的救济局限性非常大。第一,受害人依赖合同获得赔偿,只能以被告违反担保、不实陈述两种理由起诉,如果被告不存在违反担保及不实陈述的事实,则即使受害人确实因产品缺陷受到了损害,也无法以合同责任获得赔偿。而在现实中,很多产品责任案件的被告没有对产品进行担保,也不存在不实陈述的事实。所以,从诉讼理由上看,合同责任对受害人保护不够充分。第二,合同责任来自当事人的违约事实。在订立合同时,如果当事人对产品担保责任的约定不周全,则即使发生产品责任,但因损害事实不属于合同约定的担保范围,受害人也难以获得赔偿。相比之下,因为侵权责任来自对法定义务的违反,受害人在要求赔偿时,只需要以被告没有尽到合理注意义务,从而导致产品有缺陷并且造成受害人遭受损害为由,至于被告是否违反担保、是否有不实陈述,受害人可一概不管。由此可见,将疏忽责任纳入侵权责任的范围,增加了受害人起诉的诉讼理由。

疏忽责任在观念上实现了从要求买方注意到要求卖方注意的转变。在早期的产品责任中,因为生产力不发达,市场基本属于卖方市场,因而要求买方负有注意产品缺陷的责任。而且在科学技术不发达的情况下,买方有条件也有能力注意科技含量不高的产品的缺陷。但随着科学技术的发展,产品的设计和生产越来越专业化,一般购买人已无法依靠自己的知识和能力注意产品的缺陷。因此,这就要求注意的义务应更多地由产品的制造商和销售商承担。这一新的转变反映了产品责任法的重大变革,反映了产品责任法开始从强调保护少数购买人向保护广大消费者转变。

3. 疏忽责任原则的障碍

疏忽责任原则虽然有上述优点,但消费者在以其为由向法院起诉产品提供者时仍有一定难度,因为消费者必须证明被告存在着合理注意义务并且未能尽到此义务,这种举证责任对消费者而言是十分困难的,有时甚至是不可能的。因为在现代化大生产条件下,产品的加工工艺、制作方法日益复杂,而消费者往往受专业技能、鉴别能力的限制,对产品的制造或销售过程不甚不明,要举出足以证明产品有缺陷或被告未尽合理注意义务的证据,对一般消费者来说,这种举证的要求不仅过分苛刻,而且负担沉重。因而这使得制造商和经销商还有一道防线,受害人要得到赔偿仍十分困难。

（三）担保责任原则

担保是在合同中对产品的质量、性能、规格、用途等所做的许诺、说明或保证,主要分为明示担保和默示担保。担保责任则是指制造商或销售商因违反了对产品的明示担保或默示担保而应承担的责任。担保责任的归责原则源自合同责任体系。按照合同的基本精神,商品买卖是典型的合同行为,卖方有义务保证其所出售的货物符合双方所订立的合同条款的要求,因此,担保责任包括产品质量担保责任就伴随买卖合同产生了。由于早期的合同比较重视形式,担保主要采用明示的方式,即出卖人用语言或文字形式表示出来的对货物应当符合合同要求的保证;又因明示担保具有明确、清楚、不易发生纠纷的优点,所以其一直是担保的主要形式。随着社会的发展,后来又产生了默示担保作为补充。

视野拓展

合同责任

合同责任是指因违反合同约定的义务、合同附随义务或违反相关法律规定的义务而产生的责任。

（四）严格责任原则

1. 严格责任原则的形成与确立

严格责任是指受害人只要能够证明产品有缺陷,产品的制造商或销售商就应承担赔偿的责任。严格责任原则起源于美国。创设严格责任原则的原因在于,在疏忽和违反担保之诉中,原告的地位并无实质性改变,法院不得不求助于新的方法和规则,而严格责任则可以达到真正保护消费者利益的目的。

严格责任是以下价值选择为基础的。首先,市场经济已经发展到发达的程度,企业通过生产获得了丰厚的利润,按照权利与义务一致的原则,企业也应向整个社会和广大消费者负有更大的安全保障责任,再以疏忽为理由减轻企业的责任已经不符合要求。其次,伴随着经济从自由走向垄断,企业相对于个体消费者的绝对优势越来越明显,在强大的企业面前,消费者个体显得十分弱小。因此,消费者的个体权利包括生命权和健康权应该得

到保障，一切危害生命和健康的事实都应当由事实的引发人承担责任。再次，科学技术日益发达，产品的设计和生产对科技的依赖性越来越强，社会分工越来越细。在这种情况下，仍要求受害人必须证明被告有疏忽才能获得赔偿，显然已经不太合理。相反，产品的制造商或销售商应更应证明产品是否有缺陷，这种举证责任的倒置也是严格责任产生的重要出发点。最后，严格责任能够鼓励和促进制造商改进产品的安全性。目前，产品责任领域中的严格责任已经为越来越多的国家所采纳。西欧的一些国家在食品、药品等与人身健康关系比较密切的领域，也通过立法明确采纳了严格责任原则。同时，严格责任原则也成为国际产品责任法的重要原则。

2. 严格责任原则的适用

以违反严格责任原则为理由提起诉讼时，原告必须提供以下证明。

1）产品存在缺陷

只有证明产品存在缺陷，才能适用严格责任。这是国际上通行的惯例，但美国《第二次侵权法重述》第四百零二条 A 款采用了与此不尽相同的做法。按照该条款的规定，适用严格责任必须以产品有缺陷并对消费者或使用者带来不合理的危险为要件，这实际上加重了原告的举证责任。因为原告除了要证明产品存在缺陷，还必须证明产品给消费者或使用者带来了不合理的危险，这比单纯证明产品有缺陷更加困难。

2）产品出厂时缺陷已经存在

缺陷的存在时间对确定产品责任是至关重要的。缺陷可能发生在产品的制造和装配、流通、使用等不同阶段。如果缺陷发生在产品的使用过程中，很有可能是由使用者的过错造成的。在这种情况下，从事实证明的角度看，很难证明缺陷与制造商或销售商有关，也很难按照严格责任原则使其承担责任。因此，要证明缺陷与制造商或销售商有关，或者缺陷属于设计缺陷、制造和装配缺陷或指示和警告缺陷之一，必须先证明产品缺陷在出厂前已存在。

3）损害是由产品缺陷造成的

损害是由产品缺陷造成的，即损害与缺陷产品之间有因果关系。在证明产品缺陷与损害之间的因果关系时，不必证明缺陷是损害的唯一原因，而只需要证明缺陷是损害发生的实质原因，即缺陷足以引起损害发生，甚至只要证明缺陷具有造成损害的危险性，就完全可以主张因果关系的存在。由此可见，产品缺陷与损害之间的因果关系仅是一种相对的因果关系，而不是绝对的因果关系。

3. 严格责任原则的意义

严格责任原则是法律追求公平价值目标的体现，是科学技术高度发达的产物，是充分与合理保护消费者利益的法律制度。从其产生与适用而言，这一制度具有以下优点。

相对于合同关系原则，严格责任原则适用于一切产品的购买者和使用者，并赋予了他们合法的诉讼权。换言之，即使产品的受害者与制造商或销售商没有合同关系，也可以提起赔偿之诉。这使每个产品的受害人都有机会通过诉讼获得合理的赔偿，体现了法律的公平精神。因此，美国一些学者将严格责任称为普遍责任。

相对于疏忽责任原则，严格责任原则不要求原告证明被告的过错，大大减轻了受害人的举证责任。由于科学技术日益发达，社会分工越来越细，除产品的设计者或制造者外，一般的消费者很难判断产品缺陷的存在究竟是否与制造商或销售商的过错有关，严格责任原则取消了受害人证明制造商或销售商有过错的举证责任，有利于其获得合理的赔偿。

相对于担保责任原则，严格责任原则不要求产品的制造商或销售商对产品做出明示或默示的担保。受害人以担保责任起诉，必须以制造商或销售商对产品有担保为前提。然而，制造商和销售商的担保不可能包括一切产品缺陷。如果某种产品缺陷的存在没有包括在担保中，但又造成了损害，按照担保责任原则，则受害人无法获得赔偿。严格责任不以担保的存在为构成要件，可以不受担保的限制，有利于受害人索赔。

二、被告产品责任的抗辩

各国的产品责任法在保护消费者利益的同时，也赋予了被告一些抗辩权利，可以减轻或免除其责任，以达到保护被告的合法利益的目的，使双方利益达到平衡。

（一）美国

1. 担保的排除和限制

《美国统一商法典》规定，买卖双方可以在合同中明示或默示地限制或排除其在产品销售中的担保条件。在以担保责任为理由的诉讼之中，被告如果已在合同之中排除各种明示担保或默示担保，则其可以提出担保已被排除进行抗辩，但在消费交易中，卖方如有书面说明就不得排除种种默示担保。

2. 相对疏忽

在侵权的产品责任诉讼中，被告可以以相对疏忽进行抗辩，要求减免责任。近年来，美国许多州已通过立法和判例放弃了承担疏忽原则，而采取相对疏忽原则，即法院只是按原告的疏忽在引起损害中所占的比重相应地减少其索赔的金额，也就是说被告只能以此进行抗辩，要求减轻其责任。

3. 自担风险

自担风险是指原告已经知道该产品有缺陷或带有危险，尽管如此，原告也甘愿将自己置于这种危险或风险的境地。由于原告甘愿冒风险而使自己受到伤害，即受害人自担风险，所以其不能要求被告赔偿损失。但采取相对疏忽原则的各州都规定，自担风险只能作为原告减少其索赔的依据，而不能完全阻止原告索赔。

4. 非正常使用产品或误用、滥用产品

如果原告非正常使用产品，或误用、滥用产品，已超出了被告可以合理预见的范围，

而且被告亦采取措施予以防范，被告可以以此进行抗辩，要求免除责任。

5. 擅自改动产品

如果原告对产品或其中部分零件加以变动或改装，改变了该产品的状态或条件，从而使自己受损害，则原告无权要求被告承担责任。

6. 带有不可避免的不安全性

如果某种产品即使正常使用也难以完全保证安全，则销售这种产品的人可以要求免除责任。即使在严格责任的诉讼中，被告也可以提出抗辩。

（二）欧盟各成员国

1. 未将产品投入流通

《欧共体产品责任指令》及欧盟成员国产品责任立法，均对此做出明文规定。在以这个理由进行抗辩时，应当注意产品是否投入流通，应以最初生产者将产品投入流通的时间为准。产品未投入流通一般是指产品并未脱离生产者的控制。

2. 产品投入流通时，引起损害的缺陷尚不存在

只要生产者能够证明，引起损害的缺陷在其将产品投入流通时不存在，或该缺陷是产品脱离其控制后出现的，则生产者不承担责任。

3. 将产品投入流通时的科学技术水平尚不能发现缺陷存在

这是指如果产品被投入流通时的科技知识无法使生产者发现产品的缺陷，那么即使以后由于科技进步而证明了产品存在缺陷，生产者对损害也不负责任。

4. 产品符合政府机构颁布的强制性法规而导致产品存在缺陷

这一抗辩理由在许多国家立法中有明文规定。《欧共体产品责任指令》第七条 D 款规定，产品为符合官方政府所规定的强制性法规而制造产生缺陷的，生产者不承担责任。这一抗辩理由有些国家不予承认，如荷兰。

5. 诉讼时效

在产品责任的诉讼中，时效已过也是重要的抗辩理由，《欧共体产品责任指令》规定，损害赔偿诉讼的诉讼时效期间为三年，诉讼时效期间从原告知道或理应知道该缺陷和生产者的身份起计算；受害者的索赔权利从造成损害的产品投入流通市场满十年后消灭，但受害者在此期间对生产者提起诉讼的除外。

（三）中国

1. 未将产品投入流通

产品在未被投入市场之前，本来不应该存在发生损害的可能性，因此，也就无从产生产品责任；同时，这一条规定也排除了产品因被盗或遗失而流入市场、发生损害而产生的

赔偿责任。

2. 将产品投入流通时，引起损害的缺陷尚不存在

我国《产品质量法》第二十九条规定，只要生产者能够证明，引起损害的缺陷在产品投入市场时不存在，或该缺陷是在产品脱离其控制之后出现的，则生产者不承担责任。

3. 将产品投入流通时，科技水平尚不能发现缺陷的存在

因产品责任而发生的诉讼，按照我国《民法典》第一千二百零七条的规定，明知产品存在缺陷仍然生产、销售，或者没有依据前条规定采取有效补救措施，造成他人死亡或者健康严重损害的，被侵权人有权请求相应的惩罚性赔偿。《产品质量法》第三十三条规定，因产品缺陷造成损害，要求赔偿的诉讼时效期间为两年，自当事人知道或理应知道其权利受到损害起计算。因产品存在缺陷造成损害要求赔偿的请求权，在造成损害的缺陷产品交付最初用户、消费者满十年丧失，但尚未超出明示的安全使用期的除外。

三、损害赔偿的形式与范围

缺陷产品引起的损害后果可能是多种多样的，主要表现为下列几种情形：由缺陷产品造成的对人身或财产的损害，以及此类损害带来的间接的资金损失；维修或替换产品以排除缺陷的危险因素的费用，以及因产品不能使用而引起的诸如利润损失等金钱损失；产品本身的缺陷给产品自身造成的损害；维修或替换产品以排除未对人身或财产构成威胁的缺陷的费用；完全由产品带有缺陷这一事实而导致的利润损失或其他金钱损失，即产品对人身或财产或产品本身均未构成损害之威胁。各个国家都对这几种损害赔偿做了特别规定或限制，下面分别进行介绍。

（一）美国

按照美国法院的判例和《统一产品责任示范法》第一百零二条F项的规定，在产品责任诉讼中，原告可以提出的损害赔偿的请求范围相当广泛，判决金额常常都在一百万美元以上，有时甚至达上亿美元。具体说来，原告可以提出的损害赔偿包括以下几项。

1. 补偿性损害赔偿

1）人身伤害的赔偿

产品责任中的人身伤害，一般是指产品因具有缺陷而对他人生命、身体、健康造成的损害，具体包括生命的丧失、肢体的伤残及健康受损。在美国即指合理的医疗费用和身体残疾的补偿费用。除此之外，在人身伤害的赔偿金额中，精神损害的赔偿比重远远大于肉体伤害的赔偿比重。

2）财产损失的赔偿

财产损失是指除缺陷产品造成的缺陷产品外的其他的财产损失，通常包括替换受损坏的财产或修复受损财产所支出的合理费用。

3）商业性损害赔偿

商业性损害赔偿又称"产品伤害自己"，不仅包括产品毁灭，还包括产品本身价值的减少、不能使用，以及必须修缮或丧失营业利益等。

2. 惩罚性损害赔偿

如果有过错的被告全然置公共政策于不顾，受损害的原告可以要求法院判处被告承担惩罚性的损害赔偿。这种赔偿是惩罚被告的一种方式，被告要给予原告超出其实际损失的损害赔偿金。

（二）欧盟各成员国

《欧共体产品责任指令》第九条规定，本指令的损害是指因死亡或人身伤害引起的损害；缺陷产品以外的任何财产的损失或灭失。但上述财产须以下列情形为限，始受赔偿，且损害不得低于5000欧洲货币单位：一是个人使用或消费所需的那类产品；二是被害人主要将其用于个人使用或消费。关于精神损害赔偿，不排除适用国内法的规定。同时，准许各国对最高赔偿金额做出规定。例如，《德国产品责任法》规定，由于产品有缺陷，致人死亡，使人身或健康受到伤害或财产遭受损害，产品制造人有义务对由此产生的损失予以赔偿。在财产遭受损害的情况下，除有缺陷的产品外的另一财物遭受损失，而该财物一般确定为供个人使用或消费，并已为受害人专门使用过。另外，1987年《英国消费者保护法》规定，损害是指死亡或人身伤害或财产的毁损灭失，对缺陷产品本身的损害或组装到另一产品中的产品损害或纯经济损失，不予赔偿。财产损害造成的最低赔偿额为275英镑。

（三）中国

因产品质量不合格而造成他人人身、财产受到损害的产品，生产者、销售者应承担赔偿责任。我国《产品质量法》第四条规定，中国产品质量责任的赔偿范围为"实际损失"，包括财产损害和人身损害两个方面。

第三节　各国的产品责任立法

20世纪以来，随着商品在多国间进行加工、生产、贸易、流通的日趋普遍，跨国的国际产品责任案件越来越多。由于各国有关产品责任的法律规定不一致，而不同的国家基于主权及保护本国国民的利益考虑，都力图使产品责任纠纷置于本国法院管辖之下，并适用本国法律解决。

一、美国产品责任法

美国法院在外国制造或生产的产品在美国造成他人人身或财产受到损害时，对该产品的外国制造商或生产者行使司法管辖权,认为它们是审理该类案件最合适的法院,因为原告、证人和证据均在美国。从总的趋势来看,美国法院更倾向于保护消费者的利益,即原告的权利。原告受到进口商品的伤害而美国法院认为自己没有管辖权的判例很少。

(一)美国产品责任诉讼中的有关当事人

1. 疏忽责任

诉讼中的有关当事人疏忽责任突破了传统的契约原则。以疏忽为理由提起产品责任诉讼不同于根据合同提起的诉讼。在疏忽责任理论中,原、被告之间不需要有直接的合同关系,除了产品的买方,任何与买卖合同无关的人,即使旁观者,只要他是由于该产品的缺陷而直接受到损害的,都可以对产品生产者和销售者提起疏忽之诉。

2. 担保责任

诉讼中有关当事人违反担保之诉属于买卖法的范畴,是根据买卖合同所提起的诉讼。按照英美法的规定,凡依合同提起诉讼的,双方当事人之间必须有直接的合同关系。此规定较适用于一般买卖合同的诉讼,但不适用于产品责任诉讼。因为产品责任法的出发点是保护消费者的利益。现在,美国法院在审判实践中对担保责任的有关当事人范围,已不限于直接合同关系的当事人。

1)受害方(原告)

美国大多数地区已经取消了关于合同关系的要求,从而担保的范围可以扩大到所有合理参与使用或维护该产品的人。

2)加害方(被告)

原告可以对从生产到销售这种有缺陷产品的各个环节的经手人起诉,即从制造商到销售商,包括中间商。一方面,产品使用者或消费者可以直接控告制造商,另一方面制造商也要对零售商或中间商因其受追诉而遭受的损失负责。

3. 严格责任

诉讼中的有关当事人包括受害方和加害方。受害方通常是产品的消费者或使用者,包括买方的家属、亲友、客人,甚至过路人。凡制造销售有缺陷的产品、不合理地危害了使用者或消费者,只要产品责任诉讼的要件已经具备,受害人就可以直接向在产品制造、销售过程中有关的任何人要求赔偿。

(二)美国产品责任诉讼中的抗辩

根据美国产品责任法,消费者或使用者因使用某种产品引起损失或伤害,向生产者或销售者提起诉讼时,被告可以以充分的证据进行抗辩,即要设法证明原告受到的损失或伤害完全是由原告的行为引起的,以减轻或免除自己的责任。根据原告行为的性质,产品责任诉讼中的抗辩理由可分为以下几种。

1. 原告自己的疏忽行为

原告自己的疏忽行为亦称过失分担或共有过失,通常发生在疏忽责任的案件中。它是指原告自己因其疏忽未能发现产品中的明显缺陷或对于缺陷可能引起的损害没有采取适当的预防措施，原告对此也应承担一部分责任。因此，在严格责任的案件中，被告如引用"原告自己的疏忽行为"为抗辩理由将受到很大限制。

2. 风险的承担

风险的承担是指受害人对产品的缺陷及其危险具有充分的知识和鉴别力，但他自愿地、不合理地使用该有缺陷的产品。原告因这种情况而致伤，可作为被告抗辩的理由。

3. 非正常使用产品

这是指产品被用于该产品原有用途以外的目的或其使用方法明显不当时，对其所致损害，产品生产者可以以该损害并非由产品的缺陷所致为由进行抗辩。

4. 特殊敏感性或过敏

这是指人的机体对某些抗原物质所发生的特异反应。凡产品或其配料对大多数人不至于引起伤害，被告就可以进行抗辩，并认为其伤害是由使用者对产品特别敏感引起而不是由产品缺陷所致。

> **抗原**
>
> 抗原（Antigen，Ag）是指能引起抗体生成的物质，即任何可诱发免疫反应的物质。外来分子可经过 B 细胞上免疫球蛋白的辨识或经抗原呈现细胞的处理并与主要组织相容性复合体结合成复合物再活化 T 细胞，引发连续的免疫反应。

（三）美国产品责任诉讼中的损害赔偿

在美国，损害赔偿的一般原则是补偿受害人的所有损失，包括过去的损失和将来的收益的损失、痛苦的代价和实际的开支，如医疗费用等。赔偿应一次支付，对将来的收益的损失要根据受害人的伤残程度计算并折合成现金。在绝大多数美国法院中，受害人可向被告索要全部损害赔偿，而不管原告是否可能从其他方面获取任何补偿或津贴。一般来讲，加害方（被告）必须对他的受害人的现状承担责任。美国产品责任损害赔偿的项目包括下列方面。

1. 人身伤害

在人身伤害的案件中，法院在确定责任后，就要决定对受害人所受损害补偿的金额。其补偿性的赔偿一般包括肢体伤残所遭受的痛苦、精神上遭受的痛苦、生活收入的损失及失去谋生能力的补偿，以及过去和将来必要、合理的医疗费用开支。美国对人身伤残的补偿比实际支出的医疗费用及其他实际开支要多。在许多情况下，对受害人的精神痛苦和不幸遭遇的赔偿额往往占赔偿总额的大部分。

2. 财产损失

产品缺陷导致的财产损失与人身伤害不同,与产品本身的损坏也有所区别,所以可追偿的数额一般只限于损坏财产的必要的、合理的更换或修理费用,即直接财产损失。

3. 惩罚性赔偿

在被告的行为异常严重,但又不足以在刑法上定罪时,公共政策要求给予其某种经济上的惩罚,这种赔偿形式一般称为惩罚性赔偿,它经常作为补偿性赔偿之外的附加赔偿。

二、欧盟产品责任法

欧洲各国大多没有产品责任方面的专门立法,主要通过引申解释民法典中的有关规定,来处理涉及产品责任的案件。为了协调欧盟成员国有关产品责任的法律,原欧共体部长理事会于 1985 年 1 月 25 日通过了《关于对有缺陷产品的责任指令》,要求成员国在 1988 年 8 月 1 日以前采取相应的国内法予以实施,但准许成员国留有取舍余地。1985 年 7 月原欧共体部长理事会正式通过了《欧共体产品责任指令》,并要求各成员国通过本国立法程序将其纳入国内法予以实施。于是,欧盟成员国的产品责任立法发生了根本性转折,采取严格责任。

(一)消费产品安全政策

在欧洲一体化的发展进程中,消费政策始终是一项重要的基本政策。在欧盟层面,由欧盟委员会负责的消费者事务主要可以归结为消费者安全保护(消费产品安全)、消费者服务(旅游、休闲、教育和财经服务)、消费者商业利益(商业反欺诈)和消费者信用体系(电子商务,个人信用)。由于欧盟关于"食品安全"的政策法规和管理体系相对独立,因此在欧盟政策法规体系中经常提及的"消费产品",即指非食品、但主要是消费者使用的产品。

从 20 世纪 70 年代开始至今,随着欧洲统一市场的不断发展,欧盟(欧共体)制定了一系列、数量众多的欧盟层面的产品安全法规,以适应欧洲经济一体化和商品自由流动的需要。消费产品安全和消费者保护工作的三条重要原则:不断提高整个欧盟范围内的消费者保护水平,使欧盟所有消费者都能切身体会欧洲一体化带来的便利、实惠和安全,以普遍增强欧盟消费者的信心;切实强化消费者保护的执法力度,以确保有关消费者保护的政策法规在欧盟各成员国都能得到有效执行;促使消费者和相关组织积极参与产品安全等政策法规的制定活动,以增强消费者保护工作的有效性和透明度。

(二)欧盟产品安全管理机构

欧盟委员会和各成员国对产品质量安全的管理都负有重要职责。在欧盟委员会内部,产品质量安全的管理职能分属多个不同的总司,在很多方面也存在职能交叉。

1. 欧盟委员会和各成员国的职责分工

目前欧盟委员会在产品质量安全管理方面的职责和日常工作主要集中在以下几方面。一是立法，即起草制定并报欧盟议会和理事会通过实施产品安全的新法规。二是司法，即督促各成员国有效执行《通用产品安全指令》（General Product Safety Directly，GPSD）、部门指令等产品安全法规，组织开展执法活动，并负责相关法律解释。三是协调，即组织欧盟范围内产品安全风险信息交流，协调各国开展风险产品控制和查处。四是推动，即以资金投入和人员培训等方式，推动欧盟各国特别是新成员国加强产品安全管理机构建设，同时支持欧盟和各成员国消费者保护组织的发展。

2. 欧盟委员会内部的职责分工

目前，在欧盟委员会内部，具有产品安全管理职能的部门主要有消保总司、企业总司、农业总司、内部市场总司、环保总司等。消保总司主要负责组织实施 GPSD，并在 GPSD 的框架下开展与消费者保护相关的消费产品立法和管理活动。企业总司负责化学制品和大多数消费产品部门指令的立法工作，并具体负责化妆品、玩具、医药、医用制品和兽药等产品安全工作。市场总司负责组织不合格产品生产商的法律责任工作。环保总司负责化学制品安全。

三、中国产品责任法

近年来，我国陆续颁布了一些与产品责任有关的法律法规，如《中华人民共和国食品卫生法》《中华人民共和国药品管理法》《中华人民共和国进出口商品检验法》《中华人民共和国化妆品监督管理条例》《工业产品质量责任条例》等。这些法律法规对于调整某些领域内的产品责任关系、提高产品质量，起到了明确规定因制造、销售缺陷产品而应承担的法律责任的作用。我国《产品质量法》第四章"损害赔偿"专门规定了产品责任，其主要内容如下。

（一）产品责任原则

我国《产品质量法》规定，因产品存在缺陷造成人身、缺陷产品以外的其他财产损失的，生产者应当承担赔偿责任。由于销售者的过错使产品存在缺陷，造成人身、他人财产损害的，销售者应当承担赔偿责任。

（二）"缺陷"的含义

我国《产品质量法》规定，本法所称缺陷，是指产品存在危及人身、他人财产安全的不合理的危险；产品有保障人体健康、人身及财产安全的国家标准和行业标准的，是指不符合该标准。

（三）生产者免责条件

根据我国《产品质量法》的规定，生产者能证明有下列情形之一的，不承担赔偿责任：

未将产品投入流通的;产品投入流通时,引起损害的缺陷尚不存在的;将产品投入流通时科学技术水平尚不能发现缺陷的存在的。

(四)损害赔偿

1. 人身伤害

因产品存在缺陷造成受害人人身伤害的,侵害人应当赔偿医疗费、治疗期间的护理费、因误工减少的收入等费用;造成残疾的,还应当支付残疾者生活自助费、生活补助费、残疾赔偿金,以及由其扶养的人所必需的生活费等费用;造成受害人死亡的,并应当支付丧葬费、死亡赔偿金,以及死者生前抚养的人必要的生活费用等费用。

2. 财产损失

因产品存在缺陷造成受害人财产损失的,侵害人应当恢复原状或者折价赔偿。受害人因此遭受其他重大损失的,侵害人应当赔偿损失。

(五)争议解决

因产品质量发生民事纠纷时,当事人可以通过协商或调解解决,当事人不愿通过协商、调解解决或协商、调解不成的,可以根据当事人各方的协议向仲裁机构申请仲裁;当事人之间各方没有达成仲裁协议的,可以向人民法院提起诉讼。

视野拓展

仲裁协议

仲裁协议是指双方当事人自愿将他们之间已经发生或者可能发生的可仲裁事项提交仲裁裁决的书面协议。仲裁协议包括双方当事人在合同中订立的仲裁条款和以其他书面方式在纠纷发生前或者纠纷发生后达成的请求仲裁的协议。仲裁协议是仲裁委员会受理案件的前提条件。

(六)诉讼时效

根据我国《产品质量法》的规定,因产品存在缺陷造成损害要求赔偿的诉讼时效期间为二年,自当事人知道或应当知道其权益受到损害时起计算。因产品存在缺陷造成损害要求赔偿的请求权,在造成损害的缺陷产品交付最初消费者满十年丧失;但是,尚未超过明示的安全使用期的除外。

本章小结

1. 产品责任法主要调整产品的制造者、销售者与消费者之间基于侵权行为引起的人

身伤害和财产损害的责任。

2. 产品责任法是指调整制造商、销售商,以及其他有关经济主体与消费者、使用者之间因产品缺陷所形成的侵权赔偿关系的法律规范的总称。

3. 产品责任法是一个新型的、正在形成的法律部门。

4. 责任主体是指当缺陷产品给消费者造成人身伤害和财产损失时,依法应承担赔偿责任的自然人和法人,也就是通常所说的被告。

5. 疏忽责任是指产品的制造商或销售商在生产或销售过程中因主观上的疏忽导致产品有缺陷,而造成产品的消费者或使用者遭受损害所应承担的责任。

6. 担保是在合同中对产品的质量、性能、规格、用途等所做的许诺、说明或保证,主要分为明示担保和默示担保。

7. 严格责任原则是法律追求公平价值目标的体现,是科学技术高度发达的产物,是充分与合理保护消费者利益的法律制度。

8. 产品责任中的人身伤害,一般是指产品具有缺陷而对他人生命、身体、健康所造成的损害,具体包括生命的丧失、肢体的伤残及健康受损。

9. 财产损失是指缺陷产品造成的缺陷产品之外的其他的财产损失,通常包括替换受损坏的财产或修复受损财产所支出的合理费用。

10. 商业性损害赔偿又称"产品伤害自己",除包括产品毁灭外,还包括产品本身价值的减少、不能使用,以及必须修缮或丧失营业利益等。

复习思考题

1. 请简述产品责任的概念。
2. 请简述产品责任的归责原则。
3. 缺陷产品引起的损害后果可能是多种多样的,主要表现为哪几种情形?
4. 什么是特殊敏感性或过敏?
5. 美国产品责任损害赔偿的项目包括哪些方面?
6. 欧盟委员会内部的职责分工是怎样的?

第八章

国际知识产权法

学习目标

- 了解知识产权
- 了解版权制度
- 了解专利及专利权
- 了解专利权人的权利与义务
- 熟悉商标法律制度
- 熟悉保护知识产权的国际公约与有关的国际条例

开篇案例

最高人民法院对美国球星乔丹状告中国乔丹体育公司商标侵权案做出裁决，中国乔丹体育公司第二十五类服装、鞋、帽、袜等商品上的 6020578 号"乔丹+图形"商标被撤销。乔丹商标系列案终于告一段落。那么，中国乔丹体育公司终审败诉，驰名商标侵权是如何认定呢？

辩证思考：

由于驰名商标内所蕴含的巨大投入和可预期的经济利益，驰名商标长期是不法侵权者觊觎的对象，因此，对驰名商标侵权的认定与一般商标不同，前者更宽泛。我国对驰名商标的保护主要是从横向和纵向两方面入手的，横向使与驰名商标"近似"的标识范围扩大，扩大到了纵向，则使驰名商标所标示的商品或服务类别扩大，从相同或类似商品或服务扩大到非类似的商品或服务上，达到给予特殊保护的目的。

世界有关商标的知识产权公约也是基于这种思路来认定驰名商标侵权以保护驰名商标的。如《巴黎公约》规定，凡是被成员方认定为驰名商标的标识，一是禁止其他人抢先注册，二是禁止其他人使用与之相同或近似的标识。

《知识产权公约》则进一步规定，《巴黎公约》的特殊保护延及驰名服务商标，把保护范围扩大到禁止在不类似的商品或服务上使用与驰名商标相同或近似的标识。

我国目前对驰名商标侵权的认定基本上也是沿袭了这种思路。我国《商标法》第十三条规定，就相同或者类似商品申请注册的商标是复制、摹仿或者翻译他人未在中国注册的驰名商标，误导公众，致使该驰名商标注册人的利益可能受到损害的，不予注册并禁止使用。商标注册实践中出现的"联合商标""防御商标"也是这种思路的结果。

但由于驰名商标与一般注册商标的侵权相比，其除了在横向、纵向的范围有所扩大，还有其他的典型的商标侵权所不具备的侵权形式，学理上称之为"淡化"方式侵权。所谓"淡化"就是以某种方式歪曲、减弱甚至消除具有某种驰名商标的特定商品（服务）与特定的商品生产者（服务提供者）的联系，导致商标的显著性和吸引力弱化，从而造成消费者的混淆。

对侵犯注册商标权行为认定的过程，有以下三个基本步骤。

（1）确定注册商标专用权的权利范围。注册商标专用权的权利范围是认定商标侵权的基本依据。判断商标侵权行为能否认定所考虑的一切因素都是围绕注册商标专用权的权利范围来进行的。根据我国《商标法》第五十六条的规定，注册商标的专用权，以核准注册的商标和核定使用的商品为限。显然，从这条规定看，注册商标专用权的权利范围只限于核准注册的商标和该注册商标所核定使用的商品。该范围由两个方面的因素来确定，一是核准注册的商标，二是该注册商标所核定使用的商品。二者的结合，构成注册商标专用权的权利范围，也就为认定商标权侵权行为确定了与被控侵权对象进行比较的标准，以便得出是否构成侵权的结论。

（2）确定被控侵权的具体对象。被控侵权对象的确定由两个方面的因素所决定，一是被控侵权的商标，二是被控侵权的商标所使用的商品。确定被控侵权具体对象的意义在于确定和固化被控侵权行为的载体，为下一步与商标权的保护范围的比对打下坚实基础。它与确定注册商标专用权的权利范围同样重要，它是认定商标侵权行为的另一比较对象。

（3）将被控侵权对象与注册商标和该注册商标所核定使用的商品进行比较，认定被控侵权的商标与注册商标是否相同或者近似，以及被控侵权商标所使用的商品与该注册商标所核定使用的商品是否属于同一种类或者相类似。

通过认定侵犯注册商标专用权行为的三个基本步骤，特别是经过将被控侵权对象与注册商标和该注册商标所核定使用的商品进行比较后，就能认定是否构成商标侵权。

第一节　版权及秘密技术保护法律制度

随着知识产权在国际经济竞争中的作用日益上升，越来越多的国家制定和实施了知识产权战略。面对国际上知识产权保护的发展趋势和中国在开放条件下面临的知识产权形势，中国必须加紧制定和实施知识产权战略，保护国家的技术安全，提高我国的自主创新能力和防止跨国公司的知识产权滥用。

一、知识产权概述

（一）知识产权的概念

知识产权是指人类智力劳动产生的智力劳动成果所有权。它是依照各国法律赋予符合条件的著作者、发明者或成果拥有者在一定期限内享有的独占权利，一般认为它包括工业产权和版权（著作权）。工业产权则是指包括发明专利、实用新型专利、外观设计专利、商标、服务标记、厂商名称、货源名称或原产地名称等在内的权利人享有的独占性权利；版权（著作权）是指创作文学、艺术和科学作品的作者及其他著作权人依法对其作品所享有的人身权利和财产权利的总称。

（二）知识产权的分类

知识产权分为工业产权与版权两大类。

1. 工业产权

工业产权是人们依法对应用于产业的创造发明和显著标记等智力成果，在一定地区和期限内享有的专有权。按照《巴黎公约》的规定，工业产权包括发明、实用新型、外观设计、商标、服务标记、厂商名称、货源标记、原产地名称，以及制止不正当竞争的权利。由此可见，工业产权涉及的范围十分广泛。值得注意的是，虽然名为工业产权，但实际上它不仅适用于工业本身，也适用于商业、农业、矿业、采掘业及一切制成品或天然品，如有关酒类、谷物、烟叶、水果、牲畜、矿产品、矿泉水、花卉和面粉等的发明创造。

工业产权一般可以分为两类。一类是创造性成果权，其保护对象包括发明、实用新型和外观设计等，一定程度上的创造性是其取得法律保护的必要条件。法律承认发明创造的发明人或者设计人在一定期间内享有利用他们各自的发明创造的独占权利。这样做是为了鼓励他们把发明创造公开，以促进科学技术和经济的发展。另一类是识别性标记权，其保护对象包括商标、服务标志、厂商名称、商品的原产地名称，以及与厂商有关的其他显著标记等。这些标记和名称标示了产品或服务的来源和厂商特定人格，可识别性是其基本特征。

2. 版权

版权是赋予包括文学、艺术和自然科学、社会科学、工程技术等作品创作者的权利，具体包括以下内容：文字作品；口述作品；音乐、戏剧、曲艺、舞蹈、杂技艺术作品；美术、建筑作品；摄影作品；视听作品；计算机软件，等等。版权涉及的权利包括上述作品的发表权、署名权、修改权表演权、广播权等。

 视野拓展

> **表演权**
>
> 表演权，即公演权、上演权，指著作权人自己或者授权他人公开表演作品，以及用各种手段公开播送作品的权利。其特点在于必须以公开的方式进行，面向不特定的多数人，表演他人作品应征得著作权人的许可。

（三）知识产权涵盖的范围

根据世界贸易组织《与贸易有关的知识产权协定》（TRIPS）的规定，知识产权的范围如下：版权及其相关的权利；商标，包括服务商标；地理标记；工业（产业）设计；专利；集成电路布图；未公开信息，包括商业秘密。

（四）知识产权的特征

知识产权属于无形财产权，与有形财产权相比具有以下特征。

1. 独占性

知识产权的独占性也称专有性或垄断性。知识产权中的工业产权一经法律确定，即具有排他性，在法定期限内只有权利人才能享有，其他人未经权利人同意均不能使用这种受法律保护的权利，否则就构成侵犯专有权的违法行为，须承担相应的法律责任；另外，在一个国家内，一项相同内容的工业产权只能依法授予一个权利人。就发明而言，一项发明的专利权只能授予一个申请人，一旦某人依法取得了专利权，那么其他人就不能就同样的发明再取得相同的专利权。就商标而言，在同种或类似的商品上不能同时注册两个相同或类似的商标。一旦某一商标注册申请人的商标被核准注册，那么其他人就不能在同种或类似商品上再申请注册相同或相近的商标。

2. 地域性

知识产权的地域性是指知识产权的地域限制，即一国所确认和保护的知识产权，只在该国范围内有效。除签有国际条约或双边协定外，依一国法律所产生的知识产权对其他国家不产生效力，即知识产权没有域外效力。一国的知识产权要在其他国家获得法律保护，必须依照该国的法律向该国申请并经批准后才能实现。

3. 时间性

知识产权的时间性是指知识产权的时间限制，即知识产权的保护是有一定期限的，即知识产权的有效期。一旦法律规定的期限届满，权利人即丧失其专有权，这些智力成果即成为社会财富，任何人都可以无偿使用。如某些国家法律规定，专利权的保护期限为 20 年、版权的有效期为创作者的有生之年加死后的 50 年等。

二、版权制度

（一）版权的概念

版权是一个法律概念，指政府授予原创作品创作者对其作品进入公众领域一定时间内的一种独占权利。顾名思义，它是一种"复制"的权利，包括给予版权持有人决定谁可以采取其他形式使用其作品、谁可以演出其作品、谁可以从其作品中获得财务收益的权利，以及其他相关的权利。版权是知识产权的种类之一，它和专利、商标、商业秘密等共同构成"知识产权"。

版权发端于15世纪。米兰公爵于1481年首次签署了著名的独占印刷历史作品的许可。类似的许可同期在德国、法国、意大利和西班牙也开始出现。随后，在1534年，英国出版商首次获得皇家特许的保护；到1556年，英国女王玛丽一世为了控制舆论，批准成立了"出版商公司"，并进而规定一切图书在出版前都必须送官方审查，同时必须在该公司登记注册。这是版权产生的第一阶段。在这一阶段，现代使用的"版权"这一概念尚未真正形成，有关的权利的专有性及地域性仅仅反映在"出版权"上，且仅是君主赐予的一种特权。

英国资产阶级革命后，要求废除君主封建特权的呼声不仅反映在处理有形财产方面，而且扩大到处理无形财产（包括知识产权）方面。在这种情况下，英国下院于1709年通过了世界上第一部版权法（因当时为英国女王安娜在位，故称《安娜法》）。这部版权法的特点是第一次确认了"作者"是法律保护的主体；规定了给予作品自出版之日起21年的保护期，如果作者尚未过世，还可以续展14年。这两个特点使现代意义上的"版权"真正形成。1793年，法国颁布第一部版权法。这部法律强调作者个人的权利，提出版权法保护的不仅是作者的经济权利，而且是作者的精神权利。目前，多数国家的版权法都同时承认作者的精神权利与经济权利。

（二）版权保护的对象

版权同专利权一样，都是专有权，即非经权利人的许可，其他人不得加以利用。但版权保护的仅是作品独创的"表达形式"，而不延及作品反映的实质内容。美国1976年《版权法》规定："对某一作品的版权保护，在任何情况下都不能扩大到该作品所描述的任何思想、程序、过程、操作法、概念或原则上。"

版权保护的对象大致包括以语言文字表达的作品，包括著作、小册子、文章、手稿、打印稿、演讲、布道、讲学等；音乐作品；戏剧作品；艺术作品，包括平面艺术，如绘画、摄影，也包括立体艺术作品，如雕塑；哑剧及舞蹈作品；图示、图解；电影作品；电视、广播作品；录音、录像制品；印刷版面。但有的国家版权保护的范围可能更广一些，有的国家则规定得窄一些，如在有些国家，后面四种都不是传统版权保护的对象，而是属于版权"邻接权"所保护的对象。另外，对于上述各种保护对象中包括的具体内容，各国法律规定也有所不同。例如，演说、讲学等，是否一定要以某种物质形式体现出来（如体现在录音带、打字记录里等）才能得到版权保护？多数国家有这样的要求，但也有国家规定，没有稿子或记录的即席演讲，也受版权保护；又如，一般情况下，单纯报道时事的新闻不受版权保护，但如果报道中加了记者的评论，或加了记者对其中某些事实的特写，那就不属于纯新闻，就能受到版权保护。

（三）版权权利

版权所有人所享有的权利，分为经济权利和精神权利两大类。

1. 经济权利

经济权利是指占有版权以便取得某些经济收益的权利，具体包括以下内容：复制权，如复印、复写、出版、录音、录像，等等；改编、改写权，也称"演绎权"，包括翻译、将一种形式的作品改为另一种形式，如将小说改为电影剧本，将小说改为连环画，等等；发行权，如图书的出售、出租、电影的发行，等等；公演权；广播权；公开展出权；追续权，仅作者本人（或版权的继承人）有权享受。经济权利针对的是艺术品的原件而不是复制品（有时也包括名作家的文字作品原稿），在被再次出售时（并非由作者出售给第三者，而是由原买主出售给第三者），原作者仍旧有权从出售的利润中取得一定的版税。这项权利在法国、德国、意大利等国受到保护，但英国、美国等国法律未予承认。

2. 精神权利

版权的精神权利只有作者才能享有，而"其他版权所有人"不能享有。精神权利不能转让。精神权利可以不依赖经济权利而存在，在经济权利转让后，作者还保有精神权利。精神权利一般包括出版权、署名权、保证作品内容完整权、更改权或称"收回权"。这里的"出版权"与经济权利中的"出版权"有所不同，它指作者有权决定自己的作品是否出版、采取什么形式出版，有权介绍和说明自己的作品；"署名权"指作者有权确认自己系某作品的作者，有权在自己的作品上署名以表明作者资格，有权署真名、假名或笔名，也有权不署名发表自己的作品，还包括有权禁止未参加作品创作的其他人在作品上署名；保证作品内容完整权，即禁止他人未经作者允许而增删或修改其作品；更改权则指在作品发表后，如果作者改变了原观点，有权收回原作，但应赔偿出版者因此产生的经济损失。

（四）版权的取得

在建立版权制度的国家中，作品获得版权保护有以下四种不同的形式。

（1）自然获得，即版权随着作品被创作完毕而自然产生，不需要履行任何手续。自然获得并不是说获得版权不需要任何条件，自然获得一般都有一个先决条件，即作者必须是取得版权的"合格人"。"合格人"是指本国国民，或虽非本国国民但在本国长期居留的人，或作品的第一版在本国出版的外国人。

（2）作品必须体现在有形物上，才能获得版权。

（3）发表的作品必须带有一定标记，才能获得版权。有许多国家虽然对于未发表的作品，承认其创作完毕后即享有版权，但对已发表的作品，却要求必须带有一定标记才能获得版权，否则一发表就被视为"进入公有领域"，永远丧失版权。

（4）发表的作品只有履行注册手续后，才能获得版权。在西班牙及多数拉丁美洲国家，法律规定已发表的作品必须在一定时间内（半年至两年内）在政府的管理部门注册，否则就被视为"进入公有领域"。为了避免与国际公约不一致，这些国家都在版权法中补充规定这种注册要求不适用于在国外发表的作品。

（五）版权的保护期限

版权的保护期限一般比专利保护期长，但比商标保护期短（注册商标可无限制地续展）。不同国家法律规定的保护期限并不一致。即便在同一国家，对于不同作品，保护期限也是不一样的，文字作品的保护期限长些，摄影作品、印刷版面之类的保护期限就短些。对于文字作品，不同国家所规定的保护期限差别很大，长的可达作者有生之年加死后 80 年，短的一般也不会少于作者有生之年加死后 20 年。版权保护期限在有些国家可通过法案予以延长，在特殊情况下，还可能是无限长的，在另外一些特殊情况下又可能提前结束保护期，如作者宣布将作品献给公众，或者版权所有人死后既无遗嘱也无法定继承人（对于后一种情况，有些国家会将版权收归国有）。

三、秘密技术保护制度

（一）"Know How"（秘密技术）的含义

"Know How"一词，除译为"秘密技术""技术秘密"外，也可译为"专有技术""技术诀窍"，甚至可以直接译为"商业秘密"。"Know How"在"专有权"方面，同专利权、商标权、版权基本是一样的。但可称为"专有技术"的"技术"，分为专利技术（公开技术）与秘密技术两种，"Know How"属于"秘密技术"。而在"秘密技术"中，除"Know How"外，还经常提到"Trade Secret"一词，按字面可以把它译为"商业秘密"，但它的全部含义并不仅指经营商业活动的秘密，还指那些可以付诸生产、经营性使用、并能产生利润的专有的、秘密的技术。

专利技术

专利技术，顾名思义，是指被处于有效期内的专利所保护的技术。根据我国《专利法》对专利的分类，主要包括发明专利和实用新型专利所保护的技术。外观设计专利因为保护的是新设计，而非技术，所以从严格意义上说，应称为专利设计，而不是专利技术。但是，大家通常所说的，有宽泛外延的专利技术一词是把发明专利、实用新型专利和外观设计专利都包括在内的。

目前，许多国家在技术贸易中将"Know How"统一称为"秘密技术"，如日本、美国等国，但也有一些国家（如英国）仍然把"Know How"与"商业秘密"做某些区分。在国际上，《与贸易有关的知识产权协定》要求，世界贸易组织的成员应该保护该协定所规定的"未公开信息"，即自然人和法人必须采取合法措施防止有人未经持有人同意、违反商业诚信规则公开、获取、使用该类信息，只要这类信息是秘密的、有商业价值的并受到该信息拥有人采取合理措施予以保护的。所以，"Know How"应该属于该类"未公开信息"之一。

（二）"Know How"（秘密技术）的特点

国际上通常会将"Know How"列入无形财产范畴，归到知识产权系列。"Know How"与知识产权中的专利、商标、版权、商业秘密有一些相同之处，也有明显的区别，下面将它与专利、"商业秘密"的区别加以说明，以显其特点。

"Know How"与专利的主要区别：专利通常受到专门成文立法（专利法）的保护，而"Know How"不受专利法的保护，人们可依据当事人之间的合同、侵权法律及其他有关法律规则对"Know How"进行保护；专利技术是公开的，"Patent"（专利）一词无论是在英语还是在拉丁语中，都是"公开"的意思，把技术内容公开出来，是取得专利必不可少的条件，"以公布技术换取外界对某人的专有权的承认"；而"Know How"是不公开的技术，一般受商业秘密法保护；专利的获得必须经权威部门的审查批准，确定其为先进技术才能获得，而"Know How"无须审批，"Know How"建立在长期的经验基础上，由实践积累形成；专利的法律性效力有时间与地域限制，而"Know How"只要不泄密，其效力便是永久的。

"Know How"与"商业秘密"的主要区别：它们出现的时间及历史背景不同。"Know How"在西方国家最初是人们对中世纪作坊中师傅向徒弟传授的手艺的统称，它作为书面用语出现得较早，但作为法律用语在判例里出现得较迟；"商业秘密"则从一开始就继承了古时靠保密维持专有的方式，作为法律意义上对专利制度补充而出现。它首先（1849年）在英国判例中出现。可见，"Know How"作为法律用语的历史比"商业秘密"短得多。"商业秘密"一般指独成一体的或一整套的专有的秘密技术，即使发明人不打算拿它去申请专利，它本身也可能具有可以获得专利的性质；而"Know How"则一般不指那些独立的技术，它必须依附于某项专利，或依附于某项"商业秘密"，作为实施主要技术时所必备的经验性技巧而存在。

第二节 专利法律制度

专利是受法律规范保护的发明创造；专利权是一种专有权，这种权利具有独占的排他性。一个国家依照其专利法授予的专利权，仅在该国法律的管辖范围内有效，对其他国家没有任何约束力,外国对其专利权不承担保护的义务,如一项发明创造只在我国取得专利权,那么专利权人只在我国享有独占权或专有权。

一、专利及专利权

(一)专利的含义

专利,从字面上是指专有的权利和利益。专利一词来源于拉丁语 Litterae Pantentes,指公开的信件或公共文献,是中世纪的君主用来颁布某种特权的证明,后来指英国国王亲自签署的独占权利证书。在现代,专利一般是由政府机关或者代表若干国家的区域性组织根据申请而颁发的一种文件,这种文件记载了发明创造的内容并且在一定时期内产生这样一种法律状态,即获得专利的发明创造在一般情况下他人只有经专利权人许可才能予以实施。

在我国,专利的含义有两种:口语中的使用,仅指"独自占有",如"这仅仅是我的专利";在知识产权中有三重意思,比较容易混淆,具体内容如下。

第一,指专利权人享有的专利权,即国家依法在一定时期内授予专利权人或其权利继受者独占使用其发明创造的权利,这里强调的是权利。专利权是一种专有权,这种权利具有独占的排他性。非专利权人要想使用他人的专利技术,必须依法征得专利权人的授权或许可。

第二,指受到专利法保护的发明创造,即专利技术,这是受国家认可并在公开的基础上进行法律保护的专有技术。专利在这里具体指的是受国家法律保护的技术或者方案。(所谓专有技术,是指享有专有权的技术,包括专利技术和技术秘密。某些不属于专利和技术秘密的专业技术,只有在某些技术服务合同中才有意义。)专利是受法律规范保护的发明创造,它是指专利申请人为一项发明创造向国家专利主管机关提出专利申请,经依法审查合格后向专利申请人授予的在该国规定时间内对该项发明创造享有的专有权,并需要定时缴纳年费来维持这种国家的保护状态。

第三,指国家专利主管机关颁发的确认申请人对其发明创造享有的专利权的专利证书或记载发明创造内容的专利文献,指的是具体的物质文件。

需要注意的是,在日常生活中,人们通常会把"专利"和"专利申请"两个概念混淆使用,如有些人在其专利申请尚未授权的时候即声称自己拥有专利。其实,专利申请在获得授权前,只能称为专利申请,如果其最终能获得专利授权,则可以称为专利并对其所请求保护的技术范围拥有独占实施权;如果其最终未能获得专利授权,则永远没有称为专利的机会了,也就是说,这些人虽然递交了专利申请,但并未就其所请求保护的技术范围获得独占实施权。很明显,这两个概念所代表的两种结果之间的差距是巨大的。

独占实施权

独占实施权是指专利权人对其发明创造享有的独占权,也称专有权。从正面讲,是指专利权人有权按照自己的利益和意愿实施其专利，任何人不得非法干涉；从反面讲，是指任何单位和个人未经专利权人许可，不得实施其专利。我国《专利法》第十一条规定，发明和实用新型专利权被授予后，除了本法另有规定的，任何单位或者个人未经专利权人许可，都不得实施其专利，即不得为生产经营目的制造、使用、许诺销售、销售、进口其专利产品，或者使用其专利方法以及使用、许诺销售、销售、进口依照该专利方法直接获得的产品。外观设计专利权被授予后，任何单位或者个人未经专利权人许可，都不得实施其专利，即不得为生产经营目的制造、许诺销售、销售、进口其外观设计专利产品。

专利的前两重意思虽然意义不同，但都是无形的，第三重意思才是指有形的物质。"专利"这个词语可以仅指其中一重意思，或者包含两重以上的意思，具体情况必须联系上下文来看。对于"专利"这一概念，生活中人们一般笼统地认为，它是由专利机构依据专利申请所颁发的一种文件，由这种文件叙述发明的内容，并且产生一种法律状态，即该获得专利的发明在一般情况下只有得到专利所有人的许可才能利用（包括制造、使用、销售和进口等）。

由于专利涉及各种利益，世界各国与专利相关的知识、法律和规定相当多而且细致，甚至各不相同，要了解各个细节可查询相关具体法律、条文或者国际条约。

值得注意的是，专利的两个基本特征是"独占"与"公开"。以"公开"换取"独占"是专利制度的核心，这分别代表了权利与义务的两面。"独占"指法律授予专利权人在一段时间内享有排他性的独占权利；"公开"指专利申请人为回报法律授予其的独占权而将其技术公之于众，使社会公众可以通过正常渠道获得有关专利信息。

（二）专利权的含义

专利权是指国家专利主管机关依法授予专利申请人或其权利继受人在一定期间内对其发明创造享有的专有权。专利权的意义在于排除他人未经专利权人同意制造、使用、销售、进口其拥有专利权的发明制造的产品。专利权不是在发明创造完成时自动产生的，而是需要申请人向国家专利主管机关提出申请，经审查批准后方可获得的。给予发明人以专利权是为了方便其将发明创造分享给社会公众。通常，法律授予专利权人有限时期（如申请或获得专利时的20年）的独占权。如同其他财产权利，专利权可以买卖、许可、抵押、转让、放弃等。

视野拓展

专利转让

专利转让是专利申请权人和专利权人把专利申请权和专利权让给他人的一种法律行为。我国《专利法》规定，专利申请权和专利权可以转让。全民所有制单位转让专利申请权或者专利权，必须经上级主管机关批准；中国人（或单位）向外国人转让专利申请权或专利权，必须经国务院专利行政部门批准。转让专利申请或专利权的当事人必须订立书面合同，经国务院专利行政部门登记后方能生效。专利转让包括出售、折股投资等多种形式。

（三）授予专利权的条件

1. 可获得专利（权）的条件

由于专利是根据各国国内法授予创造发明的人的，发明人如何取得专利的条件及如何保护专利权人的独占权利，取决于各国的法律规定。根据多数国家的法律规定，一般来说，一项发明创造要获得专利（权），应符合如下条件：创造发明人属于可授予专利的对象、可授予专利的发明属于专利法保护的对象。依有关国家法律规定，一些发明一般不给予专利保护，如科学规律的发现、智力活动的规则等；发明具有新颖性（至少在某些方面是新颖的）；发明必须不是显然易见（美国专利法规定）或包含创新之处（欧洲专利法规定）；发明必须有客观应用性（美国专利法）或可在产业上应用（欧洲专利法）。

2. 我国《专利法》的规定

根据我国《专利法》，授予专利权的发明和实用新型，应当具备新颖性、创造性和实用性。

1) 新颖性

新颖性是指该发明或者实用新型不属于现有技术；也没有任何单位或者个人就同样的发明或者实用新型在申请日以前向国务院有关主管部门提出过申请，并记载在申请日以后公布的专利申请文件或者公告的专利文件中。这里所称的现有技术，是指申请日以前在国内外为公众所知的技术。原《专利法》采用的是"相对新颖性标准"，根据这个标准，申请发明、实用新型专利权的发明创造没有在国内外公开发表过，也没有在国内公开使用过或以其他方式为公众所知即具备新颖性。因此，一些没有公开发表过的技术，虽然在国外已经被公开使用或者已经有相应的产品出售，但只要在我国国内还没有公开使用或没有相应的产品出售，就可以在我国被授予专利权，从而导致我国专利质量不高，既不利于激励自主创新，也妨碍了国外已有技术在我国的应用。为此，我国《专利法》引进了绝对新颖性标准，取消了现有技术的地域限制。这一重大修改有利于提高我国专利授权的质量，提高我国的自主创新能力。为保护专利申请人的利益，我国《专利法》规定，申请专利的发明创造在申请日以前六个月内，有下列情形之一的，不丧失新颖性。①在中国政府主办或者承认的国际展览会上首次展出的。②在规定的学术会议或者技术会议上首次发表的。③他人未经申请人同意而泄露其内容的。

2) 创造性

创造性是指与现有技术相比，该发明具有突出的实质性特点和显著的进步，或者该实用新型具有实质性特点和进步。"实质性特点"是指申请专利保护的发明或实用新型与现有技术相比有本质性的突破，不是现有技术中类似的或推导出的东西，而是创造性构思的结果；"进步"是指申请专利保护的发明或实用新型与现有技术相比在技术上必须有所提高，而不能是一种倒退。将创造性作为授予发明或实用新型专利权的条件是十分必要的，因为新颖性要求的是"未被公众所知"，但新颖性无技术上的要求，如果仅以新颖性为标准授予专利权，则不利于科学技术的进步。

3）实用性

实用性是指该发明或实用新型能够制造或者使用，并且能够产生积极效果。换言之，发明或者实用新型作为一种技术方案，在目前技术条件下或者至少在可以预见的将来，应当是可以实现并且是可以重复实现的。将实用性作为授予发明或实用新型专利权的条件也是十分必要的，因为它集中体现了发明创造的目的。

二、专利权的取得

专利权不是自动产生的，申请人必须依各国国内法提出申请，并经专利审查部门审批后方可被授予专利权。申请发明或者实用新型专利的，应当提交请求书、说明书及其摘要和权利要求书等文件。申请外观设计专利的，应当提交请求书、该外观设计的图片或照片，以及对该外观设计的简要说明等文件。申请人提交的有关图片或者照片应当清楚地显示要求专利保护的产品的外观设计。

专利审查部门将依法对申请文件进行审查，包括以下步骤。（1）初步审查。初步审查也称形式审查，专利审查部门审查该申请是否符合《专利法》关于申请形式的要求，包括审查专利申请文件是否齐备、格式是否符合规定；审查专利申请是否明显属于不授予专利权的范畴等。（2）早期公开。收到发明专利申请后，经初步审查认为符合《专利法》要求的，自申请日起满一定时间（我国为十八个月）即行公布，也可以根据申请人的请求早日公布其申请。（3）实质审查。实质审查是指依照《专利法》规定的授予专利权的实质性条件，对专利申请进行审查，主要是审查申请专利的发明是否具备新颖性、创造性和实用性。专利审查部门可以根据申请人随时提出的请求，对其申请进行实质审查；申请人无正当理由逾期不请求实质审查的，该申请即被视为撤回。（4）授予专利权。发明专利申请经实质审查没有发现驳回理由的，由国务院专利行政部门做出授予发明专利权的决定，发给发明专利证书，同时予以登记和公告。发明专利权自公告之日起生效。实用新型专利和外观设计专利的审批程序相对简单。根据《专利法》，实用新型和外观设计专利申请经初步审查没有发现驳回理由的，由国务院专利行政部门做出授予实用新型专利权或者外观设计专利权的决定，发给相应的专利证书，同时予以登记和公告。实用新型专利权和外观设计专利权自公告之日起生效。

三、专利权人的权利与义务

（一）专利权人的权利

1. 独占实施权

发明和实用新型专利权被授予后，除了《专利法》另有规定的，任何单位或者个人未经专利权人许可，都不得实施其专利，即不得为生产经营目的制造、使用、许诺销售、销售、进口其专利产品，或者使用其专利方法以及使用、许诺销售、销售、进口依照该专利方法直接获得的产品。外观设计专利权被授予后，任何单位或者个人未经专利权人许可，都不得实施其专利，即不得为生产经营目的制造、许诺销售、销售、进口其外观设计专利产品。

2. 许可实施权

专利权人有权许可他人实施其专利。根据《专利法》，任何单位或者个人实施他人专利的，应当与专利权人订立实施许可合同，向专利权人支付专利使用费。被许可人无权允许合同规定以外的任何单位或者个人实施该专利。

视野拓展

专利使用费

专利使用费是指专利权人以外的其他人在使用专利和产品时向专利权人支付的一定数额的使用费用。金额在实施许可合同中由使用专利和产品的人同专利权人协商确定，支付方式也由双方协商确定。

3. 转让权专利

申请权和专利权可以转让。依据我国《专利法》，转让专利申请权或者专利权的，当事人应当订立书面合同，并向国务院专利行政部门登记，由国务院专利行政部门予以公告。专利申请权或者专利权的转让自登记之日起生效。中国单位或者个人向外国人、外国企业或者外国其他组织转让专利申请权或者专利权的，应当依照有关法律、行政法规的规定办理手续。

4. 标明专利标识权

专利权人有权在其专利产品或者该产品的包装上标明专利标识。标明专利标识，一方面可以起到广告的作用，有助于产品的销售；另一方面可以使其他人知道这种产品是受到专利保护的，起到警示作用。

（二）专利权人的义务

专利权人的义务主要是缴纳专利年费。根据《专利法》，专利权人应当自被授予专利权的当年开始缴纳年费。没有按照规定缴纳年费的，专利权将被提前终止。

第三节　商标法律制度

商标是区别不同企业商品或者服务的一种标记。商标法是国家对注册商标专用权及使

用过程中所发生的社会关系进行调整的法律规范总称。我国《商标法》于 1982 年 8 月 23 日通过，1983 年 3 月 1 日开始施行。《商标法》的颁布和实施，是我国商标工作法制化的重要标志。

一、商标权与商标法

（一）商标权

商标是指生产者、经营者为使自己的商品或服务区别于他人的商品或服务，而使用在商品及其包装上或服务标记上的由文字、图形、字母、数字、三维标志和颜色组合，以及上述要素的组合所构成的一种可视性标志。世界知识产权组织将商标定义为用来区别某一工业或商业企业或这种企业集团的商品的标志。根据我国《商标法》，商标包括商品商标、服务商标、集体商标和证明商标。商品商标是指商品的生产者、经营者为使自己的商品或与他人的商品相区别而使用在商品及其包装上的标志。服务商标是指提供服务的经营者，为将自己提供的服务与他人提供的服务相区别而使用的标志。集体商标是指以团体、协会或者其他组织名义注册，供该组织成员在商事活动中使用，以表明使用者在该组织中的成员资格的标志。证明商标是指由对某种商品或者服务具有监督能力的组织所控制，而由该组织以外的单位或者个人使用于其商品或者服务，用以证明该商品或者服务的原产地、原料、制造方法、质量或者其他特定品质的标志。

商标权是指商标所有人依法对其注册商标所享有的专有权利。我国《商标法》第三条规定，经商标局核准注册的商标为注册商标，商标注册人享有商标专用权，受法律保护。商标权属于工业产权范畴，具有工业产权的一般特点，即专有性、地域性和时间性。

（二）商标法

1. 商标法的概念

商标法是调整因商标的注册、使用、管理和保护商标专用权而发生的各种社会关系的法律规范的总称。在我国，商标法有广义和狭义之分。狭义的商标法仅指《商标法》。广义的商标法除《商标法》外，还包括国家有关法律、行政法规和规章中关于商标的规定，如《中华人民共和国商标法实施条例》《商标评审规则》《驰名商标认定和保护规定》等。我国参加缔结的有关商标权国际保护方面的条约、协定，经批准公布具有国内法效力的，也属于广义的商标法的范畴。

2. 商标法的原则

我国现行商标法体现了如下几个基本原则。

1）保护商标专用权原则

这是贯穿商标法始终的核心内容，保护商标专用权是商标法的直接目的，只有确定并承认商标专用权，商品流通秩序才会稳定，消费者利益才会有保障。

2）注册原则

所谓"注册原则"即商标专用权通过注册取得。无论该商标是否实际使用，申请人只要在商标主管机构注册，就享有商标所有权。

3）申请在先原则

我国《商标法》第三十一条规定，两个或者两个以上的商标注册申请人，在同一种商品或者类似商品上，以相同或者近似的商标申请注册的，初步审定并公告申请在先的商标；同一天申请的，初步审定并公告使用在先的商标，驳回其他人的申请，不予公告。

4）自愿注册原则

我国《商标法》规定，企业、事业及个体工商户需要取得商标专用权的，应当向商标局申请注册。这就表明，是否需要取得商标专用权，由商标使用人自己决定。如果不需要取得专用权，则可以不注册；未注册的商标允许使用，但不受法律保护。

5）审查原则

一个商标注册申请能否准予注册，在国际上采用的原则有两种：一种是审查原则；另一种是不审查原则。我国适用审查原则，即商标局受理商标注册申请后，依照法定形式审查该商标是否符合注册条件。符合注册条件的予以公告，自公告之日起三个月内，任何人均可提出异议。无异议或经裁定异议不成立，予以核准注册。经裁定异议成立的，不予核准注册。

我国《商标法》规定，注册商标的有效期为十年。有效期限自该商标核准注册之日起计算。对已经注册的商标有争议的，可以自该商标核准注册之日起一年内，向商标评审委员会申请裁定。对核准注册前已经提出异议并经过裁定的商标，不得再以相同的事实和理由申请裁定。

注册商标有效期满、需要继续使用的，应当在期满前十二个月内申请续展注册，在此期间未能提出申请的，可给予六个月的宽展期。宽展期满仍未提出申请的，注销其注册商标。

注册商标所有权可以转让。转让形式有两种，一为合同转让；二为继承转让。无论是何种转让都必须依法办理转让手续。注册商标的所有人还可以通过合同方式允许他人有偿使用注册商标。经许可使用他人注册商标的，必须在使用该注册商标的商品上标明被许可人的名称和商品产地。

二、商标权的取得

（一）商标权的取得方式

商标权的取得方式可分为原始取得和继受取得。原始取得又称直接取得，即以法律规定为依据，具备了法定条件并经商标主管机关核准直接取得商标权。继受取得又称传来取得，即商标权的取得不是最初产生的，而是以原商标所有人的商标权及其意志为依据，通过一定的法律事实来实现商标权的转移。传来取得有两种方式：一种是根据商标转让合同，由受让人从出让人处有偿或无偿地取得商标权;另一种是根据继承程序,由继承人继承被继承人的商标权。

(二)商标注册的条件

1. 商标注册申请人应具备的条件

自然人、法人或者其他组织对其生产、制造、加工、拣选或经销的商品或者对其提供的服务项目,需要取得商标专用权的,应当向商标注册机构申请商标注册。两个以上的自然人、法人或者其他组织可以共同申请注册同一商标,共同享有和行使该商标的专用权。

> **商标专用权**
>
> 商标专用权是指由法律授予商标所有人在指定商品或服务上使用其注册商标的排他性权利。商标制度是商品经济的产物,它随着商品经济的发展而不断发展。据历史记载,中国是世界上最早使用商标的国家,但那只是一种商标使用的萌芽,是自然经济社会中出现的带有商业经济色彩的贸易行为的产物。

2. 申请注册的商标应具备的条件

(1)申请注册的商标应当具备商标的法定构成要素。1994年《英国商标法》规定,申请注册的商标必须具有显著的代表性及能够使申请人的商品与其他人的商品得以区别。任何能够将自然人、法人或者其他组织的商品与他人的商品区别开的可视性标志,包括文字、图形、字母、数字、三维标志和颜色组合,以及上述要素的组合,均可作为商标申请注册。视觉不能感知的音响、气味等商标不能在我国注册。

(2)申请注册的商标应当具备显著性。使用商标是为了区别不同人的商品或服务,如果一个商标没有显著性,则无法起到区别的作用,因此申请注册的商标应当具备显著性。商标的显著性可以通过两种途径获得:一是标志本身即具备固有显著性,如立意新颖、设计独特的商标;二是通过使用获得显著性,如直接叙述商品质量等特点的叙述性标志,经过使用取得显著特征,并便于识别的,可以作为商标注册。

(3)申请注册的商标不得使用禁用标志。任何申请注册的商标如有下列情况之一的,其申请将被拒绝:标志不具有显著的标志性,如声音、气味等;商标没有任何可识别特性;商标的构成仅表明产品或服务的品种、质量、数量、用途、价值、产地、产品的生产时间、服务的提供者,或者产品或服务的其他特点;商标仅由流行习语,或仅表明诚信和商业习惯构成;商标侵犯公共道德和良俗;商标使用法律规定的禁用标志;恶意注册的商标。

(4)申请注册的商标不得侵犯他人现有的在先权利或合法利益。根据我国《商标法》,申请注册的商标,同他人在同一种商品或者类似商品上已经注册的或者初步审定的商标相同或者近似的,由商标局驳回申请,不予公告。就相同或者类似商品申请注册的商标是复制、摹仿或者翻译他人未在中国注册的驰名商标，容易导致混淆的，不予注册并禁止使用。就不相同或者不相类似的商品申请注册的商标是复制、摹仿或者翻译他人已经在中国注册的驰名商标，误导公众，致使该驰名商标注册人的利益可能受到损害的，不予注册并禁止使用。未经授权，代理人或者代表人以自己的名义将被代理人或者被代表人的商标进行注册，被代理人或者被代表人提出异议的，不予注册并禁止使用。申请商标注册不得以不正当手段抢先注册他人已经使用并有一定影响的商标，不得侵犯他人现有的在先权利，如外观设计专利权、著作权、肖像权、商号权、奥林匹克标志专有权、知名商品特有名称、包装、装潢专用权等。

三、商标权的内容与商标所有人的义务

（一）商标权的内容

商标权是指商标注册人在法定期限内对其注册商标所享有的受国家法律保护的各种权利，从内容上看，包括专用权、许可权、转让权、续展权、标示权和禁止权等，其中专用权是最重要的权利，其他权利都是由该权利派生出来的。正因为如此，人们一般都把商标权与商标专用权不加区分地利用。但两者的法律意义有时是不相同的。

1. 专用权

专用权是指商标权所有人对其注册商标依法享有的自己在指定商品或服务项目上独占使用的权利。注册商标的专用权，以核准注册的商标和核定使用的商品为限。

2. 许可权

许可权是指商标所有人可以通过签订商标使用许可合同许可他人使用其注册商标的权利。许可人应当监督被许可人使用其注册商标的商品质量，被许可人必须在使用该注册商标的商品上标明被许可人的名称和商品产地。许可他人使用其注册商标的，许可人应当将其商标使用权许可报商标局备案，由商标局公告。商标使用许可未经备案不得对抗善意第三人。商标使用许可的类型主要有独占使用许可、排他使用许可、普通使用许可等。

3. 转让权

商标转让权是指商标所有人依法享有的将其注册商标依法定程序和条件，转让给他人的权利。转让注册商标的，转让人和受让人应当签订转让协议，并共同向商标局提出申请。商标注册人对其在同一种商品上注册的近似的商标，或者在类似商品上注册的相同或者近似的商标，应当一并转让；未一并转让的，由商标局通知其限期改正；期满不改正的，视为放弃转让该注册商标的申请，商标局应当书面通知申请人。对容易导致混淆或者有其他不良影响的转让，商标局不予核准，书面通知申请人并说明理由。转让注册商标经核准后，予以公告，受让人自公告之日起享有商标专用权。受让人应当保证使用该注册商标的商品质量。注册商标的转让不影响转让前已经生效的商标使用许可合同的效力，但商标使用许

可合同另有约定的除外。

4. 续展权

续展权是指商标所有人在其注册商标有效期届满前，依法享有申请续展注册，从而延长其注册商标保护期的权利。注册商标的有效期为十年，自核准注册之日起计算。注册商标有效期满，需要继续使用的，应当在期满前十二个月内按照规定办理续展手续；在此期间未能办理的，可以给予六个月的宽展期。每次续展注册的有效期为十年，自该商标上一届有效期满次日起计算。宽展期满仍未办理续展手续的，注销其注册商标。

5. 标示权

商标注册人使用注册商标，有权标明"注册商标"字样或者注册标记。在商品上不便标明的，可以在商品包装或者说明书及其他附着物上标明。

6. 禁止权

商标禁止权是商标所有人依法享有的禁止他人不经过自己的许可而使用注册商标和与之相近似的商标的权利。根据我国《商标法》第五十七条的规定，有下列行为之一的，均属侵犯注册商标专用权。①未经商标注册人的许可，在同一种商品上使用与其注册商标相同的商标的。②未经商标注册人的许可，在同一种商品上使用与其注册商标近似的商标，或者在类似商品上使用与其注册商标相同或者近似的商标……商标禁止权的范围比商标专用权的范围广。

（二）商标所有人的义务

根据我国有关法律规定，商标所有人应承担以下义务。

1. 缴费义务

根据我国的规定，商标所有人申请商标注册及从事其他商标事务时，应缴纳相应的费用。

2. 保持义务

未经授权，商标所有人不能擅自改变任何有关其注册商标的文字或设计、图形、数字、三维图形或其组合；不能擅自改变注册人的名称、地址或任何其他有关商标注册事项；未经认可，不能擅自转让注册商标。

3. 使用实施义务

商标所有人应该实施其注册商标。商标所有人不能连续三年不实施其注册商标；没有正当理由连续三年不使用的，他人可以向商标局申请撤销该注册商标。

4. 保证义务

商标所有人应该保证使用其注册商标的产品的质量。

第四节　保护知识产权的国际公约与有关的国际惯例

知识产权的国际保护主要通过互惠保护、双边条约保护和多边（国际）公约保护三种途径实现。互惠保护是一种附条件的保护，主要为一些知识产权立法滞后或有差异的国家采用。双边条约的保护是指双方通过签订双边协定的方式，相互保护对方的知识产权。多边（国际）公约是实现知识产权国际保护的主要途径。

一、《巴黎公约》

《巴黎公约》于 1883 年 3 月 20 日在法国首都巴黎缔结，1884 年 7 月 7 日正式生效。《巴黎公约》缔结后，曾先后于 1900 年、1911 年、1925 年、1934 年、1958 年和 1967 年进行了六次修改，目前大多数国家和地区适用 1967 年的斯德哥尔摩会议通过的最后一次修订本。

此外，按照《与贸易有关的知识产权协定》的规定，世界贸易组织的成员即使不是《巴黎公约》的成员，也必须遵守《巴黎公约》1967 年文本的实质性规定，即公约第一条至第十二条和第十九条的规定。我国于 1985 年 3 月 15 日正式成为《巴黎公约》的成员国，根据中国政府的声明，对该公约第二十八条"有关争议提交国际法院解决"予以保留。

《巴黎公约》不仅是知识产权领域第一个世界性多边公约，还是成员国最为广泛、对其他世界性和地区性工业产权公约影响最大的公约。《巴黎公约》的基本原则概括来讲，主要包括国民待遇原则、优先权原则、临时保护原则和独立性原则。作为一个实体性公约，《巴黎公约》除规定工业产权保护的基本原则外，另一个重要的成就是针对工业产权保护的某些问题规定了各成员国必须尊重的最低保护标准。这些最低保护标准在各成员国的效力因各国的宪法或宪法制度而有所不同。我国即属于此种类，其他成员国的国民可以直接要求行政机关或司法机关适用公约最低保护标准；而在那些不接受条约规定、自己执行性质的国家，就没有由行政机关或司法机关直接适用《巴黎公约》规定的可能性，但这些国家必须将这些最低保护标准纳入它们的本国法（《巴黎公约》第二十五条），因此这些最低保护标准在国民待遇原则之内。

（一）国民待遇原则

在工业产权保护方面，公约各成员国必须在法律上给予公约其他成员国与其本国国民相同的待遇；即使非成员国国民，只要他在公约某一成员国内有住所，或有真实有效的工商营业所，亦应给予其和本国国民相同的待遇。

（二）优先权原则

优先权原则指某一成员国国民向某一成员国提出专利申请或商标注册申请后，在一定期限内（发明、实用新型为十二个月，外观设计、商标为六个月）又向其他成员国提出同样的申请，则以首次申请日为有效申请日，享受优先权。其条件是申请人必须在某一成员国完成了第一次合格的申请，而且第一次申请的内容与日后向其他成员国所提出的申请的内容必须完全相同。

（三）独立性原则

申请和注册商标的条件，由每个成员国的本国法律决定，各自独立。对于成员国国民所提出的商标注册申请，不能以申请人未在其本国申请、注册或续展为由加以拒绝或使其注册失效。在一个成员国正式注册的商标与在其他成员国（包括申请人所在国）注册的商标无关。这就是说，商标在一成员国取得注册之后，就独立于原商标，即使原注册国已将该商标予以撤销，或因其未办理续展手续而无效，也不影响它在其他成员国所受到的保护。同一发明在不同国家所获得的专利权彼此无关，即各成员国独立地按本国的法律规定给予拒绝、撤销或终止某项发明专利权，不受其他成员国对该专利权处理的影响。这就是说，已经在一成员国取得专利权的发明，在另一成员国不一定能取得专利权；反之，在一成员国遭到拒绝的专利申请，在另一成员国也不一定遭到拒绝。

（四）强制许可原则

《巴黎公约》规定，各成员国可以采取立法措施，规定在一定条件下可以核准强制许可，以防止专利权人对专利权的滥用。某一项专利自申请日起四年内，或者自批准专利日起三年内（两者以期限较长者为准），专利权人未予实施或未充分实施，有关成员国有权采取立法措施，核准强制许可证，允许第三者实施此项专利。如在第一次核准强制许可特许满两年后，仍不能防止赋予专利权而产生的流弊，可以提出撤销专利的程序。《巴黎公约》还规定，强制许可不得专有、不得转让；但如果连同使用这种许可的那部分企业或牌号一起转让，则是允许的。

（五）商标使用原则

《巴黎公约》规定，某一成员国已经注册的商标必须加以使用，只有经过一定的合理期限，而且当事人不能提出其不使用的正当理由时，才可撤销其注册。凡是已在某成员国注册的商标，在另一成员国注册时，对于商标的附属部分图样加以变更，而未变更原商标重要部分，不影响商标显著特征时，不得拒绝注册。如果某一商标为几个工商业公司共有，不影响它在其他成员国申请注册和取得法律保护，但是这一共同使用的商标以不欺骗公众和不造成违反公共利益为前提。

（六）驰名商标保护原则

无论驰名商标本身是否取得商标注册，《巴黎公约》各成员国都应禁止他人使用相同或类似于驰名商标的商标，拒绝注册与驰名商标相同或类似的商标。对于以欺骗手段取得注册的人，驰名商标的所有人的请求期限不受限制。

二、《商标国际注册马德里协定》

1891年,由法国、比利时、西班牙、瑞士及突尼斯发起,缔结了《商标国际注册马德里协定》(简称《马德里协定》),作为对《巴黎公约》中关于商标的国际保护的补充。参加这个协定的国家,必须首先是《巴黎公约》的成员国。该协定经多次修改,目前通常使用的是1967的斯德哥尔摩文本。按照该协定,其成员国的商标所有人只要向世界知识产权组织国际局呈交一份注册申请,就有可能在参加该协定的所有成员国中都获得商标注册。最终在各成员国中能否获得注册,还要由各国依本国法决定。

在国际知识产权组织国际局提出申请以及在各国待批的具体规定如下:商标所有人必须是《马德里协定》某一成员国的国民,或是在某成员国有居所或设有从事实际商业活动的营业所有人。同时,该所有人必须首先在本国获得商标注册;该所有人获得本国的注册后,再通过本国的商标管理部门或代理组织,向国际知识产权组织国际局提交一份"按照马德里协定的国际注册"申请案;国际知识产权组织国际局对申请案进行形式审查。审查通过之后,即获得"国际注册"。然后,国际知识产权组织国际局公布"国际注册",同时将申请案、审查结果及"国际注册"复印后分送至申请人所申请的要在那里得到保护的国家;有关国家的商标管理部门接到上述文件后,有权在一年之内,在说明理由的前提下拒绝为该商标提供保护。如果一年内未表示拒绝,那么该商标的"国际注册"就在该国自动生效,转变为该国的国内注册;按照《马德里协定》,商标所有人获得的"国际注册"在任何国家生效后,保护期都是二十年,可以无限制续展,每次展期也是二十年。

三、《保护文学艺术作品伯尔尼公约》

1886年9月,由英、法、德、意、比等十国发起,在瑞士首都伯尔尼召开了历史上第一次多边性版权会议,通过了《保护文学艺术作品伯尔尼公约》(简称《伯尔尼公约》)。该公约也有多个文本,以下以1971年的巴黎文本为准,介绍其主要内容。该公约对成员国的版权法的最低要求可以归纳为下面几点。

(一)国民待遇原则

国民待遇原则包括三方面的含义,即公约各成员国应对三种作者的作品予以相当于本国国民享受的版权保护:其他成员国的国民;在任何成员国有长期住所的人;在任何成员国发表其作品的第一版权人(即使他在任何成员国中均无国籍或长期住所)。

(二)自动保护原则

各成员国在提供版权保护时,可以要求被保护的主体履行任何手续,但不得要求在被保护的客体上一定要附带任何特有标记。

(三）版权保护的独立性原则

它的含义是各成员国所提供的与国民待遇相等的保护，不应受作品在其本国保护状况的影响。版权保护的独立性原则与《巴黎公约》中规定的专利权在各成员国中独立的原则有所不同，所以《伯尔尼公约》规定了在保护水平有差距的几种情况下适用的互惠原则。按照这项原则，版权有时会不独立，会受到在本国所受的保护水平的影响。

> **《与贸易有关的知识产权协定》中版权及相关权利保护的范围**
>
> （1）《伯尔尼公约》所指的"文学艺术"，包括文学、科学和艺术领域内的一切作品（不论其表现形式或方式），如书籍、演讲、戏剧、舞蹈、配词、电影、地图等。
> （2）计算机程序及数据的汇编。
> 　版权的保护期为自该作品经授权出版（或完成）的日历年年底起算不得少于五十年；表演者和录音制品制作者的权利应至少保护五十年；传媒的权利应至少保护二十年。

受保护的作品起码要包括文学、科学及艺术领域的如下内容：书、小册子及其他文字作品；演讲及其他同类作品；配有或不配有文字的音乐作品；电影作品；实用艺术品；地理学、解剖学、建筑学或科学方面的图标、图示及立体作品。

作者所享有的经济上的专有权起码包括翻译权、公演权、广播权、复制权、朗诵权、改编权、追续权，但在规定"合理使用"的延及范围内，却不一定必须包括这些权利。

> **追续权**
>
> 　追续权是指美术作品的作者及其继承人从其作品的公开拍卖或经由一个商人出卖其作品的价金中，提取一定比例金额的权利。确认和保护追续权旨在救济和补偿作者在上述情况中遭受的不公正待遇。
> 　追续权产生的社会原因在于美术作品的作者在其尚未出名时所作画作往往以低价卖给艺术品商人，然而当作者的作品的艺术价值被发现时，拍卖商和艺术品商人转手价格远远高于其收购价格。法律为了保护作者及其继承人的利益，故依据民法的公平原则规定了追续权制度。

作者应享有不依赖于经济权利而独立存在的精神权利。

版权有效期对于文字作品来讲一般不得少于作者有生之年加死后五十年；在难以确定的情况下，不得少于自作品发表之日起五十年。

各国法律向其他成员国的作品提供的保护必须具有追溯力。一个成员国对其参加公约之前原成员国已经保护的作品必须给予保护，而不是仅保护在它参加公约之后其他成员国产生的作品。

四、中国保护知识产权的立法

我国知识产权立法起步较晚，但发展迅速，现已基本建立起一套较为完整的保护知识产权的法律法规体系。这一体系以《专利法》《商标法》《著作权法》为主干，还包括知识产权行政法规（如《专利法实施细则》《中华人民共和国商标法实施条例》等）、知识产权行政规章（如国家知识产权局制定的《专利实施强制许可办法》、国家工商行政管理局制定的《驰名商标认定和保护规定》等）、知识产权司法解释（如《最高人民法院关于审理专利纠纷案件适用法律问题的若干规定》《最高人民法院关于审理商标民事纠纷案件适用法律若干问题的解释》）等，以及知识产权地方性法规和地方政府规章。

另外，多数国家在进行知识产权保护时会依据《与贸易有关的知识产权协定》，其目标在于，通过知识产权的保护与权利的行使，促进技术的革新、技术的转让与技术的传播，以有利于社会及经济福利的方式，促进生产者与技术知识使用者间的互利互惠，并促进世界贸易组织成员间权利与义务的平衡。这些目标反映了发达国家与发展中国家知识产权立法的基本目标，也说明了知识产权保护对技术发展及迅速传播的重要意义。因为技术已经从根本上改变了竞争的性质。随着一些发达国家在传统生产领域中竞争力的逐渐削弱，知识产权成为创造新的竞争优势的基础。这种无形的创造活动将成为 21 世纪有价值的财产形式之一，而经济全球化的发展要求各国对这种创造活动进行充分的保护。

《与贸易有关的知识产权协定》的生效，使其成为目前解决国际贸易领域内的知识产权保护问题的国际贸易规范。该协定强调了知识产权保护对国际贸易发展的推动作用，在原有的知识产权国际公约的基础上进一步扩大了知识产权的保护范围，增强了保护力度，同时也考虑了发展中国家的具体情况而给予必要的差别待遇，从而调和了发展中国家与发达国家彼此在知识产权保护问题上的对抗情绪。该协定还使《关税与贸易总协定》（简称《关贸总协定》）的基本原则在日益增多的知识产权贸易，以及与知识产权的有形商品的国际贸易中得以实现。因此，该协定实际上是将知识产权保护引入国际贸易规则，建立与原有的知识产权保护体系既有联系又独立有别的新的知识产权保护规则。它将有利于全面解决目前贸易领域内的知识产权保护问题，从而有助于全球性国际贸易的健康发展。

本章小结

1. 知识产权是指人类智力劳动产生的智力劳动成果所有权。它是依照各国法律赋予符合条件的著作者、发明者或成果拥有者在一定期限内享有的独占权利，一般认为它包括工业产权和版权（著作权）。

2. 工业产权是人们依法对应用于产业的创造发明和显著标记等智力成果，在一定地区和期限内享有的专有权。

3. 版权是一个法律概念，指政府授予原创作品创作者对其作品进入公众领域一定时间内的一种独占权利。

4. 版权同专利权一样，都是专有权，即非经权利人的许可，其他人不得加以利用。

5. 专利是受法律规范保护的发明创造。

6. 专利权是一种专有权，这种权利具有独占的排他性。

7. 专利权是指国家专利主管机关依法授予专利申请人或其权利继受人在一定期间内对其发明创造享有的专有权。

8. 专利权不是自动产生的，申请人必须依各国国内法提出申请，并经专利审查部门审批后方可被授予专利权。

9. 商标是指生产者、经营者为使自己的商品或服务与他人的商品或服务相区别，而使用在商品及其包装上或服务标记上的由文字、图形、字母、数字、三维标志和颜色组合，以及上述要素的组合所构成的一种可视性标志。

10. 商标权是指商标所有人依法对其注册商标所享有的专有权利。

11. 申请注册的商标不得侵犯他人现有的在先权利或合法利益。

复习思考题

1. 知识产权属于无形财产权，与有形财产权相比具有哪些特征？
2. 在建立版权制度的国家中，作品获得版权保护的有哪些形式？
3. "Know How"与"商业秘密"的主要区别有哪些？
4. 专利的含义有两种：口语中的使用，仅指"独自占有"，如"这仅仅是我的专利"；在知识产权中有三重意思，比较容易混淆，具体包括哪些内容？
5. 专利的新颖性是什么？
6. 我国现行商标法体现了哪些基本原则？

第九章

国际金融法

学习目标

- 了解国际借贷法律制度
- 熟悉国际证券发行与流通
- 熟悉我国发行的国际证券
- 了解国际信用担保
- 熟悉物权担保
- 熟悉银行保函

开篇案例

北京奥林匹克饭店是一家三星级涉外宾馆，占地面积为8500多平方米，总建筑面积为27000多平方米。1987年，北京奥林匹克饭店在成立初期申请了50亿日元的贷款，利率很优惠。放贷时的汇率水平是1美元兑换240日元左右，而此后不久，日元就开始不断升值，最高时达到1美元兑换80日元。1994年人民币汇率也进行调整，从1美元兑5.7元人民币调到1美元兑8.7元人民币左右，也就是说，人民币兑日元的汇率大幅下跌。北京奥林匹克饭店的经营收入基本都是用人民币或美元计价，却要用日元还贷，日元的升值令其蒙受了巨大的损失。2003年，北京奥林匹克饭店作为中国银行的不良资产以2.25亿元人民币的价格公开拍卖。

辩证思考：

我国交易主体从国际金融市场筹借日元，属于债务人，如果在借款期间日元升值，到还款时就需要花费更多的人民币兑换日元，从而遭受损失；相反，如果日元贬值，归还本息的人民币成本就会减少。但实际上，日元兑美元汇率大幅上升，人民币兑美元汇率下跌，导致人民币兑日元汇率也大幅下跌，因而归还既定量的日元需要支付的人民币或美元增加，从而加重了债务负担，使北京奥林匹克饭店遭受了损失。

第一节　国际借贷法律制度

国际借贷说是由英国学者葛逊于 1861 年提出的，该理论认为汇率是由外汇的供给和需求决定的，而外汇的供给和需求是由国际借贷所产生的，因此国际借贷关系是影响汇率变化的主要因素。国际借贷分为固定借贷和流动借贷，前者指借贷关系已经形成但尚未进入实际支付阶段的借贷，后者指已经进入支付阶段的借贷。

一、国际借贷协议

国际借贷协议是指不同国家的借贷双方就借贷事宜达成的、明确相互间权利和义务的基本法律文件。国际借贷协议通常涉及面广、内容复杂，但基本条款和措辞往往大同小异，内容上反映了国际借贷的习惯做法，性质上体现了对贷款人的利益的特殊保护。在长期的国际借贷实践中，国际贷款协议条款逐渐形成比较标准化的形式，其基本内容如下。

（一）执行性条款

执行性条款规定贷款的提取、使用和偿还、贷款额度及货币选择、贷款利息和费用等。

（1）贷款提取条款：提取期限、提取方式、提取地点等。一般是分期贷款，也可以是滚动提款。

（2）贷款偿还条款：偿还期限、偿还方式，以及宽限期等。还款期限一般是分期偿还。如果提前偿还，一般需要支付一笔升水，以弥补贷款人未获得预期利息收益的损失。宽限期通常见于长期贷款合同，合同将偿还期分为宽限期和还款期，宽限期内只付利息不必还本，宽限期后连本带利逐次偿还。如果逾期还款，银行可以加收逾期还款利息（又称罚息）。逾期还款的客户，其信用等级将下降。超过逾期时间仍不能偿还的贷款转为呆账。

（3）贷款额度及货币选择条款。

（4）贷款利息与费用条款。国际中长期商业贷款一般采用浮动利率。

（5）贷款用途条款。对于项目贷款，一般有贷款用途条款。对于非项目贷款，一般不对贷款用途加以硬性规定，但贷款不得用于非法目的，否则该合同可能会被当地法律认定为无效。

（二）陈述与保证条款

陈述与保证条款是借款人就其与借款有关的事实，包括其法律状况和经济状况等做出陈述，并保证所做陈述的真实性的条款。通过此条款，借款人向贷款人表明其诚意和现实情况，证明自己具备借款和还款的能力。借款人陈述与保证的事项通常包括法律事项和经济事项。

（三）先决条件条款

国际贷款协议的先决条件是指使国际贷款协议得以生效和履行的前提条件，依其内容和效力可分为两种。一种是使整个贷款协议得以生效和履行的先决条件，即总括性先决条件，一般规定贷款协议的生效和履行须以借款人向贷款人提交约定的文件为前提。另一种是使每笔具体贷款得以生效和履行的先决条件，即在每一笔贷款发放之前借款人需要具备的条件：直到提款之日，借款人未违背其订约时所做的陈述与保证，并未有任何违约事件或可能违约的事件发生；借款人事先向贷款人发出了提款通知。

（四）约定事项条款

约定事项条款是借贷双方就借款人在借贷期间实施或不实施某种行为做出约定的条款的总称。国际贷款协议中较重要和常见的约定事项条款有消极担保条款、比例平等条款、财务约定条款、税收约定条款等。

（1）消极担保条款。这一条款常见于未设定物权担保的国际贷款交易。在这一条款中，借款人向贷款人保证，在偿还全部贷款之前，不在其任何资产或收益上设立有利于其他债权人的担保物权，如抵押权、质权和其他担保物权，也不允许这些担保物权继续存在。

（2）比例平等条款。在这一条款中，借款人保证贷款人与其他所有无担保权益的债权人处于比例平等的受偿地位。比例平等条款与消极担保条款的作用相似，都旨在维护贷款人的地位不受其他债权人的影响，因而两者在贷款协议中往往同时使用，互为补充，以增强效果。但两者又有一定的区别。消极担保条款强调贷款人的受偿权利不次于有担保权益的债权人的受偿权利；比例平等条款则强调贷款人的受偿权利不次于无担保权益的债权人的受偿权利。在实践中，比例平等条款主要用于当借款人破产时，保证贷款人与借款人等所有无担保权益债权人处于平等的受偿地位。

（3）财务约定条款。财务约定条款是指贷款人要求借款人在债务期内定期报告其财务状况，并遵守约定的财务状况量化标准的条款。如果借款人违反这些要求，贷款人可以追究其违约责任并采取补救措施。

（4）税收约定条款。税收约定条款即当事人就国际贷款交易所涉及的税款负担及其支付方式进行约定的条款，通常包括两项内容：一是借款人承诺向贷款人支付的一切款项都是没有税收负担的；二是借款人承诺，如果按照借款人所在国法律的规定，借款人在付款前必须预扣税款，那么借款人应向贷款人另行支付一笔相当于该扣除额的款项，使贷款人收到贷款协议项下的全部金额，或者由借款人以自己的资金缴纳该税款。有些国家的法律明文禁止此类约定。

（五）违约救济条款

该条款是借贷双方详细列举可能发生的各种违约事件，并规定可以采取的救济方法的条款。违约事件通常分为两类：一类是实际违约事件，即借款人已经发生了的违约事件；另一类是预期违约事件，即有迹象表明借款人将要发生的违约事件。协议中约定预期违约事件，目的是为贷款人提供预警，使贷款人在出现借款人财务状况恶化、卷入诉讼等情况时及时采取自救措施。例如，交叉违约是一种典型的预期违约事件，是指借款人虽未违反本贷款协议，但由于其对其他债务具有违约行为，或者其他债务可能或者已经被宣告加速到期，则也视为对本贷款协议的违反。借款人交叉违约的，贷款人可依约寻求救济。

发生违约事件后，贷款人可以寻求合同救济和法律救济。合同救济又称内部救济，是当事人在贷款协议中约定的救济手段，一般包括三种。一是对已提取但尚未到期的贷款宣告加速到期，要求借款人立即返还。二是对未提取的贷款暂时中止或取消借款人的提款权。三是要求借款人对已到期但仍未偿还的贷款支付违约利息。法律救济又称外部救济，是法律上规定的救济手段，包括解除贷款协议、要求实际履行、赔偿损失、申报债权等。

（六）法律适用与司法管辖权条款

国际贷款的法律适用条款是国际贷款协议中双方当事人就选择贷款争议所应适用的准据法做出约定的条款。当事人一般自行约定或由受案法院依一定规则确定解决争议的准据法。国际商业贷款争议的解决多通过司法渠道。当事人常常在贷款协议中约定司法管辖权条款，明示选定有管辖权的法院。协议中没有订立司法管辖权条款的，通常按照有关国家关于司法管辖权的原则或标准来确定管辖法院。在大多数情况下，选择贷款人所在地国的法律。

最密切联系原则主要考虑的连接因素有当事人所在地、贷款协议签订地、担保物所在地、支付地、支付所使用的货币等。但是国际金融机构的贷款一般会有意识地排除任何国家国内法的适用，因此在纠纷解决的时候一般只按照合同本身，以及国际法、一般法律原则、国际惯例来解决纠纷。

二、国际银团贷款

（一）国际银团贷款的概念和特征

国际银团贷款又称国际辛迪加贷款，是指由数家乃至数十家国际性商业银行联合组成一个银（行）团，按照相同的条件共同向某一借款人提供巨额贷款。

国际银团贷款与一般国际商业贷款不同，其特点主要包括以下几点。第一，贷款人由多家银行组成。贷款人是两个或两个以上国家的多家银行，由这些银行组成国际银团，向借款人提供贷款。第二，贷款多为巨额中长期贷款。国际银团贷款是借款人在国际金融市场上筹措巨额中长期资金的主要途径，因此，其贷款金额一般较大，多为数亿美元；贷款期限一般较长，多为5~10年。第三，参加国际银团的各银行间的关系依契约而定。根据在贷款中的法律地位和职责的不同，国际银团的成员可以分为牵头银行、代理银行、参与银行等，它们之间的关系依贷款协议和其他有关协议而定。

（二）国际银团贷款的法律文件

国际银团贷款主要涉及四个法律文件：贷款协议、委托书、义务承担书和信息备忘录。其中，贷款协议的主要内容与一般国际借贷协议相同，其他三个法律文件的内容如下。

1. 委托书

委托书是借款人授权牵头银行为其安排国际银团贷款的法律文件，是牵头银行组织国际银团贷款的授权依据。委托书一般载明借款的金额、利率和借款人愿意承担的条件，概括地规定以后立贷款协议时将包括的条款。根据当事人的约定，委托书既可以具有一定的法律约束力，也可以仅具有意向书的信誉约束力。

2. 义务承担书

义务承担书又称融资承诺书，是牵头银行与借款人初步接触后交给借款人的、表明将按所载条件为其组织国际银团贷款的法律文件，具有要约性质。义务承担书记载借贷的各项基本条件，并表明牵头银行将依所列条件行事。牵头银行的义务取决于承担书的具体规定，一般有三种情况：一是牵头银行承诺将按照规定的贷款条件安排国际银团贷款；二是牵头银行承诺将尽最大努力去安排国际银团贷款；三是牵头银行不做任何承诺，仅表示愿意尝试组织国际银团贷款。

3. 信息备忘录

信息备忘录是借款人与牵头银行共同拟定的由后者分发给可能参加国际银团贷款的银行，邀请其参加国际银团贷款的法律文件。信息备忘录载有借款人的法律地位、财务状况和主要贷款条件等内容。信息备忘录由牵头银行与借款人共同签署，是供贷款银行考虑、决定是否参与国际银团贷款的重要依据。因此，借款人和牵头银行对于信息备忘录内容的真实性、准确性和完整性应承担法律责任。

（三）国际银团贷款的方式

1. 直接参与型

1）选择牵头银行

牵头银行亦称经理银行，是国际银团贷款的组织者。它一般由借款人选择一家或几家声誉卓著且与其关系密切的大银行担任。在确定牵头银行之后，借款人通常须向牵头银行出具一份委托书，作为委托其代为物色贷款银行的授权依据；牵头银行须向借款人出具一份义务承担书，承诺接受委托、承担组织国际银团贷款的义务。

2）组成银团

牵头银行与借款人共同拟定一份载明借款人的法律地位、财务状况和主要贷款条件的信息备忘录，由牵头银行分发给那些对此项贷款感兴趣的银行，作为它们考虑是否参加国际银团贷款的依据。

3）签订借贷合同

先由牵头银行与借款人举行谈判，商定借贷合同的各项条款，然后再根据参与国际银团的不同方式，由参与银行签订合同。

4）指定代理银行

借贷合同签订之后，牵头银行的任务即告终结。国际银团指定一家银行为代理银行，为整个银团的利益负责有关贷款的日常管理工作。代理银行是国际银团的代理人，其职责和权限在借贷合同中一般有专门规定。

2. 间接参与型

合同更新或替代、转让贷款与隐名代理。

三、国际金融机构与政府贷款

（一）国际金融机构贷款

国际金融机构贷款是指国际金融机构作为贷款人向借款人以贷款协议方式提供的优惠性国际贷款。贷款人不限于全球性国际金融机构，也可以是区域性国际金融机构。国际金融机构贷款是一种具有非商业性质的优惠性贷款，其基本特征如下。

1. 贷款对象受限

国际金融机构贷款的借款人通常会受到特定范围的限制，贷款只提供给有偿还能力的会员国。例如，世界银行贷款的借款人主要是发展中国家，仅限于会员国政府及政府机构，或由其政府机构提供担保的公私企业。

2. 贷款目的特定

国际金融机构一般只对会员国的特定项目发放贷款。其放贷宗旨通常包含鼓励会员国从事开发项目、援助发展中国家特别是贫困国家经济发展等内容，不完全等同于以营利为目的的商业贷款。

3. 贷款期限长，条件较为优惠

国际金融机构贷款的贷款期一般为10~30年（最长可达50年），宽限期大多为5年左右。其利息率普遍低于商业银行贷款，附加费通常也只包括承诺费和手续费。

4. 贷款的发放程序严格

国际金融机构贷款通常根据各自的组织章程及有关文件的规定进行，其程序一般比较严格。不仅贷款协议要求借款人严格遵守贷款目的和贷款用途条款，而且贷款人通常会对借款人的资金运用进行严格的监督和检查。在国际金融机构贷款中，作为贷款人的国际金融机构通常主张其贷款协议具有独立于相关国家国内法的效力，其依据多为国际惯例、意思自治原则和国际金融机构制定、颁布的贷款协议示范规则。

（二）政府贷款

政府贷款是一国政府向另一国政府以特定协议方式提供的优惠性贷款。此种贷款通常依据国家间的双边协定或国家间双边关系而提供，是国家间进行国际经济合作的重要形式，也是援助国向受援国提供经济援助的重要形式。政府贷款自第二次世界大战以来发展迅速，美国在1948年实施的"马歇尔计划"对西欧的恢复发展起到了重要作用。进入20世纪60年代后，发达国家的政府贷款主要流入发展中国家。政府贷款具有以下基本特征。

1. 当事人身份特殊

政府贷款的借款人与贷款人均为特定的政府组织，贷款资金主要来自贷款人的国家财政预算收入。故此类贷款本质上为国家行为，较少受商业原则的支配。

2. 条件优惠

政府贷款期限长、利率低，具有援助性质。政府贷款一般为中长期贷款，贷款期通常为10~30年，其宽限期通常为5~7年，最长可达10年。政府贷款的利息率低，一般为1%~3%，有的甚至为无息或含有一定比例的赠予成分。

3. 用途限定

政府贷款大多对贷款的使用目的有明确规定。例如，要求借款人以贷款向贷款国购买设备、物资、技术成果或技术服务，以此增加贷款国的出口贸易等。

4. 程序比较复杂

一般先由借款国提出有关借款的计划建议书，经过贷款国专家实地考察、评估后，才开始谈判。从协议开始谈判、签约到使用贷款，通常需要较长的时间。

四、国际项目贷款

（一）国际项目贷款的概念

国际项目贷款是指向特定的工程项目提供贷款，以项目的预期收益为偿还贷款的主要来源，以项目的资产包括各种项目合同上的权利为随附担保的一种国际中长期贷款形式。

（二）国际项目贷款的合同结构

国际项目融资的参与者较多，主要包括项目主办人、项目公司、贷款人、项目使用方、供应方、承包方、保证人、托管人、官方保险机构和东道国政府等，这些参与者之间的法律关系是通过一系列的合同连接起来的，这些合同用以确定参与者之间彼此的权利和义务。按照一定的方法或步骤将这些合同连接起来，就形成了国际项目融资的合同结构，主要包括以下三种。

1. 二联式合同结构

该结构由贷款合同和担保合同连接而成。如果一个项目融资主要涉及贷款人、项目公司和项目主办人等三方当事人,则该项目融资的合同便采取二联式结构,具体如下:贷款人与项目公司订立贷款协议,由前者向后者提供贷款;项目主办人与贷款人订立各种担保协议,由主办人向贷款人提供各种担保。二联式合同结构比较简单,一般为独家银行贷款所采用。

2. 三联式合同结构

该结构由贷款合同、担保合同和长期购买合同连接而成。由贷款人、项目公司、项目主办人和产品购买人参与的国际项目融资合同采取三联式结构,具体如下:贷款人与项目公司订立贷款协议,由前者向后者提供贷款;项目公司和项目产品的购买方签订长期购买协议,项目公司用购买协议项下的收入偿还贷款本息;项目主办人向项目公司提供担保,保证购买方履行在购买协议中所承担的付款义务。然后,由项目公司将购买协议项下的权利连同项目主办人为该协议提供的担保一并转让给贷款人作为担保。

3. 四联式合同结构

四联式合同结构由贷款合同、先期购买合同、提货或付款合同,以及担保合同连接而成,涉及的当事人除了三联式合同结构中的当事人,还增加了贷款人全资拥有的融资公司,具体如下:贷款人与融资公司签订贷款协议,由前者向后者提供贷款;融资公司与项目公司签订先期购买协议,融资公司作为先期买方,将所借款项作为项目产品的预付款支付给项目公司,并以提货或付款合同将产品转售给第三人,以期用销售所得的款项偿还贷款;项目主办人就项目公司在先期购买协议中交付产品的义务向融资公司提供担保,或者就第三人根据提货或付款合同所承担的义务向项目公司提供担保,项目公司将其所取得的担保转让给融资公司。然后,融资公司将转售协议下的收款权利连同项目主办人提供的各种担保全部转让给贷款人,作为偿还贷款的担保。

项目融资

国内外经济学界对于项目融资的理解大致有两种观点。一种认为未来建设一个新项目、收购一个现有项目或者对已有项目进行债务重组所进行的融资活动都可以称为项目融资,这就是广义的项目融资。广义的项目融资边界过大而且模糊,存在一个"项目"是有别于其他融资的唯一特征,但难以区分为了某个项目而发放的一般贷款与项目融资。另一种见《项目融资》中的定义,即"项目融资"用于代表广泛的,但具有一个共同特征的融资方式。该共同特征是"融资不是主要依赖项目发起人的信贷或所涉及的有形资产。"在项目融资中,提供优先债务的参与方的收益在相当大的程度上依赖于项目本身的效益。因此,他们将其自身利益与项目的可行性,以及潜在不利因素对项目影响的敏感性紧密联系起来。

(三) 国际项目融资的法律文件

一宗具体的国际项目贷款往往会涉及许多法律文件。这些文件将项目贷款的各参与方联系起来，在他们之间形成复杂的法律关系。除贷款协议外，国际项目贷款所涉及的法律文件主要有完工担保协议、投资协议、购买协议、先期购买协议、产品支付协议等。

完工担保协议是贷款人为防止因工程项目建设期推迟引起还款困难，而要求项目主办人提供相应担保的协议。项目主办人在协议中向贷款人保证，在项目建设成本超支时，由其负责提供超支部分的资金，以确保项目如期完工。

投资协议是项目主办人与项目公司之间签订的协议，主要规定项目主办人同意向项目公司提供一定金额的财务支持，以保证项目公司的偿贷能力。投资协议签订后，项目公司应将协议项下的权利转让给贷款人。

购买协议是项目主办人与贷款人之间签订的协议，规定当项目公司不履行贷款协议时，主办人有义务购买相当于贷款人提供给项目公司的贷款额。

先期购买协议是项目公司与贷款人全资拥有的融资公司之间订立的协议。据此，融资公司同意向项目公司预付购买项目产品的价款，项目公司在付息的前提下利用此款从事项目建设，项目建成投产后，项目公司按规定向融资公司交付项目产品，融资公司取得项目产品后将其转售给第三人，以获得偿贷资金。

产品支付协议与先期购买协议具有相似的经济效果，由项目公司与贷款人签订，广泛用于自然资源开发项目。

第二节　国际证券融资法律制度

证券融资交易是当今国际证券市场普遍实施的一种成熟的交易制度，有提高市场流动性、缓冲市场波动、发现市场合理价格、对冲避险和为机构创造盈利的积极效应，是完善证券市场机制、促进金融产品创新、优化金融市场资源配置的重要手段和途径。

一、国际证券市场概述

(一) 国际证券分类

国际证券是指某国政府、金融机构、公司企业或国际经济机构等在国际金融市场上发行的、以某国货币表示的证券，主要包括国际股票和国际债券两大类。

1. 国际股票

国际股票是指大公司尤其是跨国公司在国外发行和流通的股票，可以分为普通股和优先股两种。普通股的股东按其所持股票的份额，参与公司的管理、分享公司的利润或分担公司的亏损，但其所承担的责任仅限于其所持股份的份额；而持有优先股的股东一般按固定的股息率优先取得股息,不以公司利润有无或利润多少为转移。但在通常情况下,优先股的股东无权参与公司的经营管理。

2. 国际债券

国际债券通常分为外国债券和欧洲债券两种。外国债券是指债券发行人在外国金融市场上以发行所在国的货币为面值货币发行的债券;欧洲债券是指债券发行人在国外债券市场上以第三国货币为面值货币发行的债券。国际证券市场是跨国股票、债券、投资基金等有价证券发行和交易的场所。证券市场是市场经济发展到一定阶段的产物,是为解决资本供求矛盾和流动而产生的市场。证券市场按照不同的标准,可以有不同的分类,如下。

(1) 按照证券进入市场的顺序,证券市场可以分为初级市场和次级市场。初级市场也称一级市场,是证券发行人以筹集资金为目的,按照一定的法律规定和发行程序,向投资人出售新证券所形成的市场。次级市场又称二级市场,是已发行证券通过买卖交易实现流通转让的市场。

(2) 按照品种的不同,证券市场可以分为股票市场、债券市场、基金市场等。股票市场是股票发行和买卖交易的市场。股票市场的发行人为股份有限公司。债券市场是债券发行和买卖交易的场所。债券的发行人有中央政府、地方政府、金融机构、公司和企业。基金市场则是证券投资基金份额发行和交易的市场。

(3) 按照市场组织形式的不同,证券市场可以分为场内交易市场和场外交易市场。场内交易市场是指证券交易所内的证券交易市场。该市场是有组织、制度化的市场,其设立和运作需要符合法律法规的规定,如我国的上海证券交易所和深圳证券交易所。场外交易市场则是指在证券交易所以外进行证券交易的市场,如柜台市场。

柜台市场

柜台市场亦称店头市场或场外交易市场(OTC),是指证券交易所以外的证券交易市场。柜台市场是证券市场的组成部分,在许多国家,它的交易额超过了全部交易所交易额的总和。这种交易是在证券公司之间或在证券公司与客户之间直接进行的。柜台市场交易的证券大多为未在交易所挂牌的证券,但也包括一部分上市证券。大部分债券交易以柜台市场交易为主。柜台市场由于买卖双方多通过电话、电报协商完成交易,故又称"电话市场"。

(二) 国际证券市场法律管制的特点

尽管各国证券市场在法律管制特点方面存在差异,我们仍可以在差异性的基础上总结出几条共性特点。首先,各国在保护投资人的权益的目标上是一致的,各国都把保护投资人的权益作为重点,为此制定了严格的证券发行制度,如欧洲国家制定了证券核准发行制度、美国制定了证券公开制定制度,虽然在内容上存在明显差异,但殊途同归,目的都是保护投资人的权益不受损害。其次,各国都加强了对证券交易行为的监管力度,对融资途径和融资人的信用资质都做了具体的规定,特别是在新兴的证券市场,如韩国、马来西亚等,限定更为严格,对于利用内幕进行交易的行为予以一定的处罚,避免了证券市场信用泛滥等现象。再次,各国都加强了对交易商的行为的约束,避免交易商利用自营和代理的身份进行混合操作,从而获取利益。最后,各国为了形成开放的证券市场、降低进入证券市场的门槛,取消了某些不利于市场竞争的措施,如取消了投资人进入证券市场的限制、规定证券经纪人向客户收取佣金的数目等,放松了对证券市场的管制。

二、国际证券发行与流通

（一）国际证券发行的法律制度

国际证券发行是指国际证券的发行人将自己所发行的证券出售给境外或国外投资人的行为。发行人向投资人出售证券的市场称为证券发行市场,又称证券的一级市场。国际证券发行所涉及的主要法律制度有如下几种。

1. 国际证券发行的审核制度

证券发行地所在国对证券发行的审核是国际证券管制的一个重要内容。世界各国或地区的证券立法,都规定除豁免证券外的证券发行须经审核或核准的制度,其目的在于确保本国或地区资本市场的平衡和稳定,监督证券发行人认真、全面履行其披露义务,保护投资人的利益。归纳起来,国际上采用的证券发行审核制度大致可分为三种类型,即注册制、核准制和保荐制。

1）注册制

注册制又称申报制,即发行人发行证券须依法向证券主管机关申请注册,将与证券发行有关的一切信息和资料真实、准确、完整、及时地公布于众；证券主管机关只对所公开信息的形式要件和真实性进行审查；发行申请若在法定期限内未被否定,即自行生效,发行人即可发行所申请的证券。注册制的实质在于公开原则。在这种制度下,证券的投资价值要靠投资人自行判断、自主决策。例如,美国是典型的采用注册制的国家。

2）核准制

核准制是指发行人发行证券依法除公开有关证券发行的资料外,还须符合一定的实质条件；证券主管机关不仅要对所公开的信息资料的真实性进行审查,还要依据法定的标准对发行证券的申请进行实质性审查,只有经其审查核准后,证券才可发行。核准制的核心是强制性信息披露,其实质在于实质管理原则。在这种制度下,证券主管机关被赋予广泛的自由裁量权,负责证券发行条件的形式审查和实质审查,以保证发行的证券具有投资价值。欧洲的大陆法系国家对证券的发行大多采用核准制。注册制和核准制各有利弊。正因如此,越来越多的国家开始将这两种制度有机结合起来以完善自己的发行审核制度。美国的证券立法已经出现赋予证券交易委员会更多实质审查权的趋向,而欧洲各国的相关立法也开始注意借鉴美国的公开原则。一些证券市场发展较晚的国家和地区也在制定或修订证券法时,将注册制与核准制结合起来,以达到保护投资人的利益和促进证券融资的目的。从总体上看,注册制和核准制相结合是现代各国证券发行审核制度的发展趋势。

3)保荐制

保荐制是核准制向注册制过渡过程中的发行监管制度,旨在进一步明确责任并建立责任追究机制。具体来说,保荐制是指保荐人(券商)负责发行人的上市推荐和辅导,核实公司发行文件中所载资料的真实、准确和完整,协助发行人建立严格的信息披露制度,不仅要承担上市后持续督导的责任,还要将责任落实到具体的个人(保荐代表人)。通俗地讲,就是让券商和责任人对其承销发行的股票负有一定的持续性连带担保责任。

视野拓展

> **连带担保责任**
>
> 连带担保责任是指,一旦主债务人到期不能清偿债务,债权人可请求债务人履行债务,也可以要求保证人承担保证责任,或者一并要求债务人、保证人承担连带责任。所谓连带就是债务人与保证人对债权人就清偿债务上的连带关系。

2. 国际证券发行的信息披露制度

信息披露制度是指,国际证券市场中的有关当事人在证券的发行、上市、交易等一系列相关活动中,须依照法律或相关规则,将与证券有关的信息,准确、充分而又及时地予以公布,以便证券投资人能够评估特定证券的价值和风险并做出投资决策的一种法律制度。

信息披露制度起源于英国,其目的在于保护投资人的利益、防止证券欺诈、提高证券市场效率。信息披露作为证券管理公开原则的具体化和制度体现,贯穿证券发行与交易的整个过程,具体包括初次发行的披露、持续的披露和内部关系人士的披露三个方面的内容。就股票发行阶段来看,信息披露制度主要体现在对招股说明书的规定上,其基本规定可概括为三个方面。第一,发行证券必须提交并公布招股说明书。第二,招股说明书必须披露法律规定应载明的信息资料。第三,对于招股说明书有虚假陈述或重大遗漏的情形,应承担法律责任。

(二)国际证券流通的法律制度

除了私募证券,公募发行的国际证券一般在发行人所在国以外的国家或地区的有关证券交易所上市交易。它们须严格依照交易所所在国或地区有关法律和各证券交易所制定的自律性规则进行交易。目前,国际上尚无专门的条约统一规范证券交易问题,国际证券流通所涉及的法律问题是通过交易所在国的相关国内法来体现的。有关证券流通的法律规定

有很多，其中较有代表性的如下。

1. 持续信息披露

持续信息披露，是指在证券发行后，证券发行人和上市公司应定期对内部财务状况提出报告。美国、日本、新加坡等国的立法均要求上市公司持续、及时地披露公司及股权变更的有关信息。持续信息披露制度与证券发行信息披露制度相互衔接、相互配合，形成完整而系统的信息披露制度。

2. 禁止内幕交易

内幕交易又称"知情交易"，是行为人通过泄露或利用其掌握的内幕信息，以获取利益或减少经济损失的行为。内幕交易的存在，破坏了证券交易的公平、公开、公正原则，扰乱了证券市场的正常秩序，损害了广大投资人的利益。因此，世界各国，特别是美国、英国、日本等证券业发达的国家，都先后采取一系列措施，对证券内幕交易实行法律管制。内幕交易的构成要件主要包括内幕人员、内幕信息和内幕交易行为方式。

（1）内幕人员。内幕人员是内幕交易行为的主体。各国禁止内幕交易的法律只适用于那些依法被认定为"内幕人员"的人。在各国的有关法律规定和司法实践中，通常将内幕人员归为三类。一是公司内部人员，通常指那些在公司中有一定地位或身份且知悉内幕信息的人，如上市公司的董事、监事、经理、高级职员及部分股东等。二是市场内幕人员，通常指那些因其职业或职责而与证券发行或交易有关的人员。三是接受内情人员，通常指从前述内部人员那里直接获取有关内幕信息的人员。

（2）内幕信息。内幕信息是指可能对证券价格产生实质性影响而未公开的重要信息。这些信息大致可分为两类：一类是与重大行为有关的信息，主要指发行人就公司的经营活动、人事变动等事项做出的重大决策和行动；另一类是重大事实，主要指发生后可能对发行人的正常经营产生重大影响的客观情况，如发生重大债务等。

（3）内幕交易的行为方式。各国法律明确禁止的内幕交易行为主要包括两大类：一是内幕人员直接利用内幕信息买卖证券或根据内幕信息建议他人买卖证券；二是内幕人员向他人泄露内幕信息，使他人利用该信息进行内幕交易。根据内幕交易行为的违法程度不同，大多数国家的法律都规定了相应的责任制度，包括民事责任、行政责任和刑事责任。

三、我国发行的国际证券

（一）我国发行国际证券的发展

20世纪80年代以来，证券发行和交易国际化的趋势不断加强，国际证券融资已经成为许多国家政府和企业的重要选择。在全球证券市场一体化的潮流中，我国证券市场的国际化也迅速发展起来。1982年1月是我国证券市场国际化的起点，当时中国国际信托投资公司首次在日本发行了100亿日元的武士债券，由此揭开了我国证券市场国际化的序幕。1992年，我国允许外国居民在中国境内使用外汇投资于中国证券市场特定的股票，即 B 股。1993 年起，我国允许部分国有大型企业到香港股票市场发行股票，即 H 股。部分企业在美国纽约证券交易所发行的股票称为 N 股。境外发行股票筹集的资金必须汇回国内，经国家外汇管理局批准开设外汇账户，筹集的外汇必须存入外汇指定银行。进入 2000 年后，我国部分民营高科技企业到香港创业板和美国纳斯达克上市筹集资金，标志着我国证券市场的国际化进入一个新的发展时期。此外，我国目前境外上市结构中还有美国存托凭证（ADR），如已在境外上市的上海石化、上海二纺机等，都采用了 ADR 境外上市结构。

视野拓展

中国证监会

中国证监会为国务院直属正部级事业单位，依照法律、法规和国务院授权，统一监督管理全国证券期货市场，维护证券期货市场秩序，保障其合法运行。

国务院在《期货交易管理条例》中规定，中国证监会对期货市场实行集中统一的监督管理。在证监会内部，专门设有期货监管部，该部门是中国证监会对期货市场进行监督管理的职能部门。

中国证监会设在北京，会机关内设 20 个职能部门，1 个稽查总队，3 个中心。根据《中华人民共和国证券法》第十四条的规定，中国证监会还设有股票发行审核委员会，委员由中国证监会专业人员和所聘请的会外有关专家担任。中国证监会在省、自治区、直辖市和计划单列市设立 36 个证券监管局，以及上海、深圳证券监管专员办事处。

此外，近年来，我国债券市场的国际化也在推进当中。中信公司、中国银行、交通银行、建设银行、财政部、上海国际信托投资公司等金融机构先后在东京、法兰克福、新加坡和伦敦等国际金融市场发行了日元、美元、马克等币种的国际债券。随着国际证券的发行，我国证券市场制度的国际化建设也有了很大程度的发展。目前，中国证监会已与几十个国家或地区的证券期货监管机构签署了双边合作备忘录，并积极参与和支持国际证监会组织及其他国际组织的多边交流和合作，大大增进了中国证监会与国际证监会组织其他成员方及其他国际组织间的相互了解与信任。

（二）国际证券市场法律管制的特点对我国的启示

1. 加强对证券交易行为的监督

为了为我国证券市场的稳定发展提供保证，我国必须加强对证券交易行为的监督，对交易过程中存在的利用内幕交易行为、欺诈客户行为采取一定的措施对其进行处罚，并按证券交易的相关规定对客户进行赔偿。同时，国家还要出台具体的证券交易行为规范，对交易行为产生一定的约束作用。在证券市场国际化的基础上，对本国的证券立法制度进行完善和修改。

2. 利用"中国墙"解决利益冲突

我国的基本国情决定了我国发展经济不可以盲目追求冒进，需要按部就班地开放证券市场，从而实现贸易自由化。但是，开放的证券市场是金融业发展的必然趋势，在立法过程中引入"中国墙"的办法，有利于稳定证券市场、解决国际利益冲突、增强我国在国际上的话语权。例如，美国引入了"中国墙"的办法，并对其具体内容做了三条规定，即"中国墙"的建立是为了内部信息不被滥用、欺诈指控行为不能援用"中国墙"做辩护、证券公司和投资银行不能利用内幕信息进行证券交易，对"中国墙"的具体援用过程进行了严格监督，在一定程度上解决了利益冲突问题、规范了市场秩序。

3. 加强对证券经营的管制

发达国家的证券市场法律管制经验表明，开放的证券市场与加强法律管制并不矛盾，反之，加强对证券市场的法律管制是形成开放的证券市场的基础。因此，我国应加速推进立法工作，出台一系列法律管制的措施，规范市场交易行为，加强对证券经营的管制。例如，韩国为顺应证券市场国际化的发展潮流，实行了分阶段推进的措施。第一阶段，在1990年之前允许海外投资人通过债券、基金等进行非债券投资；第二阶段，在1991年之前允许通过可转换债券形式进行投资；第三阶段，允许投资人依据一定的比例进行投资，符合证券市场发展的趋势，有利于激发本国证券交易市场的活力。我国可以借鉴韩国分阶段推进证券市场国际化的先进经验，立足于我国的基本国情，形成开放的证券市场，推动经济进一步发展。

中国证券市场法律管制的规范对中国经济的可持续发展具有重要意义。我国要积极借鉴、吸收各国对证券市场进行法律管制的经验，加强对证券交易行为的监督，加快证券立法工作的进行，加强对证券经营的管制，借此促进我国证券市场的进一步发展。

第三节　国际融资担保法律制度

国际借贷中的保证是指保证人与贷款人约定，由保证人在贷款人不履行债务时按约定履行债务或承担责任的一种信用担保方式。国际融资担保是指以确保债务清偿为目的，借款人或第三人以自己的资产或信用向外国贷款人所做的还款保证。

一、国际融资担保概述

由于国际融资活动的跨国特征，使其存在比国内融资更大的风险，除了国际市场变化莫测、融资双方缺乏全面准确的了解等因素，国际融资还常受融资人所在国法律、政策变更等因素的影响。因此，国际融资存在着相当大的风险，贷款人必须采取风险预防措施，而国际融资担保是防范风险的有效手段之一。在现代国际资金融通活动中，无论是国际商业贷款,还是政府或国际金融机构的贷款,或者是其他融资方式,都常以担保为其前提条件。国际融资担保已经在国际金融领域得到了广泛的运用。

国际融资担保形式多样,但基本上可以分为信用担保和物权担保两大类。信用担保是指借款人或第三人以自己的资产或信用向贷款人做的还款保证,国际融资常用的信用担保有保证、备用信用证和安慰信等方式。物权担保是指借款人或第三人将自己的资产作为偿还贷款的保证。除一般的抵押权、质权外,国际融资还常使用浮动抵押这种较为特殊的物权担保方式。

二、国际信用担保

信用担保又称人的担保,在信用担保中保证人的信用至关重要,是贷款人决定是否贷款的关键性因素。信用担保的主要方式有保证、备用信用证和安慰信。

(一)保证

国际融资中的保证是由保证人与贷款人约定由保证人在借款人不履行债务时按约定履行债务或承担责任的一种信用担保方式。保证是国际融资活动中使用广泛的担保方式之一。在国际融资中,保证人的资格要求较为严格。信用担保的保证人通常是具有外汇支付能力或信用能力的银行类金融机构或实力雄厚的公司及政府组织,此种担保可以有效弥补物权担保变现能力差和外汇管制障碍的缺点,为国际商业银行贷款人所普遍接受。保证的范围为当事人约定的范围,一般限于主债务及利息、违约金、损害赔偿金和实现债权的费用,但不应超出主债务的范围。如果是多个担保人共同担保,则必须明确各个担保人的担保份额。

关于保证形式,如保证人为一人,可分为一般保证和连带保证。一般保证是保证人在债务人不履行债务时负清偿之责的保证,具有从属性;除非保证人放弃先诉抗辩权,贷款人在就借款人的财产强制执行无效果前,不得主张保证人履行保证责任。连带保证是保证人与借款人连带负债务履行责任的保证,在借款人不履行债务时,贷款人可以直接向保证人请求给付,保证人不得拒绝。

(二)备用信用证

备用信用证是担保人(开证行)应借款方要求开立的以贷款方为受益人的付款凭证,承诺在受益人出示信用证所规定的借款方的违约证明时即向受益人付款。根据备用信用证的约定,当借款人或其他债务人未能依贷款协议偿还贷款或履行义务时,债权人即可出具借款人或债务人违约的证明书,随附代表付款金额的汇票,向开证行(保证人)要求偿还相应的保证金额。

备用信用证最早产生于20世纪50年代的美国,因为当时美国的联邦法律禁止银行为其客户出具保证或保丽之类的担保,银行为满足客户要求,就创立了这种属于保函性质的支付承诺。由于银行在开具备用信用证时很谨慎,开出的信用证多半是备而不用的,故称为备用信用证。

备用信用证最大的特点是它独立于基础的借贷合同，因此担保人就是主债务人，其义务的履行不受借款人的任何影响。如果开证行经审查认为证明符合信用证的规定，开证行即可付款。开证行不负责审查是否存在不履行贷款协议义务的违约事件。

有关备用信用证的国际条约是1995年12月联合国大会决议通过的《联合国独立担保与备用信用证公约》。该公约是对大陆法的银行保函制度和英美法的备用信用证制度的调和，适用于一切国际性的备用信用证和独立担保。根据该公约的规定，担保的性质为独立担保，担保人对受益人的承诺是独立的，不取决于基础合同是否有效或履行。担保人和受益人的权利和义务应由担保合同条款确定，在解释担保合同条款和解决担保合同条文未涉及的问题时，应考虑适用普遍接受的关于独立担保和备用信用证的国际惯例和规则。该公约是有关融资担保的第一个国际公约，标志着国际担保统一化已由民间行为发展为政府行为、国际担保规则由任意性惯例规则转变为国际条约规则。

此外，备用信用证还有一项国际惯例，即国际商会《国际备用信用证惯例》，于1999年1月1日起正式实施，它填补了备用信用证在国际规范方面的空白。《国际备用信用证惯例》不仅适用于国际备用信用证，还适用于国内备用信用证。备用信用证如今可以适用于各种用途的融资工具，包含着比见索即付保函用途更广的范围。

（三）安慰信

安慰信是借款人的政府、母公司、开户行写给贷款人表示愿意敦促借款人还款的书面文件。此种担保文件的责任表示和法律效力较为含混，通常在保证人不愿意接受法律约束时使用。安慰信最初产生于德国，是为了规避国家关于母公司对子公司担保贷款征税的规定。虽然该税种已经在1972年被取消，但这一商业习惯被沿袭了下来。目前安慰信作为获取资金的一种手段，在国际银团贷款中被广泛应用。

根据出信人的情况，安慰信可分为以下三种。①政府出具的安慰信。通过借款人政府出具安慰信可表明借款人政府对贷款项目的支持态度，或承诺对贷款项目进行监督管理，以确保贷款人的利益。②开户行出具的安慰信。借款人开户行开具的安慰信能确保借款人提供的会计账目的真实可靠性，或承诺对借款人的财物已检查并继续给予监管。③母公司出具的安慰信。因为有些公司章程限制担保或担保人不愿在公司负债表上列举对外担保的"或有债务"，便以安慰信的形式向债权人做出道义上的或具有法律责任的承诺，以表明借款人母公司的支持。

安慰信一般不具有法律约束力，而只具有道义上的约束力。但由于安慰信关系到出信人自身的信用，所以资信良好的出信人一般不会违背自己在安慰信中的诺言。由于各国法律对安慰信的性质及法律效力等未做出明确规定，安慰信的效力和作用取决于其内容。但为避免承担法律责任，安慰信在内容上一般比较笼统，一般不出现"保证""承诺"之类的措辞。所以安慰信的法律效力是不确定的。不同的法院对同一份安慰信的效力也常存在不同的理解。

三、物权担保

国际融资中的物权担保是指借款人或第三人以自己的资产或物权为贷款债务的履行提供担保。物权担保在各国国内的借贷实践中使用较多,但在国际融资活动中,由于付款人较难控制跨国担保物,使用物权担保的方式相对较少。物权担保可分为动产担保、不动产担保和浮动担保等形式。

(一)动产担保

国际融资中的动产担保,是指借款人或第三人以自己的动产向贷款人所做出的履行债务的担保。它主要分为动产质押和动产抵押两种。

1. 动产质押

动产质押指债务人或第三人将其动产的占有转移给债权人作为履行债务的担保,如债务人不能清偿其债务,债权人有权依法出售该动产以得到优先清偿。质押具有从属性,它仅以确保主债务履行为目的,以主债务的存在为前提,随主债务消灭而消灭。质押多为权利质押,质押物包括汇票、本票、可转让的股票等有价证券及知识产权中的财产权等。动产质押合同一般要求以书面形式成立且移交质押物时生效,但有些权利质押还需要登记,如股票或股权质押。质押的优先顺序依质押的有效设定的先后顺序排列。质权人受偿时,质押物价款超过担保债权金额的归出质人所有,不足部分由债务人清偿。

2. 动产抵押

动产抵押是指债务人或第三人不转移动产和不动产的占有,而将其作为债权的担保。如债务人不履行债务,债权人有权依法以该财产折价或变卖的价款优先受偿。在国际融资实践中,动产抵押主要适用于工农业开发项目的借贷,抵押物多为工农业设施和产品,如机器设备等。各国法律普遍要求抵押合同也必须以书面形式成立,有些需要经过法定部门的登记才能生效。抵押物清偿时,如超过担保债权的金额,超过部分退还抵押人,不足部分由债务人清偿。

(二)不动产担保

不动产担保是指在房屋、土地等不动产上设置的物权担保。不动产担保主要以不动产抵押的方式进行,不动产抵押必须以书面形式进行,同时各国一般还规定必须进行登记才有效。由于各国法律对不动产的拍卖和变卖有各种限制性的规定,所以在国际融资实践中,不动产担保很少使用。

(三)浮动担保

浮动担保,也称浮动抵押,是指债务人或第三人以现有的和将来取得的全部财产或某一类财产为债权人设定的担保。浮动担保的法律特征表现为担保标的物的广泛性。浮动担保的标的物可以包括动产、不动产、有形财产和无形财产;担保物的价值和形态处于不确定状态。在担保期间,担保物的价值和形态都在不断变化和运动,其价值可能会时有增减,其形态也会在货币形态与实物形态、无形财产与有形财产、动产与不动产之间进行转化;浮动担保标的物的占有不转移,在担保执行前债务人对该担保物享有自由处分权,使之用于生产经营活动,有利于发挥资产的使用价值;浮动担保的担保物在约定事件发生时转化为固定担保。尽管浮动担保的担保物在担保期间一直处于不确定的浮动状态,但担保权的行使应有明确、固定的标的物。因此,浮动担保一旦出现借款人违约、破产或停业清算等约定事件,则转化为固定担保。这时,贷款人可以对借款人的全部现有财产行使担保物权,借款人的全部财产均确定地成为担保标的物,借款人无权再处分任何担保物。

在国际项目融资中,以项目的全部资产及未来收益设定浮动担保,对借、贷双方都有好处。对债务人来说,设定浮动担保后,他仍然可以自由占有、处分已作为担保之用的企业财产,使债务人在融资的同时发挥担保物的增值功能。对债权人而言,浮动担保的优点在于,当债务人违约时,债权人可以直接接管企业,这在项目融资中尤为重要。另外,浮动担保的覆盖面广泛,因此在国际融资,尤其是项目融资中使用得较为普遍。

四、银行保函

(一)银行保函的概念

银行保函是指银行应委托人的申请而开立的有担保性质的书面承诺文件,一旦委托人未按其与受益人签订的合同的约定偿还债务或履行约定义务,则由银行履行担保责任。根据不同的划分标准,银行保函可划分为不同的种类。例如,以保函的性质为划分标准,则银行保函可以划分为从属性银行保函和见索即付保函(独立性银行保函)。

(1)从属性银行保函具有两个重要的法律特征:一是从属性,二是补充性。

(2)见索即付保函是银行应借款人的要求向贷款人出具的凭索赔书和保函规定的其他文件付款的承诺文书。其特点为独立性,担保责任与基础合同相分离,担保人责任的非从属性担保责任的无条件性。见索即付保函的法律关系:包括基于见索即付保函而存在的保证关系和基于借款人的申请而存在的委托关系。见索即付保函的统一法:1997《见索即付保函统一规则》(UCP458),以及1995年12月联合国大会通过的《独立保函和备用信用证公约》。

(二)银行保函的特点

银行保函依据商务合同开出,但又不依附于商务合同,具有独立法律效力。当受益人在保函项下合理索赔时,担保行就必须承担付款责任,而不论委托人是否同意付款,也不管合同履行的实际事实如何,即保函是独立的承诺并且基本上是单证化的交易业务。

银行信用作为保证,易于为合同双方接受。银行保函业务中涉及的主要当事人有三个:委托人、受益人和担保银行,此外,往往还有反担保人、通知行及保兑行等。这些当事人之间形成了环环相扣的合同关系,它们之间的法律关系如下。

第一,委托人与受益人之间是基于彼此签订的合同而产生的债权债务关系或其他权利义务关系。此合同是他们之间权利和义务的依据,相对于保函而言是主合同。如果此合同的内容不全面,则会给担保银行的担保义务带来风险。因而银行在接受担保申请时,应要求委托人提供他与受益人之间签订的合同。

第二,委托人与担保银行之间的法律关系是基于双方签订的《保函委托书》而产生的委托担保关系。《保函委托书》中应对担保债务的内容、数额、担保种类、保证金的交存、手续费的收取、银行开立保函的条件、时间、担保期间、双方违约责任、合同的变更、解除等内容予以详细约定,以明确委托人与担保银行的权利义务。《保函委托书》是担保银行向委托人收取手续费及履行保证责任后向其追偿的凭证。

第三,担保银行和受益人之间的法律关系是基于保函而产生的保证关系。保函是一种单务合同,受益人可以以此享有要求担保银行偿付债务的权利。在大多数情况下,保函一经开立,担保银行就要直接承担保证责任。

保兑行

保兑行(Confirming Bank)是指出口国或第三地的某一银行应开证行的请求,在信用证上加注条款,表明该行与开证行一样,对受益人所提示的符合信用证规定的汇票、单据负有付款、承兑责任的银行。

本章小结

1. 国际借贷协议是指不同国家的借贷双方就借贷事宜达成的、明确相互间权利和义务的基本法律文件。

2. 约定事项条款是借贷双方就借款人在贷款期间实施某种行为或不为某种行为做出约定的条款的总称。

3. 财务约定条款是指贷款人要求借款人在债务期内定期报告其财务状况,并遵守约定的财务状况量化标准的条款。

4. 国际银团贷款主要涉及四个法律文件:贷款协议、委托书、义务承担书和信息备忘录。

5. 委托书是借款人授权牵头银行为其安排银团贷款的法律文件,是牵头银行组织银团贷款的授权依据。

6. 场内交易市场是指证券交易所内的证券交易市场。

7. 场外交易市场则是指在证券交易所以外进行证券交易的市场,如柜台市场。

8. 国际证券发行是指国际证券的发行人将自己所发行的证券出售给境外或国外投资人的行为。

9. 国际借贷中的保证是指保证人与贷款人约定，由保证人在贷款人不履行债务时按约定履行债务或承担责任的一种信用担保方式。

10. 国际融资担保是指以确保债务清偿为目的，借款人或第三人以自己的资产或信用向外国贷款人所做的还款保证。

复习思考题

1. 国际贷款协议的先决条件有哪些？
2. 国际银团贷款与一般国际商业贷款不同，其特点主要表现在哪些方面？
3. 国际证券市场法律管制的特点是什么？
4. 什么是注册制？
5. 什么是动产质押？
6. 请介绍一下银行保函的概念。

第十章

国际商事管制法

学习目标

- 了解关税制度和非关税措施
- 理解反倾销法的内容
- 理解反补贴法的内容
- 熟悉管制限制性商业做法的法律
- 熟悉中美两国及国际限制性商业做法的立法

开篇案例

根据 2010 年 9 月 10 日《欧盟公报》发布的公告，欧盟委员会决定对中国输欧无线广域网（广域网）调制解调器产品发起反补贴调查。欧盟委员会依据 2009 年 6 月 11 日第 597/2009 号理事会条例第十条有关保护欧盟产品免受从成员国以外的第三国进口的接受补贴的产品影响的规定（基本条例）接受一份起诉书。起诉书中指控从中国进口的无线广域网（广域网）调制解调器产品为接受补贴产品，并已经对欧盟相关产业产生实质性损害。

辩证思考：

根据欧盟委员会第 1225/2009 号条例第九条第一款，以及欧盟委员会第 597/2009 号条例第十四条第一款，若起诉方撤回起诉，程序将会终止，除非程序的终止与欧盟利益不相符。欧盟委员会认为应终止目前程序，理由是反补贴和反倾销调查未能表明终止程序会对欧盟利益造成不利影响。相关利害方已得到相应通知，并有机会提出意见。

2010年10月26日，Option NV撤回了对从中国进口的无线广域网（广域网）调制解调器的反倾销和反补贴起诉。其撤回起诉的原因是Option NV已经与中国出口生产商签署了合作协议。

第一节　关税制度和非关税措施

在国际贸易中，按照征税商品的流向可将关税分为进口关税、出口关税和过境关税。目前只有伊朗、委内瑞拉等少数国家仍在征收过境关税，世界上大多数国家和地区已不使用过境关税，出口关税也较少使用，所以通常所称的关税主要指进口关税。进口关税是进口国海关对进口货物和物品征收的关税。

一、关税的含义、作用与种类

（一）关税的含义和作用

关税是指进出口商品经过一国关境时，由政府设置的专门机构——海关对进出口商品征收的一种税收。进口关税是主要的关税种类，一般在外国商品（包括从自由港、自由贸易区或海关保税仓库等地提出，运往进口国国内市场的外国商品）进入关境、办理海关手续时征收。进口关税包括常规性的按海关税则征收的税收，也包括临时加征的附加税。

各国政府征收关税主要有两个目的，一是增加国家的财政收入，此种关税称为财政关税；二是保护本国经济或产业发展，此种关税称为保护关税。相比较而言，财政关税的税率较低，而保护关税的税率较高，有时甚至会达到200%～300%。关税税率越高，进口产品的成本也就越高，从而起到削弱进口产品在进口国国内市场的竞争力、保护生产同类产品的本国产业的作用。

（二）关税的种类

1. 根据征收关税的对象分类

（1）进口关税，即进口国家的海关对输入本国的进口商品所征收的关税。该种关税通常是在外国商品进入国境时征收，或者在外国商品由海关保税仓库提出运往国内市场时征收。

（2）出口关税，即出口国海关对输往外国的本国商品所征收的关税。征收出口关税会导致本国产品成本的增加，从而降低本国产品的竞争力，不利于扩大出口，因此各国一般不征收出口关税，但有时会对本国市场紧缺的产品或资源征收出口关税。

（3）过境关税，即一国对通过本国领域的外国货物（过境货物）所征收的关税。所谓过境货物是指运输工具所载货物到达本国未经卸载，仍由原运输工具运至他国口岸。过境货物与转口货物不同,后者是指从国外运载货物至本国口岸,转换运输工具,再转运其目的口岸。

 视野拓展

> **口岸**
>
> 口岸原意指由国家指定的对外通商的沿海港口。现在口岸已不仅是经济贸易往来(通商)的商埠,还是有关政治、外交、科技、文化、旅游和移民等方面的往来港口。随着陆、空交通运输的发展,对外贸易的货物、进出境人员及其行李物品,以及邮件包裹等,可以通过铁路和航空直达一国腹地。在开展国际联运、国际航空邮包邮件交换业务,以及其他有外贸、边贸的地方,国家也设置了口岸。口岸是由国家指定的对外往来的门户,是国际货物运输的枢纽。它是一种特殊的国际物流结点。

2. 根据征收关税的优惠程度分类

(1)普通关税,又称一般关税,指一国政府对与本国没有签署友好协定、贸易协定、经济互助协定的国家和地区按普通税率所征收的关税。

(2)优惠关税,又称特惠关税,指一国政府对从某个国家或地区进口的全部产品或部分产品,给予特别优惠的低关税待遇。优惠关税是指对受惠国以低于普通关税税率的标准征收关税以示优惠。优惠关税一般是互惠的,即双方相互给予对方优惠关税待遇,但也有单方面的,即给惠国单方面给予受惠国优惠待遇,而不要求反向优惠。优惠关税一般分为特定优惠关税、普遍优惠关税和最惠国待遇关税三种。特定优惠关税,即特惠税,指一国对另一国或某些国家的某些方面予以特定优惠关税待遇,他国不得享有的一种关税制度。目前,在国际上具有重大影响力的特定优惠关税是《洛美协定》的特惠关税,它是欧盟向参加该协定的非洲、加勒比和太平洋地区的发展中国家单方面提供的特定优惠关税。

(3)普遍优惠关税,即普惠制,是发达国家对原产于发展中国家的产品主要是工业制成品和半制成品,给予普遍的、非互惠的和非歧视的关税优惠待遇。发展中国家享受普惠制时,一般也需要满足若干先决条件,如原产地标准、直运规则等。

(4)最惠国待遇关税,指缔约国一方现在和将来给予任何第三方的关税优惠,同样给予缔约对方。最惠国待遇最初只适用于关税待遇,现已扩大到通商和航海等方面,但仍以关税为主。

(5)差别待遇,指对于同一种进口产品,由于出口国家或生产国家不同,或进口情况不同而使用不同税率征收的关税。差别待遇实际上是贸易保护主义政策的产物,它是进口国在特殊场合下为保护本国产业而采取的特别措施。差别待遇主要包括以下几种。①进口附加税,指进口国对来自某国或某项产品的进口,除了征收一般进口关税,另加征税款,以加重课税。进口附加税通常是一种限制进口的临时性措施,是为了满足某种特定目的,如应付国际收支危机,或是对某个特定国家实行贸易歧视政策。②反倾销税,指进口国海

关对外国产品在本国市场销售构成倾销时所征收的一种关税。③反补贴税,又称抵销关税,指对接受出口补贴的外国产品进口时所征收的一种关税。④报复关税,指一国政府为维护本国利益,当他国以不公正、不平等、不友好的态度对待本国出口产品时,对他国出口到本国的产品加重征收的关税。

二、关税的征收方法

关税可分为从价税、从量税、复合税、选择税、滑准税、差价税和季节税等。

(1) 从价税:指以货物价格为计征标准(这是最常用的关税计税标准)而征收的关税。

(2) 从量税:指以货物的计量单位(重量、数量、体积、长度)为计征标准而计算征收的一种关税。

(3) 复合税:指对同一税目的货物同时采用从价税和从量税两种标准而课征的一种关税。

(4) 选择税:指在海关税则中对同一税目的商品规定有从价标准和从量标准征收税款的两种税率,在征收时可由海关选择其中一种计征,一般选择税额较高的一种。其基本原则是在物价上涨时使用从价税;在物价下跌使用从量税。

(5) 滑准税:指对同一税目的商品按其价格的高低,设定不同的税率,进口货物按其价格水平所适用的税率课税。

(6) 差价税:又称差额税,其税率是按照进口货物价格低于国内同类货物价格的差价额来确定的一种进口关税。

(7) 季节税是指针对有季节特征的货物,如鲜货、果品、谷物制定两种或两种以上的税率。例如,旺季用高税率、淡季用低税率、平时用中间税率,以维持供销平衡和市场的均衡供应。

三、海关税则与非关税措施

(一) 海关税则

海关税则又称关税税则,是一个国家通过立法程序公布实施的、按商品类别排列的关税税率表。它是征收关税的法律依据,是各国关税政策的具体体现。海关税则的内容以税率表为主体。很多国家将税则列在关税法之后,作为关税法的组成部分。税则包括税号、商品名称和税率三部分。

纳税人识别号

纳税人识别号是税务登记证上的号码,简称税号,每个企业的纳税人识别号都是唯一的。这个属于每个人自己且终身不变的数字代码很可能成为我们的第二张"身份证"。

税则中的商品分类主要有两种。第一种是按照产品的加工程度分类，可分为原料、半成品、制成品；第二种是按照产品的性质分类，可分为农产品、畜产品、水产品、矿产品、纺织品、机器等。

海关税则可分为单一税则和复式税则。单一税则，又称一栏税则，指每个税目里只有一个税率，适用于任何国家的产品，没有差别待遇。目前只有极少数发展中国家采用单一税则。复式税则，又称多栏税则，指在一个税目里有两个或两个以上的税率，对于来自不同国家或地区的产品适用不同的税率。其中，普通税率是最高税率，特惠税率是最低税率，在这些税率之间，还有最惠国税率、协定税率、普遍优惠税率等。目前，发达国家大多采用三栏税率，如美国对进口税率采用普通税率、最惠国税率和普惠制税率。

（二）非关税措施

除关税外，各国还经常通过非关税措施来实现对对外贸易的管制。在早期的国际贸易中，各国普遍采取关税措施来管制对外贸易。但 20 世纪 60 年代后期以来，随着关税幅度的下降，关税的保护作用越来越不明显，而非关税措施的作用却越来越受到重视，逐渐成为主要的对外贸易管制方法。

所谓非关税措施，是指除关税外的一切限制进口的措施。非关税措施可以分直接和间接两种。直接的非关税措施是指由进口国直接对进口产品的数量或金额加以限制或迫使出口国自动限制其出口的产品数量或金额。间接的非关税措施是对进口产品制定严格的条件，间接地限制其进口。具体而言，较为普遍的非关税措施包括以下几种。

1. 进口配额

进口配额是一国政府在一定时期内，对某些产品的进口数量或金额规定限额直接加以限制。在规定的期限内，配额以内的产品可以进口，超过配额的产品则不准进口或征收较高的关税。超过配额即不准进口的，称为绝对配额；超过配额征收较高关税的，称为关税配额。

2. 自动出口限制

自动出口限制又称自动出口配额，指出口国在进口国的要求或压力下，自动规定在某一个时期内对该进口国的出口限额，在该限额内，由出口国自己控制出口，超过配额即禁止出口。自动出口配额表面上似乎是一种出口限制，但实际上是进口国迫使出口国采取的限制，其最终目的是限制进口。

3. 进口许可证制

进口许可证制是指政府为管制进口贸易，规定有关产品进口必须得到本国政府批准，并在颁发进口许可证之后才允许进口。进口许可证主要有两种形式。一种是有定额的进口许可证,即预先规定有关商品的进口配额,然后在配额的限度内,根据进口商的申请,对于每一笔进口货物发给进口商有关商品一定数量的进口许可证。另外一种是无定额的进口许可证,即进口许可证不与进口配额相结合,有关商品的进口许可证只在个别考虑的基础上进行。由于该种无定额的进口许可证没有公开的标准,因而更易给正常的贸易活动造成障碍,起到更大的限制进口的作用。

4. 外汇管制

外汇管制是指国家通过法律对外汇买卖和国际结算实行各种限制措施,以平衡国际收支和维持本国货币汇价。在该种制度下,出口商必须将其出口所得到的外汇收入按官定汇价卖给外汇管制机关。进口商也必须向外汇管制机关按官定汇价申请购买外汇。外汇管制一般由中央银行或中央银行授权的银行执行。

5. 进口和出口的国家垄断

进口和出口的国家垄断是指在对外贸易中,对某些或全部商品的进出口业务由国家直接经营,或把某些商品的进出口的垄断权授予某个垄断组织。主要资本主义国家的进出口的国家垄断主要集中在三类商品上。第一类是烟和酒。国家的政府机构从烟和酒的进出口垄断中可以获得巨额财政收入。第二类是农产品。国家把农产品的对外垄断销售作为国内农业政策措施的一部分。第三类是武器。资本主义国家的武器贸易大多数是由国家垄断的。

6. 歧视性的政府采购政策

歧视性的政府采购政策是指政府通过制定法令,规定政府在采购时,要优先购买本国产品,从而导致对外国同类产品的歧视和限制。许多资本主义国家都有这种制度。例如,英国政府规定其机构内使用的通信设备和电子计算机必须是英国产品。日本有几个省规定,政府机构需用的办公设备、汽车、计算机、电缆、导线、机床等均不得采购外国产品。美国实行的《购买美国货法案》规定,凡是美国联邦政府所要采购的货物,应该是由美国制造的,或是用美国原料制造的,只有在美国自己生产的数量不够,或者国内的价格过高,或者不买外国货物就会损害美国利益的情况下,才可以购买外国货物。

7. 进口押金制

进口押金制又称进口存款制,是指进口商在进口商品时,必须按照进口金额的一定比例,并在规定的时间内,预先向指定的银行无息存放一笔现金。这种押金在有的国家可高达进口货值的 50%,且必须在银行无息冻结 6 个月,它势必会增加进口商的资金负担,从而起到了限制进口的作用。

8. 最低限价

最低限价是一国政府对某种进口商品规定的最低价格,凡进口商品的价格低于规定的最低限价的,即征收进口附加税。例如,规定钢材的每吨最低限价为 320 美元,进口时每吨价格为 300 美元,则进口国要征收每吨 20 美元的附加税,以抵销出口国的补贴或倾销。

这一最低限价往往是根据某一商品生产国的最高生产水平而制定的。例如，西欧共同市场1978年对钢材规定最低限价，这一价格是根据日本生产钢材的最高生产水平而制定的。凡是低于该价格的，就要征收差额部分的附加税。

9. 海关估价制度

海关估价是指进口国通过专断地提高对进口产品的海关估价，来提高进口产品的关税负担，阻碍外国产品的进口。在这方面，以美国最为突出。美国海关的估价征税工作是按进口商品的外国价值（进口商品在出口国国内销售市场的批发价）或出口价值（进口产品在来源国市场供出口用的售价）两者之中较高的一种进行的，这实际上提高了交纳关税的税额。

10. 有秩序的销售安排

有秩序的销售安排是近年来由发达国家提出的一种新型的非关税措施，通过政府正式的干预，由出口国和进口国签订具体协定，按照这一协定，出口国将自己的产品出口约束在一定的水平上。

视野拓展

非关税措施

非关税措施（Non-tariff Measures，NTMs）包括数量限制措施和其他对贸易造成障碍的非关税措施。数量限制措施表现为配额、进口许可证、自动出口限制和数量性外汇管制等；其他非关税措施包括技术性贸易壁垒、动植物检验检疫措施、海关估价、原产地规则、以及当地含量要求、贸易平衡要求、国内销售要求等投资管理措施，等等。

11. 复杂的产品技术标准和商品检验制度

各国都广泛地颁布了各种产品的技术标准、卫生检疫标准、商品包装和标签等规定。近年来，一些国家为保护本国贸易，对进口产品经常无理地规定苛刻的、超过本国国内市场真正需要的技术、卫生和商检标准。这类规定日益复杂，而且经常变化、不断提高，使外国产品难以符合其要求，从而起到限制甚至完全排斥某些外国进口产品的作用。

第二节　关于限制性商业做法的法律

在国际贸易中，凡是通过滥用或谋取滥用市场力量的支配地位，限制进入市场或以其他方式不适当地限制竞争，对国际贸易，特别是发展中国家的国际贸易及其经济发展造成或可能造成不利影响，或者是通过企业之间的正式或非正式的、书面的或非书面的协议及其他安排造成了同样影响的一切做法或行为，都称为限制性商业做法。

一、限制性商业做法概述

（一）限制性商业行为

限制性商业行为实施的主体是个人、企业或其他经济组织。限制性商业行为必须是为法律所禁止的、不合理的或不正当的、限制竞争或实行歧视的做法或惯例。一般而言，法律法规所禁止的限制性商业行为可分为三类。

 视野拓展

限制性商业行为

限制性商业行为是指在国际许可合同中，由技术供方对技术受方施加的、法律禁止的、造成不合理限制的合同条款或做法。这些条款或做法或者直接影响市场或竞争，或者通过其他限制对国际技术贸易，尤其是对发展中国家引进技术及其经济发展造成不利影响。各国法规赋予它不同的名称，有的称之为"限制性商业惯例"，有的称之为"限制性商业条款"，还有的称之为"违反公平贸易条款""阻止、限制或破坏自由竞争的协议和实践"。

---

1. 实行垄断支配地位

企业之间通过正式或非正式、书面或非书面的协议或安排，谋取在整个产品制造、销售过程中的垄断支配地位，或同类企业之间通过协议来控制价格、划分市场，以消除其内部的竞争、排除外来的竞争。

2. 滥用市场支配地位

企业单独或与其他企业联合利用某项技术、某项服务及某一类商品的优势地位，滥用或谋取滥用市场支配地位的行为。

3. 实行不公平及歧视性的做法

供方利用其各方面的优势，将一些不合理、不公平甚至带有政治、种族性歧视的条款强迫受方接受。

（二）限制性商业做法的基本特征

限制性商业做法的行为主体一般是企业，企业有可能会滥用或谋取滥用市场力量的支配地位。

限制性商业做法是一个法律概念，只有在法律（或国际条约，下同）有相应规定的条件下，才可以根据这些相应的规定，来确定一定的做法是否为限制性商业做法。如果法律

没有相应的规定，就不能确定什么是限制性商业做法，也不能确定一定的限制性商业做法是否存在。

限制性商业做法是法律所禁止或限制的行为。这里的"禁止"即法律无条件地否定；这里的"限制"即法律有条件地允许。

限制性商业做法是通过滥用或谋取滥用市场力量的支配地位，或者企业间正式或非正式的、书面或非书面的协议及其他安排进行的。

限制性商业做法的结果是限制了其他企业进入市场或以其他不适当方式限制了竞争，对国际贸易，特别是发展中国家的国际贸易及其经济发展造成或可能造成不利影响。

行为主体在实施限制性商业做法时，常常采取在合同中规定含有限制性商业做法内容的条款的形式。合同中的含有限制性商业做法内容的条款，通常被称为"限制性商业条款"。表面上，限制性商业条款也是当事人之间的协议，但实际上，限制性商业做法往往是一方当事人的意志屈从于另一方当事人意志的产物。

总而言之，限制性商业做法既可以存在于国际经济贸易领域，也可以存在于国内经济贸易领域。

二、管制限制性商业做法的法律

自 19 世纪末以来，许多国家都先后制定了管制限制性商业行为的法律，但其名称却各有不同，美国称其为反托拉斯法，英国称其为限制性商业做法的法律，德国和法国等大陆法系国家及欧盟称其为竞争法，而联合国国际贸易法委员会的文件中则称其为管制限制性商业惯例的法律。

由于对限制性商业做法的理解和立法的起因及侧重点不同，立法的模式也各不相同，管制限制性商业做法的法律大致可分为三种。一种是分立式，即区别垄断和不正当竞争行为，并分别制定反垄断法和反不正当竞争法，如德国、日本等国。二是统一式，将反垄断与反不正当竞争行为统一对待，制定统一的反不正当竞争法，涵盖反垄断和反不正当竞争两个方面的内容，如匈牙利、澳大利亚等国。三是混合式，对垄断和不正当竞争行为不做明确的区分，也不制定专项的反垄断法或反不正当竞争法，而是根据若干专项法规及判例调整各种垄断和不正当竞争引起的竞争关系，如美国。

垄断
垄断（Monopoly），通常译为独占，经济学术语，一般分为卖方垄断和买方垄断。卖方垄断指唯一的卖者在一个或多个市场，通过一个或多个阶段，面对竞争性的消费者；买者垄断（Monopsony）则恰恰相反。理论推断垄断者在市场上可以根据自己的利益需求调节价格与产量，但至今为止没有确切案例提供支持。

虽然立法模式、体系有差别，但这些法律都具有同样的性质和特征。这些法律主要是行政法规，兼有刑事和民事法规的性质，既具有公法的性质也具有私法的性质。管制限制性商业做法的法律具有以下特点。

（一）适用范围广

管制限制性商业做法的法律适用于一切交易领域，既适用于货物交易领域，也适用于技术转让和权利转让；既适用于纵向管理者和被管理者之间的关系，也适用于横向的独立主体之间的关系。

（二）具有强制性

管制限制性商业做法的法律属于强制性法律范畴，当事人不能通过协议排除适用这种法律，也不能排除有关主管机关和法院的管辖权。

（三）制裁的严厉性

对于违反这类法律的商业行为，除民事制裁外，有时甚至要给予刑事制裁。

法律的域外效力。有些国家对违反这类法律的案件，法院主张"域外法律管辖权"。尽管当事人不是该国公民，但只要他在该国设有母公司、子公司、分支机构或代理机构，或他的商业做法在该国国内产生违反有关管制限制性商业做法的法律的效果，该国法院就可以主张对他有管辖权。

三、中美两国及国际限制性商业做法的立法

（一）美国的反托拉斯法

1. 美国反托拉斯法的主要内容

反托拉斯法是美国国会多年来通过的有关保护竞争、限制垄断和不公平贸易做法的实体法和程序法的总称。其中主要包括三个法案，即1890年的《谢尔曼法》、1914年的《克莱顿法》和《联邦贸易委员会法》。此外，还包括有一些涉及反托拉斯的法律，如《威尔逊关税法》第七十三条至第七十七条、《1930年关税法》第三百三十七条等。1890年的《谢尔曼法》是美国第一个反托拉斯法，也是美国反托拉斯法的基本法。该法共包括七条，其关键的第一条和第二条确定了两项重要的原则。第一条规定，任何以托拉斯或共谋等方式做出的合同、联合如被用以限制州际或国际的贸易和商业时，均属非法。第二条规定，任何独占垄断者或企图独占垄断者或与任何其他人联合或共谋，借以独占垄断州际或国际贸易和商业时，都将被视为刑事犯罪。

克莱顿法案对四种不正当竞争行为做出了具体规定：价格歧视，指对买主不一视同仁，造成了不公平竞争的局面；独家交易和搭卖安排，前者指只准经销一家的产品而不得经销其他同类竞争产品，后者指用畅销货搭卖滞销货；兼并，主要指吞并同行业的竞争公司；

交叉董事，指各竞争公司之间董事互相兼任、串通一气，消除彼此之间的竞争。该法弥补了《谢尔曼法》的一些缺点和不足，使美国的竞争制度保持了一定的弹性，适用范围也更加广阔。

《联邦贸易委员会法》的主要目的是建立联邦贸易委员会，使其作为反托拉斯法的执行机构和工作机构。该法规定了此机构的职权范围，以及一些重要的实体法规则。例如，第五十五条规定，商业上的不公平竞争或欺骗性的行为或做法，均属非法；第十三条和第十四条规定，对上述非法行为不但可以禁止，处以罚金，而且可以依法处以一年以下的有期徒刑。

为了判断某项行为是否违反反托拉斯法，美国法院在实践中确立了两项重要原则。一是合理原则，指某种贸易做法虽然含有一些限制条件，但如果没有超出商业上认为合理的限度，不会导致削弱或消灭美国市场的竞争，则不认为其是违法反托拉斯法的行为；二是本身违法原则，即某些协议或行为本身具有明显的反竞争性质，一旦出现，即可认定其非法而无须证明其对美国竞争的影响。下列行为一般被认为是"本身违法"的行为：固定价格，集体抵制，瓜分市场，维持转售价格，搭售，限制产量或控制供应协议等。

2. 美国反托拉斯法的执行

美国执行反托拉斯法的机构是联邦司法部和联邦贸易委员会。联邦司法部内设有反托拉斯处，负责对《谢尔曼法》、《克莱顿法》、《联邦贸易委员会法》及《威尔逊关税法》有关部分的执行，可以进行调查并提起刑事诉讼，也可以提起民事诉讼。联邦贸易委员会是唯一执行《联邦贸易委员会法》的机构，是一种准司法性质的行政法庭。

在美国处理反托拉斯案件主要有三种途径。一是由司法部反托拉斯处对违反反托拉斯法的被告向法庭提起刑事诉讼，其制裁方法是罚金和监禁，对轻微案件则向法庭提起民事诉讼。二是由联邦贸易委员会处理。联邦贸易委员会可以就违反各有关法律条款者提起诉讼；联邦贸易委员会有权就被怀疑为违法的行为举行听证会，并在发现确有违法行为时有权做出"停止命令"对违法行为加以制止。被告若对此禁令不服，可向法院提起上诉。第三是私人或企业如因被告违反反托拉斯法而遭受损害时，可向联邦法院提起损害赔偿诉讼。胜诉的原告可请求获得其所受实际损害的三倍的赔偿。根据《克莱顿法》，私人也可以提起请法院发布禁令的诉讼，制止被告的非法行为。

（二）中国管制限制性商业做法的法律

我国全国人民代表大会常务委员会通过了《中华人民共和国反不正当竞争法》，这是我国第一部关于维护公平竞争、反对不正当竞争，并对某些限制性商业做法进行管制的法律。该法共五章三十三条，第二章对不正当竞争行为进行了举例。另外，国务院发布的《中华人民共和国技术引进合同管理条例》对技术引进合同的限制性商业做法也做出了明文规定，列举了限制性条款。在技术引进合同中如含有上述条款，合同的审批机关一般将不予批准。《中华人民共和国中外合资经营企业法实施条例》也对国际技术转让中的限制性行为做出了规定。

根据《中华人民共和国反不正当竞争法》的有关规定，在我国执行《中华人民共和国反不正当竞争法》的监督检查机关主要是县级以上人民政府履行工商行政管理职责的部门，以及国家版权局、国家知识产权局等。

监督检查机关的职权主要包括以下几项：按照规定程序询问被检查的经营者、利害关系人、证明人，并要求他们提供证明材料或者与不正当竞争行为有关的其他资料；查询、复制与不正当竞争行为有关的协议、账册、单据、文件、记录、业务函电和其他资料；检查与不正当竞争行为有关的财物。

《中华人民共和国反不正当竞争法》第七条规定，经营者不得采用财物或者其他手段贿赂下列单位或者个人，以谋取交易机会或者竞争优势：（1）交易相对方的工作人员；（2）受交易相对方委托办理相关事务的单位或者个人；（3）利用职权或者影响力影响交易的单位或者个人。

监督检查机关可以对违反《中华人民共和国反不正当竞争法》的人行使责令停止违法行为、罚款、没收违法所得等处罚。对这些处罚不服的，可以向上一级行政机关申请复议，如对复议决定仍不服的，可以向人民法院提起诉讼。

视野拓展

不正当竞争行为

不正当竞争行为，是指经营者在市场竞争中，采取非法的或者有悖于公认的商业道德的手段和方式，与其他经营者相竞争的行为。在现实生活中，不正当竞争行为五花八门、举不胜举。所以，各个国家的竞争法律制度往往首先对不正当竞争行为做出概括性的规定，然后再具体列举出典型的、突出的、在一定时期内比较严重的不正当竞争行为，明文加以禁止。

本章小结

1. 关税是指进出口商品经过一国关境时，由政府设置的专门机构——海关对进出口商品征收的一种税收。

2. 各国政府征收关税主要有两个目的，一是增加国家的财政收入，此种关税称为财政关税；二是保护本国经济或产业发展，此种关税称为保护关税。

3. 进口关税，即进口国家的海关对输入本国的进口商品所征收的关税。

4. 出口关税，即出口国海关对输往外国的本国商品所征收的关税。

5. 过境关税，即一国对通过本国领域的外国货物（过境货物）所征收的关税。

6. 倾销是指商品以低于其正常价值的价格进入另一国市场的行为。

7. 采取反倾销措施的基本前提是存在倾销行为。

8. 国内产业是指相同产品的全部国内生产商或部分相同产品的生产商,但其合计总产量应构成全部国内产品产量的大部分。

9. 限制性商业行为实施的主体是个人、企业或其他经济组织。

10. 限制性商业做法是一个法律概念,只有在法律(或国际条约)有相应规定的条件下,才可以根据这些相应的规定,来确定一定的做法是否为限制性商业做法。

复习思考题

1. 什么是优惠关税?
2. 什么是差别待遇?
3. 在美国处理反托拉斯案件主要有哪几种途径?
4. 为了判断某项行为是否违反反托拉斯法,美国法院在实践中确立了哪两项重要原则?

第十一章

国际商事仲裁

学习目标

- 了解仲裁与诉讼的区别
- 理解国际商事仲裁
- 理解涉外仲裁协议的法律效力
- 熟悉仲裁协议的内容
- 熟悉国际商事仲裁裁决在中国的承认与执行

开篇案例

2010年12月15日,青岛公司与美国公司签订国际贸易销售合同,约定美国公司购买青岛公司生产加工的某钢结构产品,货值30万美元。合同约定的仲裁条款为合同争议均应提交中国国际经济贸易仲裁委员会(简称中国贸仲)或者美国纽约贸易仲裁委员会仲裁。

双方因履行上述合同发生纠纷,2012年5月20日,美国公司向中国贸仲提起仲裁,青岛公司由山东青大泽汇律师事务所刘丰律师代理,研究了合同条款后,赶在仲裁开庭前,向青岛某法院提起确认仲裁条款无效的诉讼,并及时向中国贸仲书面通报了这一情况,要求中止仲裁程序。

庭审时,青岛公司主张:在合同双方没有就仲裁机构的唯一性达成补充协议的情况下,前述合同仲裁条款是无效的。美国公司则辩称:(1)就双方的合同纠纷,中国贸仲已受理了由其提起的仲裁申请,并向青岛公司送达了仲裁通知等法律文书;(2)青岛公司在仲裁庭确定的开庭日之前，未就仲裁协议效力问题向仲裁庭提出异议；（3）依据中国最高人民法院《关于适用若干问题的解释》第十三条的规定，青岛公司其后向法院提出的要求确认仲裁协议无效的申请不属于法院受理的范围，应予驳回。

法院经审理并按有关规定逐级层报最高人民法院后裁定：确认合同仲裁条款无效。随后，中国贸仲也对美国公司的仲裁申请做了撤案处理。

辩证思考：

本案是一起颇为典型的涉外商事纠纷中确认仲裁条款或协议效力的特别诉讼类型，为我国进出口企业处理类似涉外争议提供了非常准确、清晰的诉讼路径，具有很强的实用性和针对性。

在本案中，美国公司依据有关司法解释主张本案不属于人民法院受理范围，是对该司法解释条款的曲解，因为该条司法解释针对的是当事人在商事仲裁审理过程中提出了实体答辩后，又向人民法院提出确认仲裁协议无效之诉的情形，与本案的实际情形不符。

本案合同载明的仲裁条款约定了两个仲裁机构，争议发生后，双方当事人并未就仲裁机构的选择达成补充协议，因此，法院依照上述司法解释第五条的规定："仲裁协议约定两个以上仲裁机构的，当事人可以协议选择其中的一个仲裁机构申请仲裁；当事人不能就仲裁机构选择达成一致的，仲裁协议无效。"确认青岛公司与美国公司所签合同仲裁条款无效是正确的。

第一节　仲裁及国际商事仲裁概述

在国际商事实践中，当事人之间不可避免地会产生商事法律纠纷，如何快速而有效地解决商事法律纠纷就成为商业实践中必须解决的问题。国际商事仲裁由于其所具有的多种优势，成为解决国际商事纠纷的主要方式。

一、仲裁的概念与特点

（一）仲裁的概念

仲裁，又称公断，是指争议各方当事人自愿同意将争议提交各方指定的第三人予以裁决的一种争端解决方式。仲裁具有悠久的历史，是解决国际商事争端的重要方式，在商事活动的实践中发挥了重要的作用。随着国际商事活动的发展，国际商事仲裁更加复杂化、法律化和制度化。

（二）仲裁的特点

仲裁具有以下特点。第一，仲裁是双方合意选择的结果，这种选择方式可以是合同中的仲裁条款，也可以是专门订立的仲裁协议，但无论是哪一种形式，都是对双方当事人"意思自治"的尊重。第二，仲裁的机构也是由当事人选择的，不论是常设的仲裁机构，还是临时性的仲裁机构，仲裁机构和仲裁员的选择也体现了当事人的意志。第三，仲裁是具有强制性效果的争议解决方式。按照各国仲裁法的规定及国际实践，仲裁的裁决具有终局效力，对各方当事人都具有拘束力。

二、仲裁与诉讼的区别

仲裁和诉讼虽然都是国际争议解决的方式，并且都是由第三方来解决争议的，但二者相比较而言，仍然具有很大的不同。据美国兰得公司的调查显示，与诉讼相比，仲裁无论是在经济成本、时间成本、保密性、正式性、裁判人员的选择还是在判决地点的选择上，都具有较大的优势。在实践中，与诉讼相比，国际商事仲裁具有以下几方面特征。

（一）依据不同

仲裁必须以双方当事人的协议为基础、以当事人的申请为前提，即仲裁是建立在当事人自愿的基础上的。而诉讼则不以当事人的协议为前提，当事人有权选择管辖法院。但如果当事人没有选择法院，法院仍然可以依据法律所确定的诉讼管辖权对案件行使管辖权，而不需考虑当事人的意愿。从这一点上看，当事人的自愿性是诉讼和仲裁的本质区别。

（二）适用的法律不同

在仲裁中，依据仲裁的要求，当事人有权选择仲裁地点、仲裁机构、仲裁员、仲裁程序规则及适用的法律。而诉讼则是由法院依照法院地法的规定进行的，当事人无权选择法官，也不能选择程序法，更不得违反法院关于级别管辖和专属管辖的规定。

（三）审理方式不同

在实践中，国际商事仲裁庭审理案件一般要秘密、不公开地进行，这有利于保守当事人的商业秘密。而法院审理案件一般都要公开进行，除非案件涉及国家机密或个人隐私。在公开审理案件时，任何个人或者企业都有权旁听案件，这样可能会将当事各方涉及的商业秘密泄露出去，不利于当事人利益的维护。

（四）仲裁更有效率

相比较而言，仲裁更有效率。首先，仲裁规则中规定的仲裁时限比较短，当事人还可以对此做出更短的约定，以提高审理效率；其次，仲裁一般采取一裁终局制度，没有诉讼中的上诉程序，因此可以大大缩短案件审理的时间，提高时间效率；最后，从花费上看，仲裁实际所花费的费用低于国际诉讼，具有经济优势。

（五）裁决具有执行性

一般而言，仲裁裁决的效力是终局的，对双方当事人都有拘束力。如果一方当事人不自动执行该项裁决,另一方当事人有权向法院提出申请,请求法院予以强制执行。对于国际商事仲裁的裁决需要到境外执行的,如果做出仲裁裁决的仲裁机构所在国与被请求承认与执行的国家都是《纽约公约》的成员方,则可以依据《纽约公约》的条件和程序执行;如果双方中有一方不是《纽约公约》的成员方,则依据双边的司法协助条约执行。对于法院做出的已生效判决,只能依据请求国和被请求国之间的双边司法协助条约进行,目前尚不存在全球适用的有关承认与执行外国法院判决的国际公约。

(六)仲裁具有中立性

国际商事合同的当事人多数来自不同国家,在任何一方所在地诉讼都可能给当事对方带来不便,而采取仲裁的方式,则会选择中立的国家、适用中立国家的法律、采用中立的规则,这无疑更符合当事人的需求。虽然仲裁具有上述优点,但是任何事情都有两面性,仲裁也具有一定的缺点,当事人在处理争议时,也需要考虑到如下内容:仲裁一般都是终局的,因此当事人无法就仲裁裁决上诉;仲裁的证据规则和法院的证据规则不同,在某些仲裁程序中,不对证据的开示程序和披露程序做强制性要求,这也是仲裁的特点,显示出仲裁对当事人秘密的保护;仲裁裁决的结果和诉讼结果不同,有时仲裁裁决就是一个折中的产物,和法院的判决有所差别。

三、国际商事仲裁的概念与特点

(一)国际商事仲裁的概念

国际商事仲裁最早出现在 13、14 世纪商品交换比较频繁的意大利各城邦,到 19 世纪末 20 世纪初便成为国际社会普遍承认的解决国际商事争议的一种常用方式。随着国际经济贸易的飞速发展,世界各国逐渐把仲裁作为解决国际商事争议的一种有效方式。国际商事仲裁是指解决跨国性商事争议的一种仲裁方法,具体是指在国际经济贸易活动中,当事人通过协议自愿将他们之间的有关争议提交某一临时仲裁庭或某一常设仲裁机构进行审理,并做出具有约束力的仲裁的裁决制度。

(二)国际商事仲裁的特点

国际商事仲裁具有以下特点。

1. 管辖权的非强制性

与诉讼所采取的强制管辖不同,仲裁的管辖是一种非强制性管辖。受理国际商事争议的仲裁机构一般都属于民间性的机构,其对案件的管辖权不是来自法律的直接规定,而是争议双方当事人通过签订仲裁协议自愿授予的,只有当事人在争议发生前或发生后达成了仲裁协议,有关的仲裁机构才有权对该争议进行审理和裁决,否则,任何一方当事人都无权强迫另一方当事人接受仲裁,且任何仲裁机构无权受理该争议。

2. 当事人享有充分的自主权

双方当事人可以在有关国家法律所允许的范围内，自主地决定将他们之间的有关争议提交仲裁解决；双方当事人可以通过仲裁协议自行选择仲裁地点和仲裁机构；双方当事人可以自主地选择仲裁员；双方当事人可以自主地选择仲裁适用的实体法和程序法。

 **视野拓展**

> **实体法与程序法**
>
> 实体法是指规定具体权利义务内容或者有关法律保护的具体情况的法律，如《民法典》等。程序法是规定以保证权利和职权得以实现或行使、义务和责任得以履行的有关程序为主要内容的法律，如行政诉讼法、行政程序法、民事诉讼法、刑事诉讼法、立法程序法等。

3. 灵活性与快速性

仲裁审理争议的方式比较灵活，不像司法诉讼程序那样严格。仲裁庭可以基于双方当事人的协议，按双方当事人所期望的形式由他们自主选定的仲裁员组成；仲裁庭可以按双方当事人所约定的程序进行审理，并依据双方当事人合意选择的法律，或基于当事人双方的授权依公平和善意原则做出裁决。加之可以选择某一领域具有专业知识的专家作为仲裁员，可以加速审理案件的速度。

区别国际仲裁和国内仲裁在理论上很重要，但在实践中，对开放程度较大的国家，尤其是西方国家一般没有什么实际意义。但在目前阶段，对我国来说，区别国际仲裁和国内仲裁具有很重要的作用，主要表现在以下方面。

（1）只有属于国际（涉外）商事性质的仲裁，当事人才被允许选择境外的仲裁机构（包括选择临时性仲裁），以及被允许适用国际仲裁机构的仲裁规则和境外的实体法或国际公约或国际惯例。

（2）只要属于国际（涉外）商事仲裁，且当事人申请证据保全，则相关仲裁机构应当将当事人的申请提交给证据所在地的中级人民法院，但对于国内仲裁当事人申请证据保全的，相关仲裁机构应当将该申请提交给证据所在地的基层人民法院。

 **视野拓展**

> **证据保全**
>
> 证据保全是指，在证据有可能毁损、灭失，或以后难以取得的情况下，人民法院采取措施对证据进行保护，以保证其证明力的一项措施。证据保全的意义在于保护证据的证明力，使与案件有关的事实材料不因有关情形的发生而无法取得或丧失证明作用，以

此来满足当事人证明案件事实和法院查明案件事实的需要。我国《民事诉讼法》《中华人民共和国行政诉讼法》规定，在证据可能灭失或者以后难以取得的情况下，诉讼参加人可以申请证据保全，人民法院也可以主动采取证据保全措施。《中华人民共和国刑事诉讼法》规定，司法机关有权采取各种措施收集、调取证据，对于扣押的物品、文件要妥善保管或者封存。

（3）我国人民法院只能对国际（涉外）仲裁中的程序做出审查，以便决定该裁决能否予以承认并加以执行，但我国人民法院对国际（涉外）仲裁的实体问题无权审查，如在事实的认定或法律的适用上，法院无权对此做出相反的结论而予以反对。而且，我国最高人民法院规定，如果中级人民法院对国际仲裁裁决不予承认和执行，必须报告相关的高级人民法院及最高人民法院。所有上述有关仲裁裁决的承认和执行问题的规定都与国内仲裁裁决的相关规定不同。

第二节　仲裁协议概述

仲裁的管辖权源于争议当事人的仲裁协议，仲裁协议是仲裁的基石。根据各国仲裁法（包括一些仲裁公约）的规定，有效的书面仲裁协议是进行仲裁程序的前提。有效的仲裁协议必须是书面的，其包括合同中订立的仲裁条款或以其他书面方式在纠纷发生前或发生后达成的协议。

一、仲裁协议的概念及种类

（一）仲裁协议的概念

仲裁协议是争议双方当事人同意把他们之间一项确定的契约性或非契约性的法律关系中已经发生或者可能发生的争议交付仲裁的共同意思表示。仲裁协议是仲裁的基础，一方面，仲裁协议是当事人将争议提交仲裁的依据，没有仲裁协议，当事人就无权单方面将争议提交仲裁；另一方面，仲裁协议也是仲裁机构受理国际商事争议的依据。仲裁协议可以采取合同中的仲裁条款形式或单独的协议形式。根据我国《仲裁法》的规定，仲裁协议包括合同中订立的仲裁条款和以其他书面方式在纠纷发生前或者纠纷发生后达成的请求仲裁的协议。

1. 仲裁协议的形式

在实践中，仲裁协议主要有以下三种表现形式。

（1）仲裁条款。仲裁条款是在争议发生前，当事人在合同中采用合同条款的形式约定仲裁的条款。

（2）仲裁协议。仲裁协议是指合同当事人在争议发生前或争议发生后达成的同意将合同履行中可能发生的争议提交仲裁解决，并受仲裁裁决约束的书面协议。

（3）其他书面文件中所包含的仲裁协议。这包括当事人通过来往信函、电报、传真或其他书面材料所达成的一致同意将争议提交仲裁的协议。

2．仲裁协议的书面性

关于仲裁协议是否必须为书面形式，实践中存在着两种不同的做法。传统上，多数国家都在立法中明确要求仲裁协议必须采用书面形式，如我国《仲裁法》的规定。但是，随着国际商事活动的发展，严格的国际商事仲裁协议必须采用书面形式的要求呈现出宽松化趋势。书面形式包括合同书、信件、电报、电传、传真、电子数据交换和电子邮件等可以有形地表现所载内容的形式。在仲裁申请书和仲裁答辩书的交换中，一方当事人声称有仲裁协议而另一方当事人不做否认表示的，视为存在书面仲裁协议。一些国家并未禁止当事人采用口头仲裁的协议形式，但是对于口头仲裁裁决的执行施加了严格限制。

视野拓展

> **仲裁答辩书**
>
> 仲裁答辩书是指，仲裁案件的被诉人为维护自己的利益，针对申请人仲裁申请书所列事实和请求进行答复和辩驳时出具的书面材料。

3．仲裁条款的独立性原则

在各国实践中，为了保证仲裁的有效实施，一般都确立了仲裁条款具有独立性的原则。例如，英国和美国法院通过判例确立了仲裁条款可以独立于其所依据的合同而不受影响的原则。英国法院早在20世纪60年代以前就首先在"赫曼诉达文斯"案中确立了这项原则。美国最高法院在1963年的"普里曼平脱诉法拉特与考克林制造公司"案的判决中，也确立了仲裁条款可以独立于其所依据的合同而单独存在的原则。《国际商事仲裁示范法》第十六条第一款规定，构成合同一部分的仲裁条款应视为独立于其他合同条款之外的一项协议；仲裁庭做出合同无效的决定，不应在法律上导致仲裁条款的无效。我国《仲裁法》也规定，仲裁协议独立存在，合同的变更、解除、终止、失效或无效，不影响仲裁协议的效力。《中国国际经济贸易仲裁委员会仲裁规则》中进一步明确了仲裁条款的独立性原则：合同中的仲裁条款应视为与合同其他条款分离的、独立存在的条款，附属于合同的仲裁协议也应视为与合同其他条款分离的、独立存在的一个部分；合同的变更、解除、终止、转让、失效、无效、未生效、被撤销，以及成立与否，均不影响仲裁条款或仲裁协议的效力。

（二）仲裁协议的种类

除有的国家，如美国并不否认仲裁协议可以以口头形式存在外，大多数国家的仲裁立法和实践及国际条约都不承认所谓的"君子协定"，明确规定仲裁协议必须以书面的形式

存在。在书面形式中，仲裁协议主要有以下几种类型。

1. 仲裁条款

仲裁条款是由双方当事人在争议发生之前订立的，表示愿意把将来可能发生的争议提交仲裁解决的协议，这种协议一般都包含在主合同内，作为合同的一项条款。这是目前国际商事仲裁协议普遍采用的一种形式。常设仲裁机构一般都拟定有自己的示范仲裁条款，推荐给当事人订立合同时采用。例如，《中国国际经济贸易仲裁委员会仲裁规则》第三条规定："仲裁委员会根据当事人的约定受理契约性或非契约性的经济贸易等争议案件……"

2. 仲裁协议书

仲裁协议书是指双方当事人为将来某项争议交付仲裁而订立的专门协议。这种协议独立于合同之外，一般是在争议发生之后才达成的。

在国际上，有时不将仲裁条款和仲裁协议书加以区分，统称为仲裁协议。

3. 仲裁特别约定

仲裁特别约定，即双方当事人在往来信函，如电报、电传、电子数据交换和电子邮件中同意交付仲裁的意思表示等，是双方当事人将争议交付仲裁的特别约定。根据《中国国际经济贸易仲裁委员会仲裁规则》的规定，仲裁协议包括当事人在合同中订立的仲裁条款和以其他方式达成的提交仲裁的书面协议具有同等法律效力。只要双方当事人在合同中订有仲裁条款，日后如果双方发生了争议，任何一方都可以根据合同中的仲裁条款提出仲裁，无须另外签订任何同意提交仲裁的协议。只有在合同中没有订立仲裁条款的情况下，才要求双方当事人在提交仲裁之前达成一项提交仲裁的协议。世界上许多国家的做法与我国的做法类似。

二、涉外仲裁协议的法律效力

仲裁协议是仲裁的基础，它的效力具体表现为仲裁协议对于仲裁当事人、仲裁机构，以及仲裁裁决本身的作用和影响，主要包含以下几个方面。

（一）赋予并限制当事人的程序权利，排除法院的管辖权

如果当事人签订有仲裁协议，当争议发生时，任何一方都有权提请仲裁，通过仲裁解决当事人之间的争议，这是仲裁协议赋予当事人的权利。如果没有签订仲裁协议，则当事人无权请求仲裁；若一方当事人在无仲裁协议情况下提请仲裁，仲裁机构不予受理。同时，仲裁协议也限制了当事人选择诉讼的手段解决纠纷。订有仲裁协议的，当事人只能进行仲裁，且向仲裁协议约定的仲裁机构提请仲裁，而不能向法院提起诉讼。我国《民事诉讼法》第二百五十七条规定，有下列情形之一的，人民法院裁定终结执行：申请人撤销申请的；据以执行的法律文书被撤销的；作为被执行人的公民死亡，无遗产可供执行，又无义务承

担人的；追索赡养费、扶养费、抚育费案件的权利人死亡的；作为被执行人的公民因生活困难无力偿还借款，无收入来源，又丧失劳动能力的；人民法院认为应当终结执行的其他情形。

（二）赋予仲裁机构及仲裁庭对争议案件的仲裁管辖权

仲裁属于协议管辖，当事人选择仲裁是自治行为。通过仲裁协议，当事人赋予特定的仲裁机构或仲裁庭对特定的争议的管辖权，仲裁庭进行审理并做出裁决必须以仲裁协议为依据。只有存在有效的仲裁协议，并且在仲裁协议规定的争议范围内，仲裁庭才有权进行审理并做出裁决。

（三）强制执行仲裁裁决的依据

当事人在仲裁协议中一般会规定双方承认仲裁裁决的效力，承诺主动履行仲裁裁决。对于一方当事人不履行仲裁裁决的，另一方当事人可以向有关法院申请强制执行。申请强制执行时，除提交裁决书外，通常还必须提供仲裁协议的正本或经正式证明的副本。《纽约公约》第四条规定，为了使裁决能在另一缔约国获得承认和执行，申请人应该在申请时提供正式认证的原裁决正本或经正式证明的副本和仲裁协议正本或经正式证明的副本，只有有效的仲裁协议才具有上述作用。我国《仲裁法》也有相应规定。

三、仲裁协议的内容

当事人所签订的仲裁协议只有符合法律规定的有效要件，才能具有法律上的效力。立法及有关的国际公约一般都认为仲裁协议的有效要件如下：主体必须合法；意思必须真实；形式必须合法。其中，仲裁协议的内容必须合法且符合两个基本的法律前提要求。一是协议中规定的提交仲裁的事项是国家允许提交仲裁解决的事项；二是协议中的有关规定不与有关国家的强行法规相冲突。仲裁协议一般包括以下内容：请求仲裁的意思表示、请求仲裁的事项、仲裁地点、仲裁机构、仲裁规则，以及适用法律等主要内容。缺乏任何一项主要内容或约定模糊不清，都可能导致仲裁协议无法发生法律效力，从而使争议的解决变得更加复杂。所以，当事人应当全面、明确地规定仲裁协议的内容。

（一）仲裁意愿

仲裁意愿即当事人一致同意将争议提交仲裁的意思表示，表明当事人愿意接受特定仲裁机构的审理，接受仲裁机构做出的合法有效的仲裁裁决的约束，并承诺自觉履行裁决的义务。

（二）仲裁事项

仲裁事项是指提交仲裁的争议范围。仲裁协议应详细写明将何种争议提交仲裁，并约定该争议必须同当事人之间特定的法律关系相关联，这是直接关系到仲裁机构管辖范围的重要内容。只有在有关的争议事项范围内，当事人才赋予仲裁机构管辖权。仲裁机构只能审理仲裁事项内的争议，否则属于越权审理，仲裁裁决不能发生法律效力。一方当事人实际提请仲裁的争议及仲裁机构受理的争议，都不得超越仲裁协议中所规定的提交仲裁事项范围。如果超越了仲裁协议中规定的事项范围，则依各国仲裁法的规定，仲裁庭所做仲裁裁决将为无效裁决。

 视野拓展

> **仲裁管辖权**
>
> 仲裁管辖权是指仲裁机构或仲裁庭依据法律的规定，在当事人约定的某种情况发生时对某一特定的争议享有审理并做出裁决的权利，是国际商事仲裁机构或仲裁庭有权对特定的国际商事争议进行审理并做出有拘束力的裁决的依据。管辖权异议就是对仲裁机构或仲裁庭审理案件并做出裁决的权力提出抗辩，以否定仲裁机构或仲裁庭的管辖权。管辖权问题是仲裁程序必须解决的首要问题，是否存在仲裁管辖权对仲裁庭和当事人都是十分关键的问题，它是仲裁程序进行的基石和条件。管辖权的问题没有处理好，没有管辖权，即使国际商事仲裁机构或仲裁庭做出了裁决，也可能被法院撤销或者拒绝执行。

（三）仲裁地点

仲裁条款中，仲裁地点是一个非常重要和关键的内容。它密切关系到涉外仲裁审理所适用的程序法律和实体法律。无论是从程序法上讲还是从实体法上讲，当事人在仲裁协议中规定了仲裁机构以及仲裁规则时，仲裁的进行应遵循该仲裁规则。但是，当双方没有约定或者约定模糊时，程序法认为应该引用仲裁地点所在国的仲裁法律或其他程序法律加以补充，这体现了国际私法中"程序法适用法院地法"的一般原则。而实体法认为，由仲裁机构按照一定的原则（通常为冲突规则）决定适用的实体法律。由此看来，无论是从程序法的适用而言还是从实体法的适用而言，涉外仲裁的仲裁地点都有重要意义。在商定仲裁条款时，各方当事人一般都力争在本国仲裁。这是由于当事人对自己国家的法律和仲裁比较了解和信任，对国外的仲裁制度往往不大了解，易于产生疑虑。在实际业务中，如何争取到对自己比较有利、方便的仲裁地点，取决于各方当事人的优势和谈判地位，法律无强制性规定。在争取不到在本国的仲裁地点时，可规定在第三国或被诉人所在国仲裁。

 视野拓展

> **仲裁地点**
>
> 仲裁地点，一般指受理案件的仲裁机构所在国。这是仲裁条款的主要内容之一，在商订仲裁条款时，当事人各方一般都会力争在本国进行仲裁。在当事人一方提供的标准

格式合同中，一般都规定有在本国仲裁的条款。这是由于当事人对自己所在国家的法律和仲裁的做法比较了解和信任；另外，仲裁地点与仲裁所适用的程序法，以及确定争议所适用的实体法都有密切关系。一般来说，在哪个国家仲裁，往往就要适用哪个国家的仲裁程序法规；如果当事人对适用的实体法未做约定，则仲裁机构一般会根据仲裁所在地（国）的法律冲突规则确定应适用的实体法。这将对仲裁结果产生影响。

（四）仲裁机构

申请国际商事仲裁有两种做法，一种是提交常设仲裁机构主持仲裁；另一种是直接由各方当事人指定的仲裁员自行组成仲裁庭进行仲裁，又称临时性仲裁。如果约定在常设仲裁机构仲裁，则应写明仲裁机构的名称；如果约定组成临时仲裁庭仲裁，则应写明组成仲裁庭的人数、如何指定，以及采用的审理程序等。我国有关仲裁的法律没有规定临时仲裁庭，在涉外经济合同中，一般规定在仲裁地点的常设仲裁机构仲裁，即我国国际经济贸易仲裁委员会和海事仲裁委员会。

仲裁机构即经当事人仲裁协议授权受理涉外争议案件并做出仲裁裁决的仲裁管辖机构。国际的或各国的仲裁机构的仲裁规则通常规定，除非当事人在仲裁协议中明确表示将争议交付该仲裁机构解决，否则，该仲裁机构不予受理。国际仲裁有两种仲裁形式：常设仲裁机构和临时仲裁庭。常设仲裁机构通常为固定性的民间组织，往往有固定的组织机构，如秘书处（局），有确定的仲裁规则作为仲裁的程序依据，拥有专业的仲裁员，仲裁员的指定、仲裁庭的组成及仲裁审理形成稳定的运作体系，方便当事人进行仲裁。临时仲裁庭是根据当事人订立的临时仲裁条款或协议，在争议发生后由当事人临时指定仲裁人员组成的一次性仲裁庭，按照当事人约定的方式和规则进行审理并做出裁决。这种仲裁方式的运用，需要当事人在临时仲裁的协议中对仲裁的方方面面进行约定，即需要明确如何指定仲裁员、组成仲裁庭的人数、适用何种仲裁规则或自行规定仲裁规则，以及仲裁费用的分担等。目前，只有少数案件在当事人认为无适当的常设仲裁机构的情况下，才会采取临时仲裁庭方式予以解决。在临时仲裁庭进行的仲裁也称特别仲裁。

我国的涉外仲裁都是机构仲裁，没有临时性仲裁。在实践中，仲裁地点和仲裁机构所在地往往是一致的。一般认为，选择在某一仲裁地点进行仲裁，即推定当事人默示地选择了该仲裁地的涉外常设仲裁机构。但有时该地点不一定只有一个仲裁机构，或有其他情况，此时应在仲裁协议中予以明确。

（五）仲裁程序规则

仲裁程序规则是指双方当事人和仲裁庭在仲裁的整个过程中所应遵循的程序和规则。仲裁程序主要规定进行仲裁的程序和方法，包括如何提出申请、指定仲裁员组成仲裁庭、如何审理做出裁决，以及如何分担仲裁费用等。之所以要形成仲裁程序，主要是为了为当事人和仲裁员提供一套进行仲裁的行为规则，以便仲裁时有所依据。一般说来，仲裁协议指定了某常设仲裁机构进行仲裁，就认为是接受了该仲裁机构仲裁规则的约束。如当事人同意在中国贸仲仲裁，就会规定按照中国贸仲的仲裁规则进行仲裁，但有些国家的仲裁机构也允许当事人选择使用他们认为合适的仲裁规则,如其他国家或国际商事机构所制定的仲裁规则。例如,瑞典仲裁法律即允许当事人不采用瑞典的仲裁程序规则,而选择其他国家的仲裁规则。因此,订立仲裁协议,应当明确适用的仲裁规则。各国的常设仲裁机构都制定有自己的仲裁规则,国际上还有一些国际性和区域性的仲裁示范规则。

(六)仲裁裁决的效力

仲裁裁决的效力也是仲裁条款的重要内容,主要包括裁决是否具有终局性、对双方当事人有无拘束力、能否向法院提起上诉等。国际上大多数国家的法律对当事人在仲裁条款中裁决终局性的约定是尊重的。《中国国际经济贸易仲裁委员会仲裁规则》第六十条指出:"仲裁庭可以按照其认为适当的方式审理案件,可以在征求当事人意见后决定只依据当事人提交的书面材料和证据进行书面审理,也可以决定开庭审理。"

仲裁协议的法律效力表现在以下三个方面。

第一,对当事人的法律效力。仲裁协议一旦成立,则对当事人直接产生了法律效力,当事人不得向法院提起诉讼。如果仲裁协议的一方当事人违背了这一义务而就协议规定范围内的争议事项向法院提起诉讼,另一方当事人则有权依据仲裁协议要求法院中止司法诉讼程序,把争议发还仲裁庭审理。

第二,对仲裁员和仲裁机构的法律效力。仲裁机构只能受理有仲裁协议权的案件,而不能受理没有仲裁协议权的案件(无协议不受理原则)。而且,仲裁机构只能受理当事人在仲裁协议中约定提出的争议事项,对于仲裁协议规定之外的争议事项,仲裁机构无权受理。

第三,对法院的法律效力。如果当事人已就特定争议事项订有仲裁协议,法院则不应受理此项争议。但是,当事人在起诉时未声明或当事人在首次开庭前未提出异议而应诉答辩的,视为放弃仲裁,承认法院管辖,法院获得管辖权。

第三节 国际商事仲裁裁决的承认与执行概述

国际商事仲裁裁决的承认和执行,是解决商事争议的最终结果。如果裁决能得到承认或执行,则争议通过仲裁得到了彻底解决;反之,如果裁决得不到承认和执行,则整个仲裁过程得不到最终结果,整个仲裁努力会付诸东流,全部落空。因此,仲裁裁决能否得到最终执行,是整个仲裁的关键点。

一、国际商事仲裁裁决的承认与执行的认知

(一)仲裁裁决的承认与执行的含义

国际商事仲裁的承认与执行是指法院或其他法定的有权机关,承认国际商事仲裁裁决

的终局约束力并对不自觉执行的一方经申请予以强制执行的制度。国际商事仲裁做出后，最理想的状况是当事人自动履行裁决结果。原则上双方当事人均同意以仲裁方式解决纠纷，那么对于裁决结果就应该心悦诚服。但有些当事人在于己不利的裁决做出之后，会有所不平，甚至不自动履行该裁决。而在非裁决地国执行该裁决，更是困难。

仲裁裁决的承认与执行具有密切的关系。承认是执行的前提，一项外国（法域）裁决如被执行，则其效力必然已得到管辖法院的承认，从这个意义上讲，"承认"被并入"执行"。但是，承认裁决并非没有独立的价值，裁决的承认并不必然导致裁决被执行，如一项裁决的内容成为关联诉讼案的证据，法院承认它就足够了。《纽约公约》第三条规定，各缔约国承认仲裁裁决具有拘束力，并依援引裁决地之程序规则及下列各条所载条件执行。承认或执行适用本公约的仲裁裁决时，不得较承认或执行内国仲裁裁决附加过苛的条件或征收过多的费用。显然，《纽约公约》肯定裁决的承认具有独立的价值，即承认裁决的拘束力是缔约国的一项基本义务。另一方面，仲裁的一方当事人如向法院就同一争议事项提出诉讼，另一方当事人可凭有效的仲裁裁决要求法院以"一事不再理"为由终结诉讼。

总之，仲裁裁决的承认在于固定、确认裁决的效力，防止当事人反言；仲裁裁决的执行则是法院根据胜方当事人的申请，以查封、扣押、强行划拨银行存款等强制手段迫使败方当事人履行裁决。正因如此，在实践中，当事人的主要任务是申请执行仲裁裁决。

通常说来，从一国的角度看，仲裁裁决的承认与执行包括三种情况：内国仲裁裁决在内国法院的执行、内国仲裁裁决（无论有无涉外因素）在外国的承认与执行、外国（或非内国）仲裁裁决在内国的承认与执行。就中国区际仲裁裁决而言，应只包括各法域相互执行彼此的仲裁裁决的情况。在"一国两制"的情形下，除非法律另有明确规定，确认外法域仲裁裁决的效力是不言而喻的，不必专门确立一套程序和条件。同时，各法域在执行本地仲裁裁决时，无须以与外法域协调为必要条件，不必纳入区际仲裁裁决的执行体制。

（二）国际商事仲裁裁决的承认与执行

为了便于国际商事仲裁裁决的承认与执行，联合国外交会议于1958年6月10日通过了《纽约公约》，会议认为各国国内仲裁法律的进一步统一可增进仲裁在解决私法纠纷方面的效力。《纽约公约》于1959年6月7日生效，截至2020年年底，有165个成员。中国于1986年12月2日加入该公约，该公约于1987年4月22日对中国生效；1997年7月1日，中国将《纽约公约》的领土适用范围延伸至中国香港特别行政区；2005年7月19日，中国又将《纽约公约》适用于中国澳门特别行政区。各个缔约国普遍认为《纽约公约》是国际仲裁方面的基础公约，是国际商事仲裁领域中重要的公约。《纽约公约》要求缔约国法院在受理涉及仲裁协议所涵盖的事项的诉讼时赋予该仲裁协议以效力，而且除某些有限的例外情形外，要求承认并执行在其他国家做出的裁决。《纽约公约》共十六条，规定了公约的宗旨、执行范围、执行程序、申请执行的条件，以及拒绝执行的理由等。

1. 《纽约公约》适用的范围与条件

1958 年《纽约公约》首先确定了《纽约公约》的适用范围，即公约适用于外国仲裁裁决的承认与执行。对外国仲裁裁决，《纽约公约》确立了两个判断标准：地域标准与非内国裁决标准。

（1）地域标准，即将裁决做出地作为划分内国仲裁与外国仲裁的标准。根据《纽约公约》第一条的规定，凡是在被请求承认与执行地国领域外的国家领土内做出的仲裁裁决均被视为外国裁决。

（2）非内国裁决标准。《纽约公约》第一条还规定，在一个国家请求承认和执行一项仲裁裁决，而这个国家不认为其是内国裁决时，也适用本公约。也就是说，判断是否为外国裁决的标准不是绝对的、单一的，而是在地域标准的基础上做了扩大解释，即凡是根据内国法律认为不属于内国裁决的，均可以视其为外国裁决，而不管这种裁决是否在本国境内做出。在国际商事仲裁的立法与实践中，有些国家出于特定的原因和考虑，将在本国领域内做出的，并在本国申请承认与执行的裁决认定为非内国裁决。这种认定标准被称为非内国裁决标准，是对地域标准的补充。

《纽约公约》允许各国在批准或加入该公约时，做出一定的保留。多数国家做出了互惠保留，中国在加入该公约时，也做出了两项保留。第一项是互惠保留，中国对在另一缔约国领土内做出的仲裁裁决的承认和执行适用该公约。对于在非缔约国领土内做出的仲裁裁决，需要中国法院承认和执行的，应按《民事诉讼法（试行）》第二百零四条（现行《民事诉讼法》第二百八十二条）的规定办理。第二项是商事保留，即中国仅对按照中国法律属于契约性和非契约性商事法律关系所引起的争议适用该公约。所谓"契约性和非契约性商事法律关系"，是指由于合同、侵权或者根据有关法律规定而产生的经济上的权利义务关系，如货物买卖、财产租赁、工程承包、加工承揽、技术转让、合资经营、合作经营、勘探开发自然资源、保险、信贷、劳务、代理、咨询服务和海上、民用航空、铁路、公路的客货运输，以及产品责任、环境污染、海上事故和所有权争议等，但不包括外国投资人与东道国政府之间的争端。

2. 承认和执行外国仲裁裁决的前提条件与方式

《纽约公约》第三条规定了承认和执行外国仲裁裁决的前提条件。第一，各缔约国应承认仲裁裁决具有拘束力。第二，各个缔约国应依援引裁决地之程序规则及公约所规定的条件执行外国仲裁裁决。第三，各缔约国在承认或执行公约适用范围内的仲裁裁决时，不得在承认或执行内国仲裁裁决时附加过苛的条件或征收过多的费用。关于执行的具体要求，《纽约公约》第四条规定，申请人要提交下列文件：原裁决的正本或其正式副本，仲裁协定的原本或其正式副本。上述文件应当提交申请执行地的翻译文本，并经过公证或者相关机构的认证。从各国立法实践来看，承认和执行外国仲裁裁决大体上有三种方式：采取法院签发执行令的方式执行外国仲裁裁决，如德国、奥地利、意大利等国；英国、美国等英美法系国家采取诉讼的方式，允许申请人以请求损害赔偿的诉因，在有关法院提起新诉讼,由法院将外国仲裁裁决转化为内国法院判决,在被申请执行地国家给予执行;将外国仲裁裁决作为内国仲裁裁决对待,把适用于执行内国仲裁裁决的规则扩大到外国仲裁裁决的执行上。

3. 拒绝承认与执行外国仲裁裁决的理由

1958年《纽约公约》第五条规定了各个缔约国拒绝承认和执行外国仲裁裁决的理由,主要包括以下几项。

1)仲裁协议无效

根据《纽约公约》第五条第一款第一项的规定,如果订立仲裁协议的双方当事人,根据对他们适用的法律为无行为能力,或者根据双方当事人选定适用的法律,或在没有这种选定的情况下,根据裁决做出地国家的法律,仲裁协议是无效的,则被请求承认和执行裁决的主管机关,可根据被申请执行人提出的请求,拒绝承认和执行该项裁决。

2)仲裁违反正当程序

根据《纽约公约》第五条第一款第二项的规定,如果被申请执行人未得到有关指定仲裁员或者进行仲裁程序的适当通知,或者由于其他原因不能对案件提出申辩,则法院可以据此拒绝承认与执行外国仲裁裁决。

3)仲裁庭超越权限

根据《纽约公约》第五条第一款第三项的规定,裁决所处理的争议事项非为交付仲裁之标的或不在其条款之列,或裁决载有关于交付仲裁范围以外的事项,则法院可以根据被申请执行人的请求和证明,拒绝予以承认和执行。但如果交付仲裁事项的裁决可与未交付仲裁之事项划分,则裁决中关于交付仲裁事项的部分可以得到承认及执行。

4)仲裁庭的组成或仲裁程序不当

根据《纽约公约》第五条第一款第四项的规定,如果仲裁庭的组成或仲裁程序同当事人间的仲裁协议不符,或者当事人之间未约定此种协议,而仲裁庭的组成或仲裁程序不符合仲裁地国的法律,则法院可以拒绝承认与执行该项裁决。

5)仲裁裁决不具有约束力或已被撤销或停止执行

根据《纽约公约》第五条第一款第五项的规定,如果仲裁裁决对当事人尚未发生约束力,或者裁决已由裁决做出地国或裁决所依据的法律所在国的主管机关撤销或停止执行,则被申请承认和执行仲裁裁决的法院可拒绝承认和执行该裁决。

此外,根据《纽约公约》第五条第二款的规定,如果被申请承认和执行外国仲裁裁决的国家的法院,根据该国法律认定,裁决中的争议事项属于不可以用仲裁方式解决的事项,或者承认与执行裁决将违反该国公共秩序,则可以据此拒绝承认和执行该裁决。所谓的争议事项不具有可仲裁性,一般是指婚姻、收养、监护、扶养、继承纠纷,以及依法应当由行政机关处理的行政争议等事项。所谓违反法院地的公共秩序,是指执行地法院有权对外国仲裁裁决是否违反本国公共秩序进行审查,并可以据此拒绝承认与执行外国仲裁裁决。在实践中,具体如何适用公共秩序条款,由各缔约国的法院自由裁量。

4.《纽约公约》的特点

《纽约公约》的内容并不是僵死的、一成不变的,而是一个具有开放性、灵活性的条约。在 2006 年 7 月 6 日联合国国际贸易法委员会第三十九届会议通过的关于 1958 年 6 月 10 日在纽约制定的《承认及执行外国仲裁裁决公约》,即《纽约公约》第二条第二款和第七条第一款的解释的建议中,联合国国际贸易法委员会进一步指出:考虑到该公约第七条第一款的一个目的是使外国仲裁裁决在最大限度上得以执行,特别是通过承认任何利害关系方有权在寻求在一国依赖该裁决的情况下援用该国的法律或条约,包括所规定的制度比该公约更有利的法律或条约。考虑到电子商务的广泛应用,考虑到各项国际法律文书,如后来特别对其第七条第二款做出修订的 1985 年《贸易法委员会国际商事仲裁示范法》《贸易法委员会电子商务示范法》《贸易法委员会电子签名示范法》《联合国国际合同使用电子通信公约》,还考虑到各国所颁布的一些国内立法及判例法在仲裁协议的形式要求、仲裁程序和执行仲裁裁决方面比该公约更有利,认为在解释该公约时必须考虑到促进仲裁裁决的承认和执行的必要,建议适用该公约第二条第二款,认识到其中所述情形并非详尽无遗;还建议适用该公约第七条第一款,以便允许任何利害关系方运用在寻求在一国依赖一仲裁协议的情况下根据该国的法律或条约而可能享有的权利,寻求该仲裁协议的有效性获得承认。

> **利害关系人**
>
> 利害关系人,是指与诉讼标的有直接或间接利害关系的人。直接利害关系人有权向法院起诉或可能被提起诉讼。间接利害关系人与当事人之间的诉讼标的没有直接利害关系,但当事人一方的败诉可能使自己遭受不利后果时,其可以参加诉讼,辅助一方当事人进行诉讼。

二、国际商事仲裁裁决在中国的承认与执行

从中国的立法和实践来看,国际商事仲裁裁决在中国的承认和执行主要包括涉外仲裁裁决在中国内地的承认与执行,以及我国香港、澳门和台湾地区仲裁裁决的承认与执行。

(一)涉外仲裁裁决在中国内地的承认与执行

1. 执行涉外仲裁裁决的法院

我国《民事诉讼法》第二百七十三条规定,经中华人民共和国涉外仲裁机构仲裁的,当事人不得向人民法院起诉。一方当事人不履行仲裁裁决的,对方当事人可以向被申请人住所地或者财产所在地的中级人民法院申请执行。据此,对涉外仲裁裁决的执行享有管辖

权的法院为被申请人住所地或者财产所在地的中级人民法院。

对于执行涉外仲裁裁决法院的级别要求问题,《最高人民法院关于涉外民商事案件诉讼管辖若干问题的规定》对申请撤销、承认与执行国际商事仲裁裁决的案件采取集中管辖原则,即此类案件由国务院批准设立的经济技术开发区人民法院,省会、自治区首府、直辖市所在地的中级人民法院,经济特区、计划单列市中级人民法院,最高人民法院指定的其他中级人民法院及高级人民法院管辖。

2. 拒绝承认及执行涉外仲裁裁决的理由

对于涉外仲裁裁决的承认与执行,根据我国《仲裁法》第七十一条及《民事诉讼法》第二百七十四条的规定,对中国涉外仲裁机构做出的裁决,被申请人提出证据证明仲裁裁决有下列情形之一的,经人民法院组成合议庭审查核实,裁定不予执行:当事人在合同中没有订有仲裁条款或者事后没有达成书面仲裁协议的;被申请人没有得到指定仲裁员或者进行仲裁程序的通知,或者由于其他不属于被申请人负责的原因未能陈述意见的;仲裁庭的组成或者仲裁的程序与仲裁规则不符的;裁决的事项不属于仲裁协议的范围或者仲裁机构无权仲裁的。此外,人民法院认为裁决违背社会公共利益的,应裁定不予执行。对于裁定不予执行的仲裁裁决,当事人可以根据双方达成的书面仲裁协议重新申请仲裁,也可以向人民法院起诉。

视野拓展

涉外仲裁

涉外仲裁是指根据当事人的约定,涉外仲裁机构依法对当事人之间的争执居中决断的制度。经中华人民共和国涉外仲裁机构裁决的,仲裁裁决书一经制定即发生法律效力。当事人不得就同一事项向人民法院起诉,也不得向其他机构提出变更仲裁裁决的请求。

3. 承认及执行涉外仲裁裁决的程序问题

根据《最高人民法院关于适用〈中华人民共和国民事诉讼法〉若干问题的意见》第五百四十条的规定,涉外仲裁机构裁决的一方当事人向人民法院申请强制执行裁决时,应当提出书面申请,并附裁决书正本。如申请人为外国当事人,则其申请书应当用中文文本提出。

(二)我国香港、澳门和台湾地区外国仲裁裁决的承认和执行

1. 我国香港地区承认及执行外国仲裁裁决

在我国香港地区,承认与执行外国仲裁裁决的立法与实践深受英国的影响,基于所谓"债务学说",法院把外国裁决当作双方当事人之间设立的一种债务契约,依可适用的法律审查该契约是否有效,执行该契约是否会违背该地的公共秩序。根据《香港仲裁条例》,外国裁决可视情况选择下列方式之一申请执行。

（1）在高等法院进行普通法诉讼。双方订有仲裁协议，则被视为同意履行仲裁庭做出的裁决，反之就是违约，胜方据此可向法院起诉要求对方履约。采用这种方法或许会经过较长时间的聆讯，但相对未经仲裁的契约之诉还是要简便得多，法院不再审理当事人之间最初的争议，只对由裁决构成的新契约进行形式上的审查。

（2）按执行"外国裁决"的程序申请执行。这里的"外国裁决"是指来自同为1924年《仲裁条款议定书》、1929年《关于执行外国仲裁裁决的公约》缔约国的仲裁裁决。由于这两个条约渐为更具优势的《纽约公约》所替代，《香港仲裁条例》第三部"某些外国裁决的强制执行"已于2000年被废除。

（3）按执行"公约裁决"的程序申请执行。"公约裁决"是指在香港以外的国家或地区依当事人之间达成的仲裁协议所做出的裁决，且做出该裁决的国家或地区系《纽约公约》的成员方。就目前情况来说，根据《纽约公约》的规定承认及执行外国仲裁裁决最为简便，也更能得到保障。

（4）根据《香港仲裁条例》申请执行裁决。该条例为执行香港裁决做了特别规定，依据该条例，裁决一经法院认可，即与法院判决或决定有同等的执行力，法院可根据裁决做出判决予以执行。

2. 我国澳门地区承认及执行外国仲裁裁决

在我国澳门地区，其承认及执行外国仲裁裁决的规定在1999年《涉外商事仲裁专门制度》实施前，主要见诸《澳门特别行政区民事诉讼法》。根据该法的规定，外国仲裁裁决和外国法院判决可在同等条件和程序下，必须经过法院初审和认可后才能在澳门生效；认可判决必须具备以下条件：对含有判决的文件的可靠性或判决的可理解性无异议；判决依判决做出地法具有既判力；判决依执行地有关管辖权冲突法的规则由主管法院做出；除了它是首次提交外国法院的，相同的案件在执行地法院未被提出或未经其审理；除了在该案中执行地法律不要求传唤，被告已受及时传唤；如由于被告未提交答辩而对他做出不利的判决，被告已受到传唤；执行判决不与执行地公共政策相抵触；如果判决是不利于执行地所属国国民的，并且根据该国冲突规则适用该国法律，它没有违反该国的司法规定，则司法部可依以上条款对执行法院的最后裁决提出上诉。从实践情况看，澳门法院对外国判决的审查主要是形式上的，除非涉及上述最后一项规定的情形。

按照中国澳门《涉外商事仲裁专门制度》，承认与执行外国仲裁裁决的条件及程序被进一步简化，与《纽约公约》的有关规定基本一致。一是在任何国家或地区做出的裁决均应承认具有约束力，除非澳门法院认定该国或地区亦会拒绝承认和执行在澳门做出的裁决。二是如存在下列情形且经当事人证明，法院可拒绝承认及执行外国裁决：仲裁协议的当事人当时处于无行为能力状态或仲裁协议无效；败诉方未获关于指定或任命仲裁员或仲裁程序之适当通知，或因其他理由不能行使其权利；裁决所涉争议不是仲裁协议的标的，或裁决内容含有对仲裁协议范围以外事项的决定，但裁决对提交裁决的事项的决定可与未提交裁决的事项分开的，仅可拒绝对未提交仲裁的事项的决定；仲裁庭的设立或仲裁程序与当事人协议不符，或当事人无此协议时与仲裁地法律不符；裁决对当事人仍未有约束力，或裁决被裁决地国家或地区的管辖法院或依其法律做出裁决的国家或地区的法院撤销或中止。三是如法院认定，依澳门法律争议不能通过仲裁解决的，或承认与执行裁决与公共秩序相抵触。

3. 我国台湾地区承认及执行外国仲裁裁决

在我国台湾地区，依据原来的《商务仲裁条例》，外国仲裁裁决（台湾地区称之为仲裁判断）须经申请法院做出承认裁定后才能执行。申请承认时，应提出申请书并附上裁决书正本或经认证的副本、仲裁协议的正本或经认证的副本；仲裁地如有仲裁法规，则提交其节录本。法院认为有下列情形的，可驳回申请人的申请：裁决违反台湾地区法律的强行性规定；裁决违背台湾地区的公共秩序和善良风俗；依仲裁地的法规，所裁决的争议事项不能以仲裁方式解决的。对方当事人在下列情况下亦可请求法院驳回申请：一是仲裁组织或仲裁程序不符合仲裁地法；二是裁决依仲裁地法尚未生效，或者被仲裁地主管机关予以撤销或停止执行；三是裁决事项超越仲裁协议的范围（但未超越之部分仍可执行），而按照我国《仲裁法》，承认与执行外国裁决的程序与条件和《纽约公约》基本一致。

从以上叙述不难看出，三地在承认与执行外国裁决方面，程序、条件、方式及申请实现的难易程度不完全相同。香港地区受英美法系的影响较大，有关的立法及司法实践较为完善，当事人有较充分的可供选择的余地；澳门和台湾地区则深受大陆法系的影响，但其最新的仲裁法则有进一步的改进，实际上是单方面接受《纽约公约》的相关内容，除非法院认定不存在互惠。

相比之下，中国内地则较为注重有无条约依据及互惠，在某种意义上，条约无非是书面的有保证的互惠；中国内地和香港地区都明文将《纽约公约》引入其承认及执行外国仲裁裁决的机制中，澳门地区和台湾地区在现阶段虽然不能在形式上适用《纽约公约》，但其仲裁法规也明显受到该公约的影响。然而，尽管在形式上适用《纽约公约》存在观念上的障碍，将公约的实体内容作为相互执行区际裁决的依据却未尝不可。

本章小结

1. 仲裁，又称"公断"，是指争议各方当事人自愿同意将争议提交各方指定的第三人予以裁决的一种争端解决方式。

2. 仲裁必须以双方当事人的协议为基础、以当事人的申请为前提，即仲裁是建立在当事人自愿基础上的。

3. 在仲裁中，依据仲裁的要求，当事人有权选择仲裁地点、仲裁机构、仲裁员、仲裁程序规则及适用的法律。

4. 仲裁的管辖权源于争议当事人的仲裁协议，仲裁协议是仲裁的基石。

5. 仲裁协议一般包括以下内容：请求仲裁的意思表示、请求仲裁的事项、仲裁地点、仲裁机构、仲裁规则，以及适用法律等主要内容。

6. 申请国际商事仲裁有两种做法，一种是提交常设仲裁机构主持仲裁；另一种是直接由各方当事人指定的仲裁员自行组成仲裁庭进行仲裁，又称临时性仲裁。

7. 仲裁程序规则是指双方当事人和仲裁庭在仲裁的整个过程中所应遵循的程序和规则。

8. 国际商事仲裁的承认与执行是指法院或其他法定的有权机关，承认国际商事仲裁裁决的终局约束力并对不自觉执行的一方经申请予以强制执行的制度。

9. 地域标准，即将裁决做出地作为划分内国仲裁与外国仲裁的标准。

10. 违反法院地的公共秩序，是指执行地法院有权对外国仲裁裁决是否违反本国公共秩序进行审查，并可以据此拒绝承认与执行外国仲裁裁决。

复习思考题

1. 仲裁的特点有哪些？
2. 国际商事仲裁具有哪些特征？
3. 仲裁协议主要有哪几种表现形式？
4. 在书面形式中，仲裁协议主要有几种类型？
5. 仲裁协议的法律效力表现在哪些方面？
6. 什么是公约裁决？

参考文献

[1] 谢海霞，金晓晨，宋成斌，等. 国际商法[M]. 北京：对外经济贸易大学出版社，2017.

[2] 秦立威. 国际商法[M]. 北京：北京理工大学出版社，2016.

[3] 沈四宝，刘刚仿，沈健，等. 国际商法[M]. 北京：对外经济贸易大学出版社，2017.

[4] 董新民，孙爽，等. 国际商法[M]. 北京：对外经济贸易大学出版社，2015.

[5] 韩永红. 国际商法[M]. 北京：对外经济贸易大学出版社，2018.

[6] 韩立余. 世界贸易组织法[M]. 3版. 北京：中国人民大学出版社，2014.

[7] 张学森. 国际商法[M]. 上海：复旦大学出版社，2018.

[8] 余劲松，吴志攀. 国际经济法[M]. 4版. 北京：北京大学出版社，2014.

[9] 王传丽. 国际经济法[M]. 北京：中国政法大学出版社，2018.

[10] 曹祖平. 新编国际商法[M]. 5版. 北京：中国人民大学出版社，2018.

[11] 中国国际经济贸易仲裁委员会. "一带一路"沿线国家国际仲裁制度研究（三）[M]. 北京：法律出版社，2018.

[12] 高旭军.《联合国国际货物销售合同公约》适用评释[M]. 北京：中国人民大学出版社，2017.

[13] ALI（美国法学会），NCCUSL（美国统一州法委员会）. 美国统一商法典及其正式评述：第1卷[M]. 孙新强，译. 北京：中国人民大学出版社，2004.

[14] 屈广清. 国际商法[M]. 大连：东北财经大学出版社，2018.

[15] 王慧. 国际贸易法原理[M]. 北京：北京大学出版社，2011.

[16] 沈木珠. 国际贸易法研究[M]. 北京：法律出版社，2010.

[17] 姜作利. 国际贸易法（英文版）[M]. 北京：中国人民大学出版社，2015.

[18] 麦克·布瑞奇. 国际货物销售法律与实务[M]. 林一飞，等，译. 北京：法律出版社，2004.

[19] 施米托夫. 出口贸易——国际贸易的法律与实务[M]. 对外经济贸易大学对外贸易系，译. 北京：对外贸易教育出版社，1985.